字在内蒙古

设计学视角下蒙古族文字创造性转化与创新性发展研究

吴海茹 著

中国纺织出版社有限公司

内 容 提 要

传统文化创造性转化与创新性发展研究是时代主题。本书上编"理论探索",全面展现了蒙古族文字作为中华传统优秀文化的重要组成部分所面临的发展与传承的时代议题,在大力推进国家通用语言文字工作的前提下,既要响应支持国家的整体战略部署,又要保护和传承传统文化,厘清民族文字在时代语境下面临的机遇与挑战、发展的必要性与必然性,深度剖析蒙古族文字在艺术设计学领域的审美价值及文化价值。下编"设计赋能内蒙古",笔者带领课题团队、历届研究生探索蒙古族文字创造性转化与创新性发展的可行性与路径。

本书研究视野开阔,主题新颖,学理基础扎实,设计学理论研究者、设计实践者、设计教育者等均可以从中获得不同的思考和启悟。

图书在版编目(CIP)数据

字在内蒙古 : 设计学视角下蒙古族文字创造性转化与创新性发展研究 / 吴海茹著. -- 北京 : 中国纺织出版社有限公司, 2025.1. -- (设计学一流学科建设理论研究丛书 / 李少博, 韩海燕, 高颂华主编). -- ISBN 978-7-5229-1906-5

I. H212.2

中国国家版本馆 CIP 数据核字第 20245U4P20 号

责任编辑:华长印 王思凡 责任校对:李泽巾
责任印制:王艳丽

中国纺织出版社有限公司出版发行
地址:北京市朝阳区百子湾东里 A407 号楼 邮政编码:100124
销售电话:010—67004422 传真:010—87155801
http://www.c-textilep.com
中国纺织出版社天猫旗舰店
官方微博 http://weibo.com/2119887771
北京华联印刷有限公司印刷 各地新华书店经销
2025 年 1 月第 1 版第 1 次印刷
开本:710×1000 1/16 印张:17.25
字数:272 千字 定价:98.00 元

凡购本书,如有缺页、倒页、脱页,由本社图书营销中心调换

总序

习近平总书记于2021年在清华大学考察时强调，美术、艺术、科学、技术相辅相成、相互促进、相得益彰。设计已超越了传统的"美化"定义，进而转变为"造物"更深层次的则是"谋事"，这反映了人类对自身环境进行塑造的能力与意识，属于物质文化创造活动的重要组成部分。在边疆民族地区，设计不仅要传承文化，更要挖掘地区特有的"设计智慧"，为社会创新发展、生态环境安全等时代课题与国家战略注入前所未有的活力。

"设计学一流学科建设理论研究"丛书是由中国纺织出版社有限公司与内蒙古师范大学设计学院联合策划的一套设计研究丛书。该丛书紧扣"设计为时代、为民生"的新时代使命，从设计学角度探讨社会发展战略所涉及的理论问题和创新实践，总结了内蒙古师范大学设计学院近年来在服务区域社会的设计教学、设计研究和设计实践工作，展现了设计学科在面对时代课题、国家战略时的理论自觉与实践能动性。

本丛书涵盖了设计学的基本理论、专业实践以及服务社会的学术问题与方法论，展示了内蒙古成立最早、专业最全的设计学院在设计学领域的最新学术成果，体现了对交叉学科设计学现实与未来发展的理解和探索。这套丛书的出版，旨在为新时期内蒙古设计学研究的发展与繁荣注入新的活力，丰富其内涵。它将有助于完善边疆民族地区设计学科的理论体系，推动民族地区设计学研究的进展以及高等教育改革，并引领内蒙古设计走向世界，面向未来，发挥积极的作用。

内蒙古师范大学设计学院院长
李少博
2024年6月

前言

传统文化是国民安身立命与建立身份认同的根本依据，作为世界第二大经济体，在我国社会经济高速发展的同时，传统文化对现代社会生活的重要价值则日益凸显，文化自信、文化自觉、文化主体意识需逐步建立。蒙古族传统文化作为中华民族传统文化的重要组成部分，在当今社会发展变革中，如何适应时代变革，彰显文化魅力，融入社会生活，为呈现文化多样性局面，为民族地区社会、经济发展赋能是文化研究的重要议题。

回顾笔者在民族文字设计领域探索的步伐，始终不忘初心，谨慎经营。2007年开始聚焦民族文字设计问题。2011年主持教育部人文社会科学研究项目"蒙古文字造型设计追溯及蒙象汉字可行性研究"反映了笔者从民族文字设计的研究拓展至民族文字与汉字设计融合的研究。在内蒙古师范大学设计学院举办百幅蒙象汉字设计展，在核心期刊发表蒙象汉字设计作品近十幅，都是该课题研究的阶段性成果的展现。2020年主持内蒙古哲学社会科学项目"蒙古族传统古文字创造性转化和创新性发展研究"展现了笔者对蒙古族文字多元化传承与发展的重新思考。笔者始终坚持带领科研团队、研究生和工作室学员开拓蒙古族文字在多元设计领域的发展路径。

笔者于2014年发表首篇论文《蒙古文字造型历史追溯》，2015年发表《蒙象汉字设计实践与推广》，2020年发表《蒙古文字创造性转化与传播力研究》，2022年发表《基于文化转译视角的蒙象汉体创新设计研究》。科研团队学术论文有李少博、闫静莉老师的《现代设计中蒙古文字造型元素研究》，图雅老师的《蒙象汉字文字设计研究》，吉乐老师的《独特审美语境下的少数民族文字造型艺术》等。作为研究生导师，指导研究生论文《基于卡诺（KANO）模型的蒙古文文创产品设计研究》，指导学位论文《蒙古文商用字体设计研究》《内蒙古地区品牌定制化字体设计研究》等。同时，笔者获外观设计专利五项，个人、团队和指导学生获奖与服务地方的设计实践多项。

回溯近十年自己在民族文字设计领域的脚印，一直践行对中华优秀传统文化的传承使命，聚焦北方边疆地区蒙古族文字的设计与传承问题，从初始单向的蒙古族文字字库的开发设计研究拓展至蒙汉文字造型融合、蒙古族文字多元领域应用探索、蒙古族文字的美学研究等，期望可以为我国民族文字在艺术设计学领域的进一步发展贡献自己微薄的力量。在纷繁庞杂的外来文化的冲击下，保有我国本民族的符号记忆，壮大本民族的文化视觉力量乃是笔者从事学术研究的毕生志向。任重而道远，更需砥砺前行！

本书的撰写得到了内蒙古师范大学设计学院领导们的大力支持，本书中翔实的图解数据和经典的实践案例离不开511设计工作室全体研究生、工作室学员的全力协助，书中已一一注明，在此一并致谢。同时，感谢中国纺织出版社有限公司的编辑们对本书的支持与帮助。

吴海茹

2024年2月

目录

PART 01 上编 理论探索

002 —— 第 1 章　蒙古族文字历史溯源
　　1.1　蒙古族文字的萌芽与探索 …………003
　　1.2　蒙古族文字的繁荣与发展 …………009
　　1.3　蒙古族文字的开拓与融合 …………014
　　本章小结 …………016

017 —— 第 2 章　蒙古族文字的发展与传承
　　2.1　蒙古族语言文字的使用和传播现状 …………017
　　2.2　蒙古族文字创造性转化和创新性发展
　　　　面临的挑战与机遇 …………022
　　2.3　蒙古族文字创造性转化和创新性发展的
　　　　必要性与必然性 …………025
　　本章小结 …………029

030 —— 第 3 章　蒙古族文字造型特征与蒙古族审美文化探析
　　3.1　蒙古族审美观念的形成 …………031
　　3.2　蒙古族文字造型特征中蒙古族审美观念
　　　　表达 …………033
　　本章小结 …………035

036 —— 第 4 章　设计学视角下蒙古族文字的创造性转化和
创新性发展探索

　　4.1　蒙古族文字创造性转化和创新性发展的基本
　　　　原则 ·· 036
　　4.2　设计学视角下蒙古族文字创造性转化和创新性
　　　　发展的路径探索 ··· 039
　　本章小结 ··· 063

064 —— 第 5 章　设计学视角下蒙古族文字创造性转化和
创新性发展设计应用

　　5.1　蒙古族文字在地域品牌塑造中的应用 ············· 064
　　5.2　蒙古族文字在包装设计中的应用 ··················· 067
　　5.3　蒙古族文字在文创产品设计中的应用 ············· 071
　　5.4　蒙古文字体设计及其在字体设计中的
　　　　应用 ·· 076
　　5.5　蒙古族文字在公共艺术设计中的应用 ············· 083
　　5.6　蒙古族文字在服装设计中的应用 ··················· 084
　　本章小结 ··· 086

PART 02　下编
设计赋能内蒙古

090 —— 第 6 章　蒙古族文字商用字体设计研究

　　6.1　相关研究 ··· 091
　　6.2　蒙古族文字商用字体现状 ································ 092
　　6.3　蒙古族文字商用字体设计可行性 ··················· 093
　　6.4　蒙古族文字商用字体设计 ································ 097
　　6.5　蒙古族文字商用字体设计实践 ······················· 102
　　本章小结 ··· 107

108 —— 第 7 章 内蒙古地区品牌定制化字体设计研究

- 7.1 相关研究 ··· 109
- 7.2 品牌维度下的定制化字体 ······················· 110
- 7.3 内蒙古地区品牌中的字体设计现状 ········ 115
- 7.4 内蒙古地区品牌定制化字体设计可行性 ······· 120
- 7.5 内蒙古地区品牌定制化字体设计方法 ········· 123
- 7.6 内蒙古地区品牌定制化字体设计应用实践 ······ 125
- 本章小结 ··· 129

130 —— 第 8 章 基于文化转译视角下的蒙象汉体创新设计研究

- 8.1 相关研究 ··· 130
- 8.2 蒙象汉体文化转译思路 ··························· 132
- 8.3 蒙象汉体的转译路径与方法 ···················· 134
- 8.4 蒙象汉体文化转译设计与实践 ················· 140
- 本章小结 ··· 143

144 —— 第 9 章 蒙古族文字文创产品设计

- 9.1 相关研究 ··· 145
- 9.2 内蒙古民族文化创意产品设计现状 ········· 147
- 9.3 基于卡诺模型的蒙古族文字文创产品设计研究 ··· 149
- 9.4 蒙古族文字文创产品设计实践 ················· 156
- 本章小结 ··· 159

161 —— 第 10 章 基于蒙古族文字特征的民族化风格饰品创新设计

- 10.1 相关研究 ··· 162
- 10.2 内蒙古民族化饰品设计现状 ·················· 164
- 10.3 蒙古族文字在民族化饰品设计中的价值分析 ··· 166

10.4 购买民族化风格饰品的消费者分析 ············· 168
10.5 蒙古族文字类饰品设计原则 ····················· 174
10.6 蒙古族文字类饰品设计方法 ····················· 176
本章小结 ·· 179

180 —— 第 11 章　蒙古族文字介入地域品牌标志设计意象偏好研究

11.1 相关研究 ·· 180
11.2 相关概念 ·· 182
11.3 地域品牌标志意象偏好实验流程 ·············· 184
11.4 蒙古族文字介入地域品牌标志设计原则 ··· 189
11.5 蒙古族文字介入地域品牌标志设计方案 ······ 191
本章小结 ·· 193

194 —— 第 12 章　蒙古族文字形态特征在汉字字体设计中的应用

12.1 相关研究 ·· 195
12.2 汉字字体设计概述 ·································· 201
12.3 蒙古族文字形态特征概述 ························ 207
12.4 蒙古族文字与汉字形态特征比较 ·············· 214
12.5 蒙古族文字形态特征的汉字字体设计 ········ 222
12.6 蒙古族文字形态特征的汉字字体设计实践 ·· 230
本章小结 ·· 243

244 —— 参考文献

250 —— 附录

265 —— 后记

PART 01

上编

理论探索

　　蒙古族文字作为我国蒙古族传统文化的智慧凝结，印记着民族文化在时间的历时性与空间的变动性中所产生的文化思想、文化交融与文化嬗变，是民族文化最为全面与深刻的历史遗存。目前，艺术设计学视角的蒙古族文字研究成果较少，多停留于历史学、语言学视角的本体研究，有关其现阶段整合与表现思考不足。鉴于此，本书立足于传承传统文化，彰显文化优势、弘扬文化魅力的价值初心，在当今时代语境下，通过人类学、历史学、语言学、设计学、美学等多学科视角，探索现阶段蒙古族文字的传承与创新，以及其融入当代社会生活的可行性发展路径。阐明当代社会语境下蒙古族文字所面临的机遇与挑战，增强文化自我审视与自我省思，促进民族文化的能动性表现，更为科学与全面地实现蒙古族文字的创造性转化与创新性发展，为蒙古族文字焕发新时代文化魅力作出贡献，使传统文化始终为社会发展服务，为人民服务。

第1章

蒙古族文字历史溯源

蒙古族在漠北兴起之前,并没有用于书写蒙古语的蒙古文字,❶在与周边民族、部落的密切交流中,为了发展本民族的文化,蒙古族亟须创制属于自己新的文字系统。在上千年的历史进程中创制了多种本民族的语言文字,蒙古族传统文字融合了独特的民族文化与智慧,作为蒙古族语言的书写系统,产生于蒙古族语言之后,反映出蒙古族传统文化和社会发展。❷❸匈牙利蒙古学学者卡拉·捷尔吉(Kara Gyorgy)在其著作《蒙古人的文字与书籍》中基于语言学探究语境下将蒙古族文字发展分为产生、复兴、创立现代文字三个历史时期。2014年,来自土耳其、德国和法国的4位专家对1975年考古学家纳·达瓦安(N. Davaan)发现的"惠斯陶勒盖碑文"历时3年破译面世,确认其为用婆罗米文(Brāhmī)镌刻的"准"蒙古语碑,时间为5~7世纪,属于柔然帝国或突厥汗国早期历史阶段。该碑文的发现不但有可能将蒙古语言文字历史往前推进600年,而且对回鹘等发迹于蒙古高原的游牧民族早期历史提供了全新的史料,其意义重大。婆罗米文是印度最古老的文字系统,是现代印度式文字如天城文、泰米尔文、孟加拉文、藏文的来源。❹由此可见,学界对于蒙古族文字的历史追溯还在持续探索中,可考证的依据也随着科学技术的不断发展呈现出

---

❶《黑鞑事略》:"言语有音无字""鞑人本无字书";《长春真人西游记》:"俗无文籍";《蒙鞑备录》:"今鞑之始起,并无文书"。

❷ 斯琴. 语言学名词术语解释词典[M]. 呼和浩特:内蒙古教育出版社,1996.

❸ 援朝,等. 蒙古语言学词典[M]. 沈阳:辽宁民族出版社,1992.

❹ 敖特根,马静,黄恬恬. 惠斯陶勒盖碑文与回鹘的崛起[J]. 敦煌学辑刊,2020,3(3):117-128.

更多的可能性。

根据相关资料、著作的对比和研究，蒙古族文字产生初期，由于蒙古族多以部族或部落为群体进行活动，埃及、突厥、粟米特、哈萨克、契丹、女真、吐蕃（藏）、唐无惕（西夏）、回鹘（回纥）等都与蒙古族有很密切的往来，文字状况受到这些相邻部落及民族的影响，依据自己语言的语音适应情况采用了他们使用的文字来记写蒙古语，交流思想，沟通事务。其中，突厥文字体排列整齐，字母符号性极强，造型古朴苍劲；回鹘文字体细瘦流畅，细节变化多端，栩栩如生；西夏文字体则受汉文的影响，笔画繁复，典雅端庄；藏文字体则受印度梵文的影响，顶线水平，笔画婉转流畅，充满佛教的神秘色彩；契丹文字体也深受汉文的影响，古朴空灵；女真文字体酷似汉字而非汉字，笔画结合巧妙，堪称文字艺术佳作。据蒙古史记载，在两千多年的文明史中蒙古民族总共创造了近十种不同的文字，至今有文物遗存和文献可考的文字有回鹘式蒙古文、瓦金达拉蒙古文、索永布蒙古文、八思巴蒙古文、托忒蒙古文、新蒙古文等。有些文字造型受近东亚文字影响，有些则与印藏字母密切相关，书写形式多种多样；有在原有文字造型基础上进行改进的回鹘式蒙古文，也有完全抛弃原有文字，创制完全不同于原有符号体系的八思巴蒙古文等。

本书研究以艺术设计学视角切入，以蒙古族文字造型为转化与发展主体，因此，以字型是否具有典型性为标准筛选研究样本，而作为方言发音迥异而产生的蒙古文拼读变体文字则不被归在此次研究范畴中。

1.1 蒙古族文字的萌芽与探索

1.1.1 回鹘式蒙古文

回鹘文，是公元8～15世纪高昌回鹘人吸收了突厥文和粟特文的字母（两者都源于阿拉米字母）之后创制的一种可以书写回鹘语的文字。回鹘原称回纥，是中国维吾尔族、裕固族的先祖。回鹘最早可追溯到汉朝时的丁零部落，在北魏时是铁勒六部的袁纥部，在隋代又称韦纥，唐代称为回纥，唐贞元四年（788年），回纥可汗向德宗上书，自请"易回纥曰回鹘"。所呈书中，说其族"言捷鸷犹鹘然"，就是"回旋轻捷迅猛"如"鹘鹰"。此记载，可见《新唐书·回鹘传》。因此回鹘人即今天新疆维吾尔人的祖先，回鹘文即维吾尔人祖先使用的古代文字。而学界所称"畏吾尔""畏兀儿"是元代蒙古人对回鹘人的称呼，符合元代蒙古语的发音习惯，在蒙古语里"维吾尔"与"畏兀儿"是一个词。因此"回鹘式蒙古文"又被称作"畏吾体蒙古文"，而学界有称"胡都木蒙古文"的"胡都木"是蒙古语"传统"的意思，也有学者认为是古代"和通"的音译。据和通人回忆，和通是卫拉特人尤其是杜尔伯特人对他们的称呼，是他称，而他们自称"维吾尔·兀鲁思"（Oigur ulus），即维吾尔人。❶"和通"是卫拉特人方言中"回族"的发音，而回族是古代回鹘的后人，"胡都木蒙古文"的命名主要为区别于当时的新疆卫拉特蒙古语方言所使用的"托忒蒙古文"，《蒙汉词典》收录了qudum üsüg这个词组，解释为"（我国现行的）蒙古文字（与新疆蒙古族使用的托忒蒙古文区分）"。❷新疆卫拉特蒙古文化圈里的蒙古人使用该词，在我国内蒙古自治区以及蒙古国只有从事卫拉特研究的个别人在用。❸

关于蒙古族开始使用回鹘文记录蒙古语的经过，在《元史》卷《塔塔统阿传》中有如下记载："塔塔统阿，畏兀人也。性聪慧，善言论，深通本国文字。乃蛮大扬可汗尊之为傅，掌其金印及钱谷。太祖西征，乃蛮国亡，塔塔统阿怀印逃去，俄就擒。帝诘之曰：大扬人民疆土悉归于我矣，汝负印何之？对曰：臣职也，将以死守，欲求故主授之耳。安敢有他！帝曰：忠孝人也！问是印何用，对曰：出纳钱谷，委任人才，一切事皆用之，以为信验耳。帝善之，命居左右。是后凡有制旨，始用印章，仍命掌之。帝曰：汝深知本国文字乎？塔塔统阿悉以所蕴对，称旨，遂命教太子诸王以畏兀字书国言。"❹这里的"国言"，指的就是蒙古语。从此，以回鹘文字母书写的古代蒙古文便成了蒙古汗国的正式国文。这是至今我国历史上关于蒙古族文字的最早记载。即1204年，乃蛮部掌印官塔塔统阿在成吉思汗征讨乃蛮部的战役中被俘获，并任命塔塔统阿为语言老师，用以教授蒙古语维吾尔文的书写方式以及回鹘文化的学习。"乃蛮比其他蒙古部落更早地熟悉畏兀儿文字，而且把这种文字传到其他蒙古部

---

❶ 乌云毕力格. 蒙古语回族称谓及相关问题[J]. 中央民族大学学报（哲学社会科学版），2023，50（5）：97-106.

❷ 内蒙古大学蒙古学研究院蒙古语文研究所. 蒙汉词典[M]. 呼和浩特：内蒙古大学出版社，1999：683.

❸ 乌云毕力格. 蒙古语回族称谓及相关问题[J]. 中央民族大学学报（哲学社会科学版），2023，50（5）：97-106.

❹ 宋濂，等. 元史[M]. 北京：中华书局，1976：4518.

落"[1]。1206年,成吉思汗建立蒙古汗国,统一蒙古各部,并以回鹘文为基础形成回鹘式蒙古文,奠定了蒙古族文字探索与发展的基础,真正开启了蒙古民族有统一文字使用的历史(图1-1)。至此,我国内蒙古自治区蒙古族仍在使用由回鹘字母拼写演变形成的蒙古语。

图1-1　回鹘式蒙古文(来源:《蒙古人的文字》)

据元朝末代著名学者陶宗仪记载,回鹘式蒙古文字母有15个,加上"重名字"有二十几个,它是一种表音文字,其整体造型的过程是通过字母黏着形成竖式结构造型,是蒙古族文化理念和审美观念的体现。回鹘式蒙古文中的每个字都有完整的头、腰、尾等,并且所有字母都采用与人或动物的某个部位相类似的形态表现及命名。2011年,内蒙古农业大学的塔拉、毕力格巴图、郑宏奎发表《浅谈回鹘式蒙古文文字造形拆分命名方法》,首次从"文字造形"的角度探讨了回鹘式蒙古文"文字结构的拆分命名",并对"文字造形"一般的结构拆分和命名对蒙古文"文字结构的拆分命名"方法进行了阐述(①字顶、②牙、③长牙、④喙、⑤额头、⑥脑勺、⑦上弯牙、⑧下弯牙、⑨环状长牙、⑩蝶牙、⑪鸡冠、⑫鸡冠瓣、⑬辫、⑭辫尾、⑮角、⑯角顶头、⑰肚、⑱腔、⑲权点、⑳指甲、㉑小尾)。由此可见,在蒙古族人民日常生活中可以追寻到回鹘式蒙古文的造型借鉴,例如兽首、角、牙及蒙古族游牧生活中使用的工具,字母进行组合后,上下黏着的竖式方形造型与人体

---

[1] 苏联科学院,蒙古人民共和国科学委员会. 蒙古人民共和国通史[M]. 北京: 科学出版社,1958: 141.

形态或动物体态相似，这些形象化的称谓为回鹘式蒙古文字赋予了完整的生命体态，也是蒙古族文字自然美感要素的表达。在回鹘式蒙古文的正字法中对字母上下间距有严格规范，间距不同所表达的内容也有区别。文字主干线笔画较粗，约占整个文字的三分之一，处于中心位置，是回鹘式蒙古文文字的基线，也称作字干或字脊，对字形结构起到支撑作用，使文字具有稳定之感，竖直、粗壮的字干与柔美、律动的字牙、字肚的对比使文字更加富有节奏感和律动感。随着蒙古族的发展，回鹘式蒙古文逐渐从民间部落中脱颖而出，进入宫廷，并开始为蒙古族民众提供文字服务，为其发展服务，"使蒙古族在政治、经济、文化等方面，都大大地向前迈进了一步"❶。随着其影响力的日益扩大，回鹘式蒙古文的应用范围也在逐步拓宽。至今，这一文字形式在我国内蒙古自治区的蒙古族中仍然被广泛使用，为蒙古族文化的传承与发展发挥着重要作用。

1305年，搠思吉斡节儿编纂《蒙文启蒙》，对回鹘式蒙古文的基础语法进行总结，并制定正字法与文字使用规范。"从13世纪到17世纪左右蒙古文的字形，是相当接近原来回鹘体的文形，那以后就分离很远了。"❷随着社会的逐步稳固，文化交流日益频繁，特别是藏传佛教的广泛传播，使其逐渐走向成熟。1949年，清格尔泰编著的《蒙古语语法》中对回鹘式蒙古文规范进行了完善，书中详细地论述了蒙古语语法和蒙古文正字法，并将改进后的回鹘式蒙古文又称之为胡都木蒙古文，形成了规范和固定的现代蒙古文字母，并采取言文一致的书写方式。当今胡都木蒙古文具有"一整套完备的语音、词汇和语法系统"❸，并在内蒙古地区沿用至今。

1.1.2 八思巴蒙古文

自1206年蒙古汗国至1279年元朝建立，疆域空前辽阔，多种文字并行，国内、国外矛盾复杂化，以及回鹘式蒙古文不能译写一切文字，影响到了中央政令的统一推行，这些原因都促使蒙古统治者迫切地需要创造一种不但能拼写蒙古语，而且又能拼写其他民族语言的文字。1260年，忽必烈授予西藏萨迦

---

❶ 贾晞儒. 蒙古文字与蒙古族历史[J]. 西北民族研究, 2003（2）: 50.
❷ 札奇斯钦. 蒙古史论丛（上册）[M]. 台北: 学海出版社, 1980: 69.
❸ 续向宏. 刍议蒙古文字的演变[J]. 解放军外国语学院学报, 2000（4）: 62.

派佛教第五代祖师八思巴"国师之印"仿照印度梵文字母、藏文字母创制了由43个字母组成的"蒙古新字"——八思巴文（图1-2）。而信奉萨满教的蒙古族会委任一个藏传佛教的西藏人来创制文字，这要追溯到成吉思汗时期对宗教问题的宽容政策，以及在阔端时代，阔端与西藏宗教领袖建立的政治联系，为蒙古族统治西藏奠定了基础，使蒙古族地区普遍接受西藏文化。在这样的历史背景下，八思巴遵循藏语的结构创制了"蒙古新字"。国内外学术界通用两种名称，一是按创制者命名，称作"八思巴文"；二是按字母形状特征命名，称作"方体字"。这种文字在元代是一种官方文字，因而在《元史》等史籍中被称为"蒙古国字"或"元国字"。1269年，忽必烈颁布诏令将八思巴文作为国家通用文字使用。在忽必烈颁布的诏书中清晰地阐述了八思巴文创制的缘由与目的："朕惟字以书言，言以纪事，此古今之通制。我国家肇基朔方，俗尚简古，未遑制作，凡施用文字，因用汉楷及畏吾字，以达本朝之言。考诸辽、金，以及遐方诸国，例各有字，今文治寖兴，而字书有阙，于一代制度，实为未备。故特命国师八思巴创为蒙古新字，译写一切文字，期于顺言达事而已。"❶

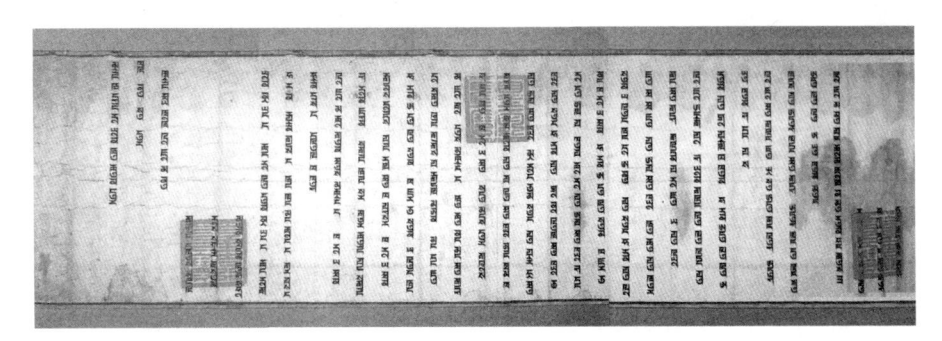

图1-2　八思巴文"答吉皇太后懿旨"（来源：《西藏历史档案荟萃》）

　　八思巴文采用藏文字母，藏文中没有的字母从印度的梵文中借用，或者用字母变体形式来补充。字母形体多呈方形。八思巴文以音节为拼写单位，字序从上向下竖写，从左至右移行，这种书写形式很显然是受到古汉语书写习惯的影响。现存史料中，八思巴圣旨金牌（1961年发掘于内蒙古乌兰浩特市索伦镇，现收藏于内蒙古大学民族博物馆）上刻写的文字就是八思巴文。用八思巴

---

❶ 宋濂，等. 元史[M]. 北京：中华书局，1976：4518.

文制版印刷的书籍有《资治通鉴》《蒙古字孝经》《蒙古字百家姓》等。明朝以来，把八思巴文用于印章、楹联、匾额、经卷封面的情况也较为流行。八思巴文的书写方式与回鹘式蒙古文近似，拼写规则为"其相关纽而成字者，则有韵关之法；其以二合三合四合而成字者，则有语韵之法；而大要则以谐声为宗也"❶。八思巴字母有三种不同字体，分别是：标准体，普遍用于印刷文本和文件，见图1-2；印章体，是八思巴文主要应用的字体，主要用于印章及碑文题词，见图1-3；藏文体，普遍存在于书籍的标题及寺庙碑文中。作为官方用字，八思巴文采用竖式结构，造型庄重古朴，笔画粗细均匀，呈直角或圆角形式，细节优美婉转，装饰感极强，以雄浑壮美的方体廓形创造了视觉上肃穆庄严的意象之美。

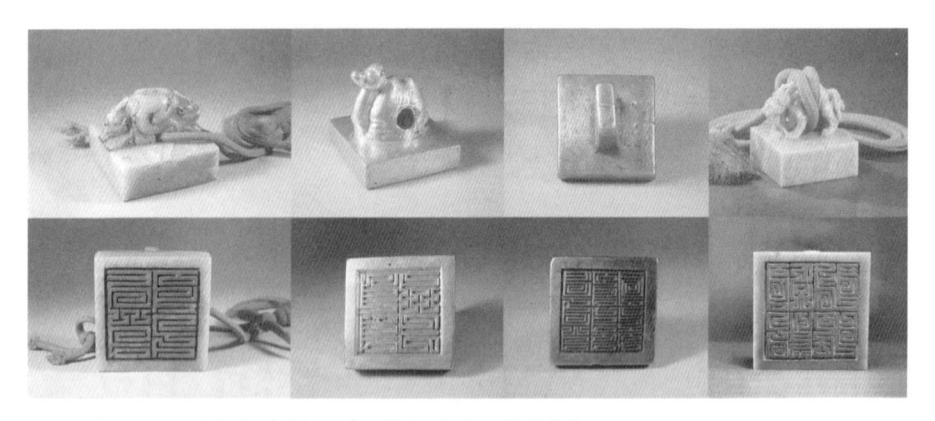

图1-3　八思巴文印章（来源：《西藏历史档案荟萃》）

八思巴文的优点在于一字一音，字形不变，弊端在于字体繁难，没有标点，不便于书写，学习难度较大。这致使八思巴文在推广过程中不被方言化显著的地区所认可。在八思巴文正式颁行41年以后，很多地区仍未推行使用八思巴文，而继续使用着畏兀儿蒙古文。因此，八思巴文虽然同时在蒙汉地区大力推广，但使用范围却长期只局限于官方。1368年，明朝建立，八思巴文近百年的历史随着元朝的覆亡而终止了使用。

---

❶ 宋濂，等. 元史[M]. 北京：中华书局，1976：4518.

1.2 蒙古族文字的繁荣与发展

1.2.1 托忒蒙古文

蒙古卫拉特和硕部学者扎雅·班迪达·那木海扎木苏（1599—1662，原名乌和特隆归达赖，明末清初藏传佛教高僧）为了让回鹘式蒙古文适应卫拉特地区方言，改变蒙古族文字混乱的局面，在回鹘体蒙古文的基础上将文字与方言融合创制了"托忒文"（图1-4）。"托忒"是蒙古语"明确"的意思，意即这种文字表示的语音比较清楚，创制这种文字的一个重要原因是回鹘式蒙古文脱离口语，不能清楚地表达卫拉特话的长元音、一些短元音和辅音[1]，托忒文又称"卫拉特文字"。卫拉特蒙古是蒙古族的一支。"卫拉特"是Oyirad的汉语音译。蒙元时期将Oyirad译作"斡亦剌惕""斡亦剌""外剌""外剌歹"等；明代译作"瓦剌"；清代至今译作"卫拉特"。对卫拉特一词的语源，研究者有不同的看法：一些人认为"卫拉特"是由"卫拉"（Oyira）——含有附近、邻近之意，加复数成分"特"（d）组成的，意为"亲近者""联盟者"；另一些人则认为"卫拉特"是由"卫"（Oyi）——林木、森林，加"阿拉特"（arad）——百姓组成，意为"林木中的百姓"，这和《蒙古秘史》中对他们的称呼"槐因亦儿坚"（林木中百姓）是一致的[2]。托忒蒙古文在1640年准噶尔汗国建立之初就作为官方文字使用，但在使用期间并未在民间推广，主要应用于官方的文书记录、印玺刻制、寺院经典及私人信件等领域，因此，主要使用群体以行政官员和藏传佛教的僧侣为主。后卫拉特高僧在1648年楚河流域对托

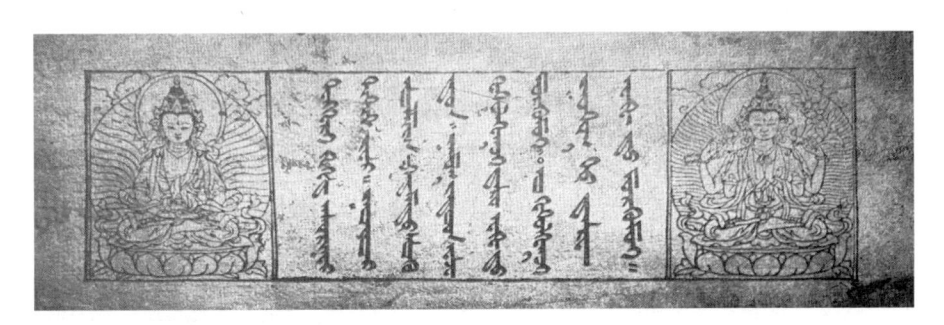

图1-4 托忒蒙古文佛教经卷（来源：《蒙古人的文字》）

---

[1] 包力高，道尔基. 蒙古文字发展概述[J]. 内蒙古社会科学，1984，5（3）：61-67.
[2] 新疆维吾尔自治区民族事务委员会. 新疆民族词典[M]. 乌鲁木齐：新疆人民出版社，1995：404-405.

忒蒙古文进行改制，至今已使用350余年，自1949年起，新疆的蒙古族民众开始广泛接受并应用这一文字形式，实现了其在该地区的普及。托忒蒙古文在国家和政府的支持下，在新疆蒙古族地区获得推广，是蒙古族使用时间最长并沿用至今的文字之一。

托忒蒙古文也同回鹘式蒙古文一样采用了竖式结构，利用点、圈等附加符号使每个字母做到一字一音，在书写中除元音字母有微小的字形变化外所有辅音字母在词的任何位置上都不改变形状，使其造型整体更为生动，每个符号对应一个语音，迎合蒙古文语言在方言中的实际变化，体现出蒙古民族的包容之美。托忒蒙古文在书写时主要使用羽毛笔，以连笔的书写形式从上至下、从左至右书写，追求书写便利、造型简约，笔法较为连贯，节奏变化小，但在书写至字尾时会采用骤停、回锋等运笔手法，给人以端庄严肃之感。17世纪末18世纪初，北京木刻版上的回鹘式蒙古文的特点是牙、尾巴呈水平方向，而托忒蒙古文线条则有倾斜的体式，尾巴向右倾斜，其他向左，弧呈向上卷曲状，L的辫子呈密实弯曲的线条，M凸起被折的样子，T和结尾的M较密而窄，腰线和尾巴较粗。据蒙古科学院语言研究所统计，用托忒蒙古文书写、印刷的作品在1945年之前达到800多部，包括佛经、医药、历算、诗歌、传记等佛教典籍，以及卫拉特蒙古人用此种文字创作的众多历史、文学等方面的作品，如《江格尔》《乌巴什洪台吉的故事》《格萨尔王》等。

托忒蒙古文吸收了卫拉特方言的发音，具有明显的口语化特点，因此，使用范围局限在卫拉特当地及附近，但传播范围却十分广泛。托忒文避免了回鹘式蒙古文在书面用语和口语上不一致的问题，首次使蒙古族语言文字实现一致化表达，"这是近代蒙古文改革史上的一件大事"。❶托忒蒙古文的分布地区主要涵盖了中国新疆维吾尔自治区的伊犁、巴音郭楞地区，以及内蒙古自治区的阿拉善、额尔济纳等地区。18世纪后半期，卡尔梅克蒙古族根据自身的口语特点，对托忒文进行了调整，形成了与口语更为贴近的卡尔梅克式托忒文，并在伏尔加河流域持续使用至1924年。与此同时，新疆地区的卫拉特蒙古族也在18世纪后期，基于卫拉特口语的特点，对托忒文进行了改造，创制了新疆式托忒文，使其更加贴近当地的语言习惯。托忒蒙古文的改写使其正字法也随之改变，造成了托忒蒙古文书面语混杂的现象。

---

❶ 蔡志纯，洪用斌，王龙耿. 蒙古族文化[M]. 北京：中国社会科学出版社，1993：22.

1.2.2 索永布蒙古文

依据蒙古传说及阿旺索尔吉的藏文注释,索永布字母是由著名的政治活动家、宗教文化传播者、喀尔喀蒙古的首领、第一世库伦呼图克图哲布尊丹巴发明的(通常称为温都尔格根)。新字母是在虎火儿年(1686年),温都儿格根52岁时创制的。❶"索永布"为梵语"自在光"的谐音,蒙古语翻译是"自然形成"之意,根据梵文和藏文的演化形成方形文字,共有80个字母(包括开篇符号和结束符号),有14个元音字母。行文有两种:一种与藏文和梵文相似,从左到右,横着写,俗称"卧式索永布文字"(或称"卧式方体字");另一种与回鹘式蒙古文相似,从上到下,竖着写,俗称"立式索永布文字"。❷

索永布文字造型丰富,趋于图形化,以太阳、月亮、火形、三角形为主共同构成文字,每个字母的字头结构是倒三角形字头,字母右边为竖形,其造型象征"矛"和"墙",文字廓形与蒙古族图案"索永布"相似。如图1-5左上文字开篇符号,在索永布文字的开篇符号中,最上方的图案象征着炽热的火团。蒙古族先民深受萨满教的影响,对火怀有崇高的敬意,将其视为吉祥与繁荣的象征,认为火是带来兴旺与希望的种子。三团火苗分别代表过去、现在和未来,预示蒙古族像火一样蒸蒸日上。火团的下方是萨满教所崇拜的太阳和月亮的图案,象征着蒙古族如同日月般始终闪耀着耀眼的光芒。火、日、月三者的融合,不仅寓意着繁荣昌盛,更是对蒙古族坚韧不拔精神的颂扬。而上下两

图1-5 索永布蒙古文经书《信仰》(来源:《蒙古人的文字》)

---

❶ 卡拉·捷尔吉. 蒙古人的文字和书籍[M]. 范丽君,译. 呼和浩特:内蒙古人民出版社,2004:86.
❷ 文英. 索永布文字的创制及其研究[J]. 西部蒙古论坛,2009,(1):56-60,127.

个三角形则代表着锋利的矛，矛头向下，展现了蒙古族对敌人毫不留情的决心与勇气。同时，这两块长方形则象征着对正义的坚守与对忠诚的执着，体现了蒙古族人民坚定的道德信念。正中的双鱼图案预示蒙古族人民多子多孙、人丁兴旺，像鱼一样敏锐（也有学者认为双鱼图象征和谐）。分列左右的两块长方形在古书中代表城墙，表示全民团结如一人，比墙还坚实。因此，它是蒙古民族自由、独立的象征。索永布文字后脚较长，具有上平竖直的特点，在书写中没有明显的粗细之分，装饰性较强，相较于回鹘式蒙古文与八思巴文造型更为繁复，常被用作花体字。

索永布蒙古文在当地蒙古族的寺院中得到应用，用来标写寺庙名称和佛教著作的译写。在喀尔喀地区及其寺庙设立学校专门对索永布蒙古文进行教学，对翻译宗教经卷以及梵藏语语音不但能够记写，而且对文字与语音研究积累了丰富经验，可以看出在此期间宗教对文化的影响也很大。据学者们的研究，索永布文字在喀尔喀寺庙的喇嘛中被沿用二百余年，克服了回鹘式蒙古文不能表达梵文、藏文一些语音的缺点。❶后因其文字字体繁杂，不便于学习和掌握，书写慢的缺点和客观原因而自行停止使用。这种文字，虽然没有在广大群众之中广泛推行，但是以蒙古民族文化的财富而遗存下来。至于索永布文字的书体或书法，在有的著作中则有"它有庄重体和草书体等书写规则"之记载。

1.2.3　瓦金德拉蒙古文

瓦金达拉蒙古文，是一种以布里亚特方言为基础语音，以回鹘式蒙古文为母型，参照托忒蒙古文、阿力伽力字母、满文和俄文书写规则而创制的拼音文字。其书写形式同回鹘式蒙古文，从上到下竖着写。其共有47个符号，其中有8个元音字母，28个辅音字母，4个附加符号，7个标点符号。❷1905年，布里亚特喇嘛阿格旺道尔吉（1853—1938）按照回鹘式蒙古文的字形，为适应布里亚特方言进行文字改革，创制了"瓦金德拉蒙古文"（图1-6），史书上一般称其为"瓦金德拉克文字"，藏语的"阿格旺"就是梵语"瓦金德拉"一词。瓦金德拉蒙古文适用于寺庙宗教领域，被创制使用不足10年，第一次世界大战爆发，战争致使推广受阻，但实际意义上成为改进蒙古文的重要举措。

---

❶ 包力高，道尔基. 蒙古文字发展概述[J]. 内蒙古社会科学，1984，（3）：61-67.
❷ 文英. 瓦金达拉文字的创制及其研究概况[J]. 西部蒙古论坛，2010（3）：63-67，127.

布里亚特属蒙古人种西伯利亚类型，是西伯利亚南部地区贝加尔湖以北与色楞格河一带的居民，又称"布里亚特蒙古人"，使用布里亚特蒙古语，分东西两大方言，属于阿尔泰语系蒙古语族。现主要分布于中国、俄罗斯和蒙古国。俄罗斯与蒙古国的布里亚特在1931年受苏联文字拉丁化的影响推出拉丁字母转写布里亚特蒙古语的方案，1935年随着苏联"斯拉夫化"运动，改用西里尔字母至今。留存至今的瓦金德拉蒙古文字书籍有：《入菩提流注》佛教典籍、《心鉴》《布里亚特心鉴》等语言学论著，还有蒙古国收藏的著名布里亚特蒙古学家桑席叶夫用瓦金达拉蒙古文撰写的戏剧石刻本。❶

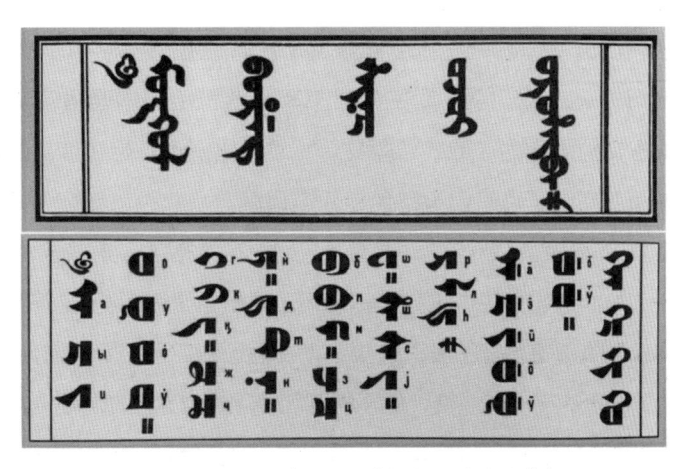

图1-6 瓦金德拉蒙古文（来源：《蒙古人的文字》）

瓦金德拉蒙古文作为一种地域性文字受俄文的影响，字母主要特点是无论被书写在词首、词中、词末都不改变字体形态，各部位向左撇时长短不一，腰线挺直，阿格旺道尔吉在保留回鹘式蒙古文基本笔画和书体的基础上进行文字改革，为了与回鹘式蒙古文进行区分，利用托忒文的主要特点，将四个圆唇元音形态进行了创新，主要体现出文字的精神气质，展现蒙古族豪放直爽的个性，凸显草原游牧民族的奔放之美。进而可以看出从文字的规范化到适应不同地区使用需求蒙古族文字的不断演化，蒙古族文字在复兴时期已经开始悄然发展，并在过程中逐步完善，作为承载着蒙古族悠久文明的结晶，对民族文化发展与传承有着十分重要的作用。

---

❶ 文英. 瓦金达拉文字的创制及其研究概况[J]. 西部蒙古论坛，2010（3）：63-67，127.

1.3 蒙古族文字的开拓与融合

1.3.1 西里尔蒙古文

蒙古人民共和国成立之初，人民热衷于拉丁文字的学习与模仿，并在1930—1940年尝试用拉丁字母书写蒙古语。1941年2月21日蒙古人民革命党中央委员会和部长会议出台了17/13号决议《准许拉丁字母编委会用29个拉丁字母书写的蒙文歌词的记录和音韵搭配》，同年3月25日出台22/28号决议《关于蒙文新字母的确定》废除关于拉丁字母书写，同年5月9日发布25/27号决议《关于在俄语字母基础上确立新蒙文》，"确立在俄语字母基础上使用35个新蒙文字母……由此，蒙古国的文字书写系统开始根据西里尔字母进行变革，新的蒙古文也被称为'俄式新蒙文'"。❶蒙古国也开始在俄文的基础上进行创新，进而创制出了具有自身特色的新字母表。

西里尔蒙古文又称"斯拉夫蒙古文""新蒙文""喀尔喀蒙古语"，属于拼音文字（图1-7），回鹘式蒙古文的语言文字不一致的问题得到了妥善解决，这一举措显著提升了喀尔喀方言的表达效果，使书面语和口语之间的结合更加紧密，进一步促进了语言的统一与发展，便于学习和使用，也是保加利亚人西里尔为区别于回鹘式蒙古文所创制。1946年，西里尔蒙古文开始在全蒙古国内推广。

图1-7 蒙古国纸币上的新旧蒙古族文字

西里尔蒙古文涵盖了俄文全部字母，拓宽了蒙古语的词汇。1991年，蒙古国内民族传统意识复兴，人民要求恢复对回鹘式蒙古文的使用，政府被迫恢复使用旧蒙文。目前，西里尔文和回鹘式蒙古文在蒙古国同时使用，我国蒙古族使用改良自回鹘文字母的传统的回鹘式蒙古文（俗称旧蒙文或呼都木蒙古

---

❶ 郝时远，杜世伟. 蒙古[M]. 北京：社会科学文献出版社，2007：32.

文），以及回鹘式蒙古文后期的两种变体：托忒文和阿里嘎礼字体。

1.3.2 蒙古文书体

中华人民共和国的诞生为蒙古文书体的进一步繁荣与发展提供了稳定的文化生态环境，振兴民族文字研究的国策更是在推动民族地区文化与经济更好、更快地发展，加速现代化建设，促进各民族共同繁荣，具有重大的现实意义和深远的历史意义，同时体现出中华民族艺术的多元性及丰富性。

蒙古文书体在本体构成上表现出强烈的融合性特征，在继承汉字书体传统的同时，传达着蒙古族本身的书写精神，展现着蒙古族独特的美学内涵与艺术价值。蒙古文书体文化形态中的诸多要素受其他民族文化的影响，但是经由各个历史时期的发展和丰富，蒙古文书体在文字造型、书写工具的继承与应用、书写材料的拓展上都开辟出自身独特的生存空间。据史料和考古出土资料记载，蒙古文书体在初期将书写工具分为硬笔和软笔，硬笔工具由羽毛、骨头和竹子制成，因其笔尖较硬又名"蘸刻笔""丬笔""竹板笔"，又因笔尖的宽窄薄厚使文字形态产生横细竖粗、回折叠印的造型变化。软笔则是由动物的毛发制成，与汉字书体用的毛笔类似，在书写时由于书写工具、落笔轻重与墨色浓淡的不同，所书写的蒙古族文字笔画形态也会产生迂回婉转、迅疾奔放的丰富变化。

在成吉思汗统一蒙古各部之前，蒙古族文字的书写主要使用羽毛笔，以连笔的书写形式从上至下、从左至右书写，追求书写便利、造型简约，笔法较为连贯，节奏变化小，但在书写至字尾时会采用骤停回锋的运笔手法，给人以端庄严肃之感。在长期的历史发展与民族交流中，蒙古文书体受到多元文化的综合影响，尤其是来自汉字书体的影响较多，例如，蒙古文体采用的提、按、铺、拢等笔法技巧，以及墨法运用均是结合了汉字书体的书写方式，再如，汉字书体的涩笔、渴笔和饱笔也对蒙古文书体形式进行了系统美化，使蒙古文书体更加注重笔画比例与整体协调性，加强了文字结构的稳定性与和谐之感，字体的大小与间距保持均衡，整体造型充满节奏与韵律感。蒙古文书体在字体风格上分为黑体、白体和以某个书法家命名的手写正体。黑体、白体与拉丁文的非衬线体与衬线体相似，白体适合做正文，笔画较轻，手写正体笔画变化相较于白体和黑体更为丰富，不局限于固定的笔画形式，但字形结构并未改变。蒙古族文字手写正体是根据蒙古文书体形式创制而成，同时也是延续汉字书体行笔的特点，意在抒发书者的个体情感和对书写水平的展现。

笔者在蒙古族文字的历史溯源研究中发现，除回鹘式蒙古文、八思巴蒙古文、索永布蒙古文、西里尔蒙古文这4种字形有完全独立的造型外，其他字形的演变均与临近字形相似度极高，例如托忒蒙古文、瓦金德拉蒙古文与回鹘式蒙古文，是方言融入书面语的一种尝试，它们丰富了书面语的发音与标注，造型上也有所变化，但并未在回鹘式蒙古文的造型基础上有革命性的颠覆。西里尔蒙古文属印欧语系，是蒙古国依据俄文字母创制，因此与俄文相似度极高，加之在我国境内的使用情况并不普遍，所以此次研究的文字造型筛选以回鹘式蒙古文、八思巴蒙古文、索永布蒙古文及蒙古文书体为研究样本，索永布蒙古文由于创制初始只应用于喀尔喀蒙古佛教领域，传世文献存量极少，只有少量经卷和寺庙砖刻壁文，因此，还有待此领域的语言学与历史学的进一步积累，丰富设计学视角的史料基础才能展开设计学的相关研究。

本章小结

在蒙古族文字历史溯源过程中，蒙古族文字的历史是多语种融合、多民族交融的历史，是中华民族全体人民的智慧结晶，体现了我国作为多民族国家自有史以来的民族文化融合政策，形成了融合发展的多元一体格局。因此，蒙古族文字的创造性转化与创新性发展研究具备厚实的文化、社会与群众基础；同时，在发扬中华优秀传统文化、提升文化自觉与文化自信的时代背景下，蒙古族文字的创造性转化与创新性发展研究势必为我国其他民族文字的创新与发展提供借鉴，丰富我国文字研究的体系，为国家通用语言文字的文化多样态设计创新提供造型依据。

第2章

蒙古族文字的发展与传承

2.1 蒙古族语言文字的使用和传播现状

2.1.1 中国蒙古族语言文字的使用地区分布

据文字记载，蒙古族已有1000多年的历史。❶全世界的蒙古族约有1000万人。中国的蒙古族人口占世界蒙古族人口的60.00%，❷分布于辽宁省、吉林省、河北省、甘肃省、青海省、黑龙江省、以及内蒙古自治区、宁夏回族自治区、新疆维吾尔自治区，包含6个省、3个自治区中的3个蒙古族自治州与8个蒙古族自治县。❸根据《中国语言地图集》对中国境内蒙古语言文字使用地区划分分别为内蒙古方言（中部方言），包含察哈尔土语、巴林土语、科尔沁土语、喀喇沁土语、鄂尔多斯土语与额济纳土语；卫拉特方言（西部方言），包含土尔扈特土语与青海土语；巴尔虎布里亚特方言（东北部方言），包含新巴尔虎土语、陈巴尔虎土语与布里亚特土语。在我国使用蒙古语言文字的情况因地而异，我国蒙古语一直使用13世纪初创制的回鹘式蒙古文，布里亚特蒙古语也使用回鹘式蒙古文，新疆地区蒙古族使用1648年卫拉特高僧札亚·班智达在

---

❶ 刘勇波. 论赤峰蒙古族民俗文化[D]. 济南：山东大学，2013.
❷ 徐亚娜. 内蒙古宁城县大城子镇蒙古语使用现状调查研究[D]. 太原：山西师范大学，2017.
❸ 阿拉塔. 把握机遇加快推进蒙古语言文字信息化建设[J]. 信息技术与标准化，2015（Z1）：6-8.

回鹘式蒙古文基础上改制的托忒蒙古文。❶

无论方言还是民族语言文字，都包含着一个地区、一个民族的过往历史，都是中华民族文化的有机组成部分。通过对语言文字使用地区的调查，蒙古族语言文字的使用地区范围较为广泛。对蒙古语言文字进行科学保护及开发利用，能够促使语言资源意识生长，有利于中华民族文化多样性的发展。

2.1.2 蒙古族语言文字的使用现状

内蒙古自治区自古以来就是众多民族繁衍之地。在内蒙古广阔的土地上，生活着蒙古族、汉族、满族、回族、达斡尔族、鄂温克族、鄂伦春族、壮族、锡伯族、土家族、东乡族、苗族等55个民族。❷根据第七次全国人口普查结果，2020年11月1日零时内蒙古自治区的常住人口为24049155人。其中汉族人口为18935537人，占78.74%；蒙古族人口为4247815人，占17.66%；其他民族人口为865803人，占3.60%。❸通过《中国语言生活状况报告》（2020）中我国少数民族掌握本族语言状况调查，自21世纪以来，蒙古族掌握本族语言的人数呈逐年减少的趋势（表2-1）。

表2-1 蒙古族掌握本族语言状况

民族	国情调查数据量（组）	会说民族语言的人数比例（%）	数据发布时间段（年）	数据来源
蒙古族	27	89.90	1980—1989	《中国语言生活状况报告》（2020）
	21	71.30	2005—2009	
	38	87.50	2010—2014	
	29	83.00	2015—2017	

根据2020年《中国语言生活状况报告》关于我国少数民族语言状况调查数据显示，学生群体在语言国情考察中占据着主体地位，特别是少数民族青年一代的语言使用情况，其重要性不言而喻。现有国情数据中，超过四分之一涉及语言使用情况代际差异，包括少数民族青少年掌握本民族语文、汉语文（普

---

❶ 黄行，许峰. 我国与周边国家跨境语言的语言规划研究[J]. 语言文字应用，2014（2）：9-17.
❷ 黄行，许峰. 我国与周边国家跨境语言的语言规划研究[J]. 语言文字应用，2014（2）：9-17.
❸ 内蒙古自治区统计局. 内蒙古自治区第七次全国人口普查公报（第一号）[EB/OL]. 2021-05-20.

通话和汉语方言）及其他语言文字的情况。❶

不难发现，少数民族的青少年群体对于本民族的文字掌握情况不容乐观。蒙古族小学在校生的比例从1980年的73.30%降为1995年的49.70%，至2001年降为40.80%。蒙古族中学在校生的比例，从1980年的66.80%，降为1995年的46.70%，再降为2001年的31.70%。以上数据表明，21世纪初期，60.00%左右的蒙古族中小学生已经自愿进入汉族学校，而未选择蒙古族学校就读。❷在内蒙古锡林郭勒盟正蓝旗蒙古族有81.04%的人经常使用蒙古语言文字，13.00%的人偶尔使用蒙古语言文字，5.96%的人不使用蒙古语言文字。❸在赤峰市喀喇沁右旗蒙古族人口中，使用蒙古语言文字的人不到0.60%。❹呼伦贝尔市新巴尔虎右旗蒙古族有63.07%的人可以熟练使用蒙古文字。在通辽市科尔沁左翼中旗会用蒙古语言和蒙古文字的人占79.66%。❺除此之外，在新疆维吾尔自治区巴音郭楞蒙古自治州也有89.50%的蒙古族希望自己的孩子在上小学时接受蒙古语言文字的教育。❻据辽宁省蒙古族各年龄段学习使用蒙古族语言文字情况统计，在1951—2001年，不会口语且不会蒙古族语言文字的人数从4.88万人增加到29.27万人。❼

从以上地区的调查数据中，一方面体现了在蒙古族聚居区使用蒙古语言文字的人数在逐年递减。另一方面，从民族情感上来讲，还是有很多人希望让自己的孩子接受民族语言文字的学习。由此可见，蒙古族文字的发展已经在新时代的语境下面临传承的困境，如何激发人们关注民族文字、唤醒文化自觉、凝聚文化记忆，为民族文字传承培养接班人，以及如何优化传承形式，探索民族文字转化与创新的传播路径是当下亟待解决的问题。

---

❶ 中国语言生活状况报告（2020）[C]//国家语言文字工作委员会. 语言生活皮书——中国语言生活状况报告（2020）. 商务印书馆，2020：128-129.

❷ 周庆生. 少数民族语言在社会转型中的挑战与机遇[J]. 云南师范大学学报（哲学社会科学版），2013，45（2）：1-8.

❸ 金双龙. 正蓝旗蒙古语言文字使用情况调查研究[J]. 赤峰学院学报（汉文哲学社会科学版），2014，35（10）：31-32.

❹ 宝玉柱. 对内蒙古喀喇沁旗蒙古族语言文字使用情况的调查研究[J]. 民族教育研究，2007，18（5）：85-91.

❺ 乌吉斯古冷. 科尔沁左翼中旗蒙古语言文字使用情况调查研究[J]. 内蒙古民族大学学报（社会科学版），2019，45（3）：32-35.

❻ 黄晔. 新疆巴音郭楞蒙古自治州蒙古族语言文字使用情况调查研究[D]. 乌鲁木齐：新疆师范大学，2016.

❼ 李志杰. 文化多样性与少数民族语言文字保护——辽宁省蒙古语言文字工作调查[J]. 满族研究，2007（1）：21-26.

2.1.3 蒙古族语言文字媒介调查

自1950年5月22日中央人民广播电台藏语广播的正式开播起，中华人民共和国便踏上了民族语言宣传事业的征途。历经七十年波澜壮阔的历程，目前我们已经构建起包含蒙古语、藏语、维吾尔语、哈萨克语、朝鲜语等在内的多元民族语言体系，并依托广播、新媒体等平台形成了丰富的民族语言节目矩阵。这一体系为巩固边疆稳定、促进民族团结以及推动民族地区的发展作出了显著贡献。2020年，课题组对蒙古族语言文字的传播媒介进行了调查。

从搜集的资料显示，全国有17家广播电视台设有蒙古语频道。内蒙古地区有7家出版社均设有蒙编室，致力于蒙古语文献的出版工作。此外，北京的民族出版社、东北的辽宁民族出版社以及西北的新疆人民出版社也均设立了蒙编室，这些机构共同为蒙古语文献的出版和传播贡献力量。在2019年首届全国蒙古文期刊创刊号展中，展出了1949—2019年在我国八省区范围编辑出版的各类蒙古文期刊创刊号四百多种，比较全面地展示出我国蒙古族文字期刊创刊号的风貌。官方媒体网站包括人民网、中国广播网、中国蒙古语新闻网、央视网等均设有蒙古族文字版本。民间的企业网站好乐宝网、蒙古文化网、草原雄鹰网等，均为蒙古语网站，表2-2中所列并未穷尽，筛选均以媒体规模及影响力为标准进行举例呈现。

表2-2 部分蒙古族文字媒体调查

地区	类别	媒体
北京	广播电视台	中央人民广播电视台（蒙文频道）
		中国蒙语广播网
		国际人民广播电视台蒙语频道
	报纸杂志	《中国民族》
	网站	人民网蒙文版
		中国广播网
		央视网蒙古语
		中国网络电视台上线少数民族语新媒体传播平台
内蒙古	广播电视台	内蒙古电视台蒙语文化频道
		内蒙古电视台蒙古语卫视频道

续表

地区	类别	媒体
内蒙古	报纸杂志	《内蒙古农业大学学术研究》
		《母语》
		《格斯尔文化》
		《蒙古马》
		《呼和浩特民族学院学报》
		《额济纳河》
		《内蒙古农业大学学报》
	网站	中国蒙古语新闻网
		草原雄鹰网
		蒙古文化网
		好乐宝网
新疆	广播电视台	新疆蒙古语广播
		巴州电台蒙古语广播
	报纸杂志	《语言与翻译》
		《卫拉特研究》
		《启明星》
		《今日新疆》
		《新疆畜牧业》
		《巴音郭楞》
		《新疆日报》
		《博尔塔拉日报》

从以上数据和资料中可以看到：①国家在不同传播媒介中大力推动蒙古族语言文字的发展，高度重视民族语言文字的保护和传播；②蒙古族语言文字的传播媒介种类丰富，传播范围广，影响力较大。同时，在调研中我们也发现互联网、融媒体时代对蒙古族语言文字的传统媒介造成的巨大冲击，报纸、广播类宣传媒介发展的持续萎缩；新媒体发展过程中滞后的蒙古文字体与排版设计致使传播效果远远落后于主流语言文字；独特的竖写蒙古族文字由于缺少设计力量与研发团队而持续多年不曾更新字库；被

列入国家非物质文化遗产的蒙古文书法也在高科技数码时代的冲击下被尘封在博物馆、民艺馆、私人画廊，而少有人问津等诸多问题也更觉凸显，有关如何提升蒙古语媒介平台的传播力，改善传播媒介中蒙古族语言文字的视觉面貌显得尤为迫切。

通过对蒙古族语言文字使用地区、使用现状及使用媒介的调查发现，蒙古族语言文字的使用地区较为广泛、使用人数基数较大，传播媒介种类较多，涉及范围较广，学习及使用蒙古族语言文字的人群有逐年递减的趋势，语言文字资源保护的意识较为薄弱。故此，设计学视角下蒙古族文字的创造性转化和创新性发展研究对于民族语言文字的保护、传承、创新、转化、开发具有现实基础和理论价值。类型多样、绚丽多姿的各民族语言文字，既是我国各民族的重要特征，又是极具多样性的文化宝库，充分展示了中华民族语言文化的多样性，这是中华文化源远流长、博大精深的重要基础。在文化自觉、文化全球化的时代语境下挖掘民族传统文字的造型文化，开拓文字新价值、探索发展新路径，丰富传统民族文字的传播与应用，延续传统民族文字的生命力是本书研究的核心。

2.2　蒙古族文字创造性转化和创新性发展面临的挑战与机遇

在文化全球化时代背景下，文化的重要性日益彰显。中华民族文化是中华民族独特的身份标识。坚守文化根本，充分认识中华民族文化为文化强国建设奠定了坚实的文化基础，在社会主义现代化建设的征程中，我们强调实践的引领作用，致力于深化对中华民族文化的自我觉醒与认同，从而不断增强文化自觉与文化自信。立足于中华民族文化，自觉捍卫和珍视中华民族文化的多元性，尊重不同文化之间的差异性，为铸牢中华民族共同体意识奠定基础。自党的十八大以来，习近平总书记针对民族文化传承保护与创新发展的议题，在多个重要会议上发表了一系列重要讲话，创新性地提出了"努力实现民族文化创造性转化和创新性发展"的重要论断，为我国的文化繁荣与发展指明了方向。

2.2.1 面临的挑战

蒙古族文字的传播面临文化审美与价值取向转变的挑战。不同的文化审美与价值取向对蒙古族文字的传播提出挑战。进入21世纪以来，在文化全球化的背景下，各民族文化在交流与碰撞中不断融合。蒙古族比较集中聚居的民族地区受各个民族之间人口流动、求学、经商、婚嫁等影响，文化交融现象较为普遍，多民族混居与通婚比例明显增加，蒙古族语言与文字的使用有下降趋势，传统的生活方式受到冲击，部分蒙古族远离游牧聚集区或半农半牧的草原生活，选择文化经济较为发达的城市定居、就近的公立汉族学校就读，新一代蒙古族在民族语言文字的掌握上表现出明显的不足，这导致他们对本民族文化的理解程度逐渐衰减，形成了对民族文化认知的日渐疏离。蒙古族的文化审美与价值取向在各民族文化交融的影响下与主流文化日益趋同，民族个性在交融中变得日渐模糊。

蒙古族文字的应用面临主流语言媒介快速发展的挑战。现代科技的迅速发展和经济全球化的加强，使国际文化交流与合作以前所未有的速度、广度和深度推进，广播电视、报刊乃至网络媒体等语言媒介也呈现出多元形态并存，用户分类越来越细致的态势，使人们可以迅速地接收来自世界各地的信息并参与交流，更多地接触到不同民族的文化。在这样的背景下，少数民族语言传媒却处于明显的劣势地位。美国马萨诸塞技术研究所（Massachusetts Institute of Technology）语言学家肯·黑尔（Ken hale）于20世纪90年代初发表的一份报告中估计，全世界6000种语言中有3000种将会消亡，而只有300种语言的前途是比较可靠的。[1]就我国而言，目前尚有超过120种少数民族语言还在使用中，但这些语言的使用者分布极不均衡。尤为引人关注的是，有20余种少数民族语言的使用者数量不足千人，正在面临消亡的危机。比如赫哲语，如今能使用它进行交流的只有十几个60岁以上的老人；能听懂满语的只有100人左右；塔塔尔语的使用人口不足1000人，[2]从语言学与历史学的视角来看，这些已经消逝和正在消逝的民族语言令人遗憾，抢救与保护工作依然任重而道远，然而，我国现存的民族文字的现状也并不乐观，蒙古族文字在演进的过程中，很多文字已经存入历史档案馆、博物馆或民间收藏，能够解读这些稀有文字的

---

[1] 滕星，苏红. 多元文化社会与多元一体化教育[J]. 民族教育研究，1997（1）：25.
[2] 黄小驹. 部分少数民族语言文字生存堪忧[N]. 西部时报，2007-12-11.

人也屈指可数，因此，如何有效地传承民族文字，激发活力，我们还有很多工作要做。

蒙古族文字的发展面临相关领域专家学者匮乏的挑战。美国杜克大学（Duke University）教授弗雷德里克·詹姆逊（Frederick Jameson）认为，语言的灭亡意味着民族文化形式的消逝，在语言丢失的同时，以这种语言为载体的文化也可能丧失。近年来，由于民族工作任务艰巨，涉及面大而广，很多深层次性的问题没有得到深入调查和了解。投身于民族语言研究的专家、学者也极其匮乏，同时，具备民族语言调查研究能力的人员也明显不足，这一现状对于想要深入理解和保护各民族语言文字的工作构成了挑战。而聚焦到艺术设计领域蒙古族文字的研究成果较少，本土设计力量薄弱，为蒙古族文字的发展带来挑战。

2.2.2 面临的机遇

文化强国建设为蒙古族文字的保护提供了机遇。党的十九届五中全会审议通过的《中共中央关于制定国民经济和社会发展第十四个五年规划和二〇三五年远景目标的建议》提出，要"促进满足人民文化需求和增强人民精神力量相统一"，这既是我们党坚持以人民为中心的发展思想的重要体现，也是新时代推进社会主义文化强国建设的有力抓手。❶ 蒙古族文字作为中华民族文化的有机组成部分，推动蒙古族文字创造性转化和创新性发展一方面满足人民群众的精神文化需求，另一方面也为丰富中华民族文化多样性，促进文化强国建设贡献力量。

多元文化交融为蒙古族文字的传播提供了机遇。语言和文化的交流与传播具有双向性特征，各民族人员的双向流动使民族的语言和文化会随之传播到其他地区，从而有利于各民族优秀文化的交流与融合。面对文化多样性的理念给发展和保护民族语言文字带来的机遇，我们应该从社会稳定、建设和谐社会高度、从保护文化多样性角度、从满足民族群众对本民族语言文字的发展需求出发，把握时代脉搏，我们需要主动融入并积极参与到多元化的文化交流之中，以促进文化间的相互理解与融合。在多元文化中寻求共识，凝练和提升本民族

---

❶ 刘丽. 满足人民文化需求增强人民精神力量[N]. 中国社会科学报，2021-04-14.

的文化要素，在艺术设计领域内对蒙古族文字进行创造性转化和创新性发展，为中华民族文化提供新内涵，推动民族文化融合交流互鉴，为不断丰富中华民族文化的多样性与蒙古族文字的传播创造条件。

融媒体时代为蒙古族文字的发展提供了机遇。随着地方经济的腾飞与国民经济的迅速发展，传统媒体与新媒体不再是独立的存在，而是把二者的优势进行整合，实现"资源通融、内容兼融、宣传互融、利益共融"的新型媒体宣传理念。从新时代背景下的视角审视，融媒体理念的崛起与演进，在引发对民族语言文字传承这一巨大冲击的同时，也无形中为民族语言文字的保护与发展注入了不可或缺的物质支撑。这一进程既体现了时代的变迁，也彰显了文化传承与媒体发展之间的动态平衡与相互促进。传播媒介本质是传递信息、传播文化的一种工具，如何利用现代化媒介发展蒙古族文字是其创造性转化和创新性发展的关键。

2.3 蒙古族文字创造性转化和创新性发展的必要性与必然性

文化是民族的基石与灵魂，其生生不息的延续依赖于传承的力量，而繁荣兴盛则源于不断的创新。文化传承与创新与语言之间存在着极为紧密的关联。语言不仅是文化的重要组成部分，还是文化最重要的负载者、建构者和阐释者，并常常发挥着文化社团的"图腾"作用❶。这也体现了文字是时代发展遗留的印记，因时代的更迭而发展，随时代的变迁而改变。文字，作为时代的镜像，不仅记录了历史的轨迹，更深刻地烙印着每个时代的独特印记。它随着时代的演进而不断进化，映射出时代的变迁与发展。这种动态的演进过程，正是文字作为文化载体的重要体现。在中国特色社会主义的新时代，推动蒙古族文字的创造性转化和创新性发展既有其必要性，又有其必然性。习近平总书记指出："文化自信是一个国家、一个民族发展中更基本、更深沉、更持久的力量。"❷在文化自信的支撑下，民众方能坚定信念，社会方能展现勃勃生机与希

---

❶ 中国语言生活状况报告（2021）[C]//国家语言文字工作委员会.语言生活皮书——中国语言生活状况报告（2021）.商务印书馆，2021：252-253.

❷ 中国共产党第十九次全国代表大会文件汇编[M].北京：人民出版社，2017：18.

望。因此，如何结合社会主义现代化建设的实际需求，深入挖掘蒙古族文字所承载的丰富文化资源，进而实现其创造性转化与创新性发展，成为我们当前的重要任务。这不仅是蒙古族民族文化发展的必然选择，也是应对文化全球化挑战的必由之路。

2.3.1 转化和发展的必要性

坚定文化自信要求蒙古族文字进行创造性转化和创新性发展。当代中国，坚定文化自信是具有时代性的命题。在推进社会主义现代化建设的进程中，坚定文化自信，构建文化强国，是不可或缺的战略选择。文化自信源于我们对优秀民族精神和中国特色社会主义事业的深厚信念。中华民族的伟大复兴，离不开对自身文化的坚定自信。其中，少数民族文化作为中华文化的瑰宝，是各民族文化的融合与升华，展现了各族人民在中华大地上的持续创新。特别是各民族独具特色的语言文字，它们不仅承载着丰富的历史、学术和艺术价值，还具有实用价值，是各民族生生不息、蓬勃发展的力量之源。这些语言文字更是连接各民族心灵的纽带，其力量深深熔铸在各民族的生命力、创造力和凝聚力之中。蒙古族文字作为蒙古族民族文化的重要载体，承载着民族的古老信息，反映着蒙古族祖先的智慧。立足于国情，立足于时代发展的特点，深入探索民族文化，对蒙古族文字进行创新转化与发展，挖掘其文化精髓，以适应时代需求，使其具有顽强的生命力和感染力。

提升文化软实力要求蒙古族文字进行创造性转化和创新性发展。自迈入21世纪，随着全球文化交流日益频繁和国际文化格局的深刻变革，文化在国际交往中的地位愈发显著，文化软实力已成为衡量国家综合实力的重要标尺。因此，增强文化软实力不仅成为学术界的焦点议题，更是国家发展战略中不可或缺的一环。作为中华民族文化组成的蒙古族民族文化，其包容与开放的特质有利于提升文化软实力。蒙古族文字作为蒙古族民族文化的重要组成部分，其创造性转化与创新性发展也是提升文化软实力、建设文化强国的重要路径，是文化全球化语境下民族语言文字传承与发展的必然要求。在文化强国建设的背景下，利用语言文字作为媒介，搭建起连接古今的文化传承桥梁，对于推动蒙古族文字的创造性转化与创新性发展显得尤为必要。这一举措不仅有助于保持文化的连续性，还能促进文化的创新与发展。

推进文化强国建设要求蒙古族文字进行创造性转化和创新性发展。在世界多极化、多元文化交融的时代背景下，对中华民族文化提出了新的发展要求。在全球化浪潮下，各民族间的交流、借鉴、融合与共存成为共同发展的基石。特别是当全球经济、文化合作日益加强的当下，作为多元一体的多民族国家，我们更应该积极推动民族间的深入交流，倡导经济、文化的广泛合作，以消除交流的障碍，实现各民族的共同进步与繁荣。文化作为连接不同民族观念、情感和民心的桥梁，我们应当借鉴历史上丝绸之路的文化交流经验，创造有利条件，积极推动文化交流，以增进理解、促进和谐。蒙古族文字作为中华民族文化的有机组成部分，对其进行创造性转化和创新性发展是促进中华民族文化传播与发展的新路径，是保持民族文字活力、促进文化发展升级、推进民族文化融合的必由之路。如回鹘式蒙古文是在回鹘文字母的基础上形成的，索永布蒙古文是在藏文基础上创制的，满文是在回鹘式蒙古文的基础上发展而来的，契丹字、女真字是参照汉字的笔画结构创制的，而西夏文则是大量借鉴了类似汉字会意和形声的造字方法构成的。为了适应社会发展的新需求，我们需要在吸纳与借鉴的基础上，不断充实和丰富自身的文化生态，积极吸收他人的优点，同时克服自身的不足，以实现文化的全面进步与提升。以民族文化研究作为基础，将蒙古族文字研究为切入点，在国家政策的支持与引导下，提升民族文化的自主创新与发展能力，才能使蒙古族文字实现创造性转化和创新性发展。

2.3.2 转化和发展的必然性

蒙古族文字创造性转化和创新性发展是铸牢中华民族共同体意识的必然要求。在1996年，费孝通对其在香港中文大学的演讲论点，即"中华民族多元一体格局理论"进行了深入总结。其中他特别强调了一个核心观点：高层次的认同并不一定取代或排斥低层次的认同，不同层次可以并存不悖，甚至在不同层次的认同基础上可以各自发展原有的特点，形成多语言、多文化的整体。❶在此背景下，我国文化展现为各民族独特文化与中华民族整体文化的和谐统一。各民族的语言作为各自文化的核心载体，不仅集中体现了其独特的文化内

---

❶ 邓佑玲.多元一体：民族文化复兴的格局与路径[M].北京：中央民族大学出版社，2021：62.

涵，更是这一整体文化多元共生的生动写照。这种文化的统一性与多样性相互交织，共同构成了我国丰富多彩的文化景观，同样也是中华民族优秀文化不可或缺的重要组成部分。作为蒙古族民族文化重要组成部分的蒙古族文字，其创造性转化和创新性发展有利于深刻认识中华民族共同体意识。

蒙古族文字创造性转化和创新性发展是丰富中华民族文化多样性的必然要求。2005年10月22日，联合国教科文组织通过了《保护文化内容和艺术表现形式多样性国际公约》。宣言确认了"文化多样性是人类的一项基本特征"等一系列有关人类文化的基本概念。这些基本概念无疑对认识民族语言文字的学习、使用、发展和保护，树立文化多样性视角下民族语言文字的学习、使用、发展和保护的理念具有积极意义。不难想象，一个只存有一种语言的地球，一个只流行一种文化的地球该是何等的枯燥和贫瘠。如果文化的多样性受损，积累了数万年的人类文化和精神世界无疑将因此受到威胁。如同生物多样性维持着生物平衡和生命在地球上的延续，文化多样性维系着人类的文明赓续绵延。文化全球化不等于文化一元化，经济的发达不意味着文化上的霸权，要像保护生物多样性一样尊重文化的"多元之美"，这已经成为很多国家的共识。经济越是走向全球化，就越需要重视不同文化间的互相尊重和平等对话，越是应当尊重文化的多样性与差异性。在此背景下，蒙古族文字创造性转化和创新性发展是文化全球化语境下坚守中华民族文化多样性立场的必然要求。

蒙古族文字创造性转化和创新性发展是满足人民精神文化需求的必然要求。蒙古族在形成和发展为一个民族的历史进程中，创造了自己的语言文字，承载并形成了具有鲜明特色的蒙古族文化，世称"游牧文化""草原文化""马背上的文化"等。蒙古族文字艺术表现形式中的视觉展现和传递，都展现了蒙古族人民艺术审美与生活价值追求。随着移动互联网技术的发展与普及，静态的设计语言转化为动态的设计符号，单一的设计主体转化为多元的设计组合，蒙古族文字的媒介属性和作为媒介的功效逐渐显现，使蒙古族文字可以在这种"万物皆媒"的条件下快速成长，灵活性范围扩大，发挥的空间更广阔，如抖音中央广播电视台读览杭盖官方账号用蒙古族文字发布视频，总获赞量为560多万；微信小视频中席慕蓉《蒙文课》视频的点赞量为8万。这样的趋势为民族文化发展带来了新机遇，以此满足人民群众精神文化需求日益高涨的趋势。

本章小结

人类文明的起源是人类形成社会的开始阶段，文明诞生于人与人之间的交流，而文明的形成则是以城市的出现、文字的产生、国家制度的建立为判定标准。语言文字作为文化的传播媒介，承载着某个社会群体特有的精神面貌、物质形态、智慧结晶与情感共鸣，它们共同构成了该民族千百年来累积的知识与经验的综合体。这些历史经验，通过语言文字得以传承，成为群体生存与延续的宝贵财富。同时，这些经验也记录着人类知识的一个独特视角和局部细节，是人类文明不可或缺的重要组成部分。语言文字更是一种交流思想的工具，与社会、文化及民族紧密地联系在一起。我国是一个疆域辽阔、资源丰富、人口繁盛的统一多民族国家，其显著特征体现在多民族的共存、多语言的交流以及多文字的书写上。这些多元要素共同构成了我国独特的文化景观和社会结构。据统计，中国有130多种语言，少数民族语言中，有68种语言使用人口在10000人以下，有48种语言使用人口在5000人以下，25种语言使用人口不足1000人，有的语言只剩下十几个人……❶

在现代化和城镇化的高速进程中，我国的语言文字和地域文化正在以前所未有的速度发生变化，其中有的已经逐渐走向衰亡，如何及时有效地保存和保护语言文字已经成为当今中国社会亟待解决问题。蒙古族文字是中华民族文化的重要组成部分，更是我国的民族文化瑰宝。设计学视角下蒙古族文字的创造性转化和创新性发展具有重要的理论价值和实践价值，对维护中华民族文化多样性具有举足轻重的深远影响。在此背景下，蒙古族文字所承载的丰富民族文化内涵，将在社会主义文化强国建设的进程中愈发彰显其深厚的历史底蕴和悠久的传统价值。同时，在全球文化交融的浪潮中，蒙古族文字也将以其独特的民族魅力和时代风采为世界文化的多样性作出贡献。

---

❶ 中国语言生活状况报告（2020）[C]//国家语言文字工作委员会.语言生活皮书——中国语言生活状况报（2020）.商务印书馆，2020：157.

第3章
蒙古族文字造型特征与蒙古族审美文化探析

　　不同的自然与人文生态环境孕育了不同的民族审美文化。审美文化的衍生机制在学界已达成较为普遍的共识和一定的价值规范，普遍趋向于从自然与人文两方面进行研究与讨论。在研究蒙古族审美文化时，我们需深入剖析其审美观念所蕴含的文化要素与核心精髓。审美文化作为蒙古族审美观念的具体表现，不仅是其审美理念的外部呈现，更是其审美观念的客观化、实体化。正如有学者指出："一个民族审美观念的形成，主要有两个方面的因素，即外在和内在两个方面的因素。外在方面主要是指一个民族赖以生存的自然环境（地理、气候、植被、水土）；内在方面是指一个民族特有的思维方式、宗教信仰、道德心理、文化背景等因素的影响。这些都会影响到一个民族的审美意识活动，而这些因素又通过一个民族的思维方式直接或间接地表现出来。"❶蒙古族审美文化同样受到自然与人文两方面因素的影响与制约，本章节旨在深入研究自然与人文生态环境对蒙古族审美文化产生的影响，剖析与蒙古族审美文化相互伴生的蒙古族文字所呈现的审美造型特征。

---

❶ 张胜冰. 从远古文明中走来：西南氐羌民族审美观念[M]. 北京：中华书局，2007：21.

3.1 蒙古族审美观念的形成

3.1.1 自然生态环境与蒙古族审美观念的形成

自然生态环境对文化产生与发展具有深远影响，不同的地理、气候、植被、水土往往孕育与塑造出别具一格的地域文化特征与民族审美意识。查理·路易·孟德斯鸠（Charles-Louis de Secondat）在《论法的精神》这部著作中深入探讨了地理环境与文化发展之间的紧密联系，并独到地提出了地理环境如何塑造和影响人们的性格与精神状态的观点。英国历史学家亨利·托马斯·巴尔克（Henry Thomas Buckle）在其《英国文明的历史》一书中提到"生活在极北纬度的人民从来不曾有过温带地区居民那样卓著的稳定的视野"；最具典型性的是法国艺术史家与社会批评家伊波利特·阿道尔夫·丹纳（Hippolyte Adolphe Taine）在其所著《艺术哲学》一书中围绕地理环境与民族审美观念展开了详尽的探讨。在阐述审美观念演变的脉络时，作者将地理环境视为与种族、时代同等重要的决定性要素，并对不同地理环境如何影响艺术及其观念进行了深入的剖析。这一研究揭示了地理环境在塑造一个民族审美文化发展演变过程中的外部关键因素。由此可见，地理环境对民族审美文化的影响不容忽视。这一观点已被很多人认同与重视。蒙古族草原游牧文明文化系统的生成也深受地理、气候、植被、水土等自然因素的陶冶与启迪。不同于农耕民族的文化特性，"蒙古族的审美感觉和艺术美的本质在于人与自然自由完美的统一性"[1]。从外部自然环境来看，其多聚居于亚欧大陆的草原和戈壁间，而我国草原多处于北部和西部边陲，整体地貌以高原、高山、沙漠、河谷为主，如蒙古高原、帕米尔高原、黄土高原、云贵高原等，平均海拔在1000米以上。蒙古高原的许多牧区年降雨量普遍不足300毫米，冬季长达4~6个月，期间平均气温维持在冰点以下。这种气候特点对当地畜牧业和居民生活产生了显著影响。蒙古高原因受西伯利亚寒流影响，戈壁和沙漠广布，这种自然环境限制了人们的生产生活方式。雨量奇缺，气候温差大，只适于多年生、旱生低温的草本植物生长，以至于在这片土地上形成了蒙古族广阔而开放的"逐水草而居"的"自然牧场"与"畜群"的游牧生活方式，为蒙古族审美观念的形成奠定了

---

[1] 满都夫.蒙古族美学史[M].沈阳：辽宁民族出版社，2000：231.

物质基础。

独特的自然生态环境造就了独特的蒙古族审美观念。在长期逐水草而居的游牧生活历练中，蒙古族孕育了独具特色的草原游牧文明，在与自然共生的相互依存中逐渐萌发了"万物有灵"的审美观念。万物有灵观是蒙古族民族文化的特征之一，作为从自然中概括出的超自然神灵，极大强化了人对自然的神圣意识，维护了人与自然的和谐共生。蒙古族对自然环境的敬畏与倚赖，使其始终将自然界置于生活中的重要位置，重视与自然生态环境的关系，自觉维护自然生态的平衡。在自然崇拜的信仰作用下，产生了对自然界的神圣心理及万物有灵的审美观念。而蒙古高原艰难、脆弱的生存环境迫使生活在其中的蒙古族"为了生存，逐渐培养起绝不向任何苦难低头的顽强精神，无论处于何种险恶之境都能设法调整部族生存空间，从而也磨砺了其生存的意志"❶。致使蒙古族在审美观念的形成中展现出粗犷、坚毅、乐观、挑战等相对开放外向的民族品格；而蒙古高原壮阔的自然景观、丰富的物产资源、自然生态的多样性又塑造了蒙古族心胸宽广、朴实无华的民族性情；而游牧的生活方式也最终成就了蒙古族在审美观念上的物尽其用、适用实用的美学理想，从而形成不同于其他民族的蒙古族审美文化。

3.1.2　人文生态环境与蒙古族审美观念的形成

在审美观念的形成中自然生态环境是客观存在，不以人的意志而改变，强调外因的作用与影响，而人文生态环境则是以"人"为核心，是对"人"自身认知的探索与发展，强调"人"作为行为主体对审美观念形成过程中内因的作用与影响，二者属于既互为因果又对立统一的辩证关系。人文生态环境是指以"人"为中心的人文生态，"其中包括人感知自然的方式、生命存在的样态以及由此形成的民族性格气质、民族审美心理及价值判断等"❷。人文生态环境对蒙古族审美文化影响可以从以下几方面探讨。其一，人文生态环境中蒙古族的民族性格、民族精神对民族审美文化的影响。这种影响从自然层面而言，处理人与自然的关系是蒙古族需要面对的首要问题。蒙古族多处高原地带，气候特征独特，由此导致蒙古族人的民族性格中充满着面对困难的勇猛，生命挑战的张

---

❶ 聂晓灵.试论蒙古族政治文化的形成[J].内蒙古民族大学学报（社会科学版），2003，29（4）：13-16.
❷ 耿灿.文化生态视域中的中国蒙古文书法研究[D].呼和浩特：内蒙古大学，2020：25.

力。蒙古族的这种刚性的性格特征,在蒙古族的民族艺术舞蹈、体育竞技等领域多有体现。在蒙古族的岩画中,也早有体现出对冒险、勇敢、进攻的推崇,对怯懦、偏安、退却的不屑。从社会层面而言,处理人与人之间的关系成为蒙古族需要面对的首要问题。纵观蒙古族发展历史,军事的激荡与军事战争成为蒙古族历史发展的主要特征,传统观念的融入塑造着蒙古族战士善于作战、勇于作战的斗争精神,生存的需要也促使蒙古族养成坚忍顽强的民族精神、忍辱负重的责任意识。总体上形成了开拓、勇敢的民族精神与民族性格。于蒙古族而言,则是整体上孕育出豪放、大气、崇尚力量与英雄的民族精神,这一点在蒙古族英雄史诗中也多有体现。其二,万物有灵观念下的蒙古族宗教信仰对蒙古族审美文化的影响。蒙古族的原始宗教信仰同样影响着蒙古族的审美文化。"原始宗教是原始社会自发产生的自然宗教。它是原始人类把自然力作为一种异己力量的产物,是人类自身异化的结果。它是以灵魂信仰为特征,以自然崇拜为主要内容的一种原始性信仰形式。"❶ 在原始时代,自然生态环境对人类的生存提出极大挑战,在人类生产力极低的情况下,面对严峻的自然环境,或困惑或迷茫,最后只能将希望寄托于渺茫的神灵,以求造福自身,在这样的背景下,便诞生了原始宗教。张胜冰在《从远古文明中走来:西南氐羌民族审美观念》一书中指出,从宗教发展来看,原始自然宗教比起人为宗教来说,它是一种更为古老的宗教信仰,保存着大量的人类宗教信仰的最初的思维原型与文化经验模型,这些都深深地影响着一个民族审美心理的形成。萨满教作为蒙古族信仰的原始宗教,是蒙古族主要的文化精神支柱。❷ 这种萨满教信仰,体现了蒙古族先民对世界最原初的理解与认识。这种崇拜观念的主要特征是以神灵崇拜、动物崇拜、图腾崇拜、自然崇拜为基础的精神世界构成。这种精神世界构成也正是蒙古族审美文化的根基。

3.2 蒙古族文字造型特征中蒙古族审美观念表达

由于特定的历史条件、地理环境、宗教信仰、生产生活方式种种社会因素,蒙古族在漫长的历史发展过程中形成了独特的文化风格、民族风俗习惯和

---

❶ 杨晶.刚性之美:蒙古族审美观念研究[M].哈尔滨:黑龙江人民出版社,2013:69.
❷ 张胜冰.从远古文明中走来:西南氐羌民族审美观念[M].北京:中华书局,2007.

审美观念。这种从特定的历史条件下和文化传统中阔步而来的审美观念和审美意识，突出表现为狞厉、朴野、原力、劲健等外在的形式，总体而言称为"刚性之美"❶。什么是刚性？《文学人类学批评》一书中提到："从根本上讲，这是在现代文明背景下勃起的具有反驳意味的原始主义冲动。所谓'阳刚之气'，乃是力量和勇气的指代，它是以原始生命力冲动为核心的人类占有欲、攻击欲和征服欲等本能"❷。这种具有刚性之美的审美意识在蒙古族各个时期的文字造型中也得以表达和实现。具体归纳为：其一，文字廓形刚劲有力。严酷的自然环境塑造了蒙古族对力量的崇尚和渴望，这样的审美理想也同样蕴含在蒙古族文字的造型特征中。纵观蒙古族文字发展的历史，无论是书写工具的改变还是文字造型的优化与迭代，回鹘式蒙古文字、托忒蒙古文字、瓦金德拉蒙古文字挺阔有力的腰线从未改变，八思巴蒙古文的方块字型，更是作为官方用字而充斥着对稳定、力量的不懈追求。其二，文字笔画有仿生倾向。作为蒙古族万物有灵论的审美观念，人与动物、环境的共生关系是作为草原游牧民族文化中最为重要的生存法则。"在分谱系对蒙古族审美文化中的祭祀仪式、民俗审美事项、造型艺术等进行考察，对其所隐喻的审美内涵进行发掘和阐释时发现，这些审美事项在内涵上往往呈现出明显的'生态'向性。"❸蒙古族在文字造型中融入了生活中所伴生的动物、植物、器物、工具等，例如回鹘式蒙古文字中笔画拆分后的字牙、肚、辫、尾等，文字造型本身成为凝结生活情感、抒发审美理想的重要载体。其三，文字书写迅疾冷峻。以回鹘式蒙古文为例，受自然环境恶劣、生活条件简陋所限，蒙古族文字从上至下的书写方式与竖写拼读的蒙古族文字在材料及空间的利用上显然更方便、更快捷，对于传播与习得是非常有利的，而长期的游牧生活所形成的"物尽其用"的生存法则也塑造了蒙古族对"适用"与"实用"观念的推崇，从而在文字造型的表达上也以"至简"为原则，势必会给人留下冷峻利落的视觉意象。其四，文字造型具有宗教装饰意味。以索永布蒙古文为例，索永布蒙古文作为转写宗教读物而创制的文字，其字形融合了梵文、藏文的笔形特征，以索永布为文字廓形参照，并在文章的开篇与结尾使用包含了太阳、月亮、火、三角形与双鱼的索永布符号，装饰性极强，文字本身既是传达信息的载体，也是蒙古族人民信仰的精神寄托。

---

❶ 杨晶. 刚性之美：蒙古族审美观念研究[M]. 哈尔滨：黑龙江人民出版社，2013：13.
❷ 方克强. 文学人类学批评[M]. 上海：上海社会科学院出版社，1992：49.
❸ 陈迎辉，陈思旭. 蒙古族审美文化的"生态"向性[J]. 大连民族大学学报，2016，18（4）：375-377.

本章小结

　　刚性之美的审美观念根深蒂固地植根于蒙古民族的集体意识形态中，在漫长的历史演进中，外化于生活，内隐于精神。这种审美观念上的刚性审美倾向，便是本民族自身文化特征的产生原因，亦是本民族精神文化的凝结。蒙古族文字的造型特征便是凝结着蒙古族审美文化的表达，其因果的生成源于原初游牧民族与自然的抗争与共生、与自我的探索与成长。而有关蒙古族文字在当代的创造性转化与创新性发展研究势必要基于蒙古族审美文化的内涵与外化，以此作为不可偏离的精神内核，亦可持续拓展之外延，适应当代之需求，但不可仅继承其形式，而疏离于文化本体之外，犹如无本之木、无源之水，缺乏持久的生命力。在受众群体偏重精神文化体验的今天，刚性之美这种精神文化凝结对于文化的传承与发展具有重大现实意义。

第 4 章

设计学视角下蒙古族文字的创造性转化和创新性发展探索

　　蒙古族文字创造性转化与创新性发展，是提升国家文化软实力的重要路径，是弘扬与传播地域文化的核心关键，是新时代文化传承与发展的必然要求。创造性转化和创新性发展，既有联系也有区别。创造性转化的内涵是指在当今社会语境下，将传统文化转化为现代性过渡期的现实需求，其侧重于对蒙古族文字的人文内涵与文化价值进行挖掘，以创意手法使其渗透与融入现代文化与大众话语中，以受众乐于感知与易于接收的方式推展与普及。创新性发展是指结合新理念、新技术，在万物互联的背景下，提升其文化认知度与视觉表现力。在不断创新与研究的过程中，以更广阔与多元的研究视角，发现其转化价值，从而使文化获得传承与发展。蒙古族文字的创造性转化主要来自本民族内部的文化自觉行为，而创新性发展则需要依靠群体力量和多部门协作完成。通过内外部多方力量，相互影响，经济与文化相互赋能，以设计赋能内蒙古，实现文化价值传承与文化再生功能。

4.1　蒙古族文字创造性转化和创新性发展的基本原则

　　"创造与创新"是自然界物质与精神发展到一定程度后引起的创造性行为，创造与创新不是凭空想象，是指对原有事物的存在进行思考与改变。蒙古族文字的创造性转化与创新性发展，是在充分理解国家大政方针、蒙古族传统文化的基础上，挖掘自身历史定位、民族精神、文化特色、价值意义等因素，不断进行提炼与创新，并在始终坚持继承与创新相统一、多元与一体相统一、民族性与世界性相统一原则的基础上进行创新。

4.1.1　坚持传承与创新的统一

纵观近现代设计历史发展与流变，传统与现代的关系问题一直是作为设计研究者思辨与探讨的焦点，传统以传承为宗旨，现代以创新为宗旨，传承与创新是不可分割的整体，是同一范畴中不同的逻辑程序。失去传承的创新为无本之木，没有创新的传承为腐木朽根，传承是对传统文化中优秀文化基因的文化自觉，创新是对优秀文化基因的多元表达与现代性思考。蒙古族文字是蒙古族文化的重要组成部分，其符号感强、造型独特、辨识度高，且文化历史悠久，极具转化与传播价值。在对蒙古族文字传承与创新的过程中，需要秉持客观的态度、辩证的视角，对其进行选择性的继承与扬弃，深度挖掘蒙古族文字的文化内涵与美学价值，赋予其现代化表达与新时代内涵，探寻其合理且具有形式美感的视觉表达途径，始终坚持传承与创新相统一的发展理念，以此探索蒙古族文字的现代发展之路，提升文化竞争力，促进民族区域经济发展。

4.1.2　坚持多元与一体的统一

站在历史角度看，各类型文化的发展都具有多元与一体相统一的特征，如春秋战国时期的百家争鸣，各种学说思想的激烈碰撞与融合，奠定了我国古代哲学思想的发展基础。站在人类学审美文化的角度来看，多元与多样一直是人类的审美追求，多元是满足消费者不同审美需求的重要路径，尤其在当今物质充裕的背景下，多元选择的需求则更加明显。在中华民族发展的整个历史进程中，虽然绝大多数时期是以发源于中原地域的华夏文化，即以汉文化为主体的发展核心，但各民族文化通过自我文化传递与包括汉族在内各民族间的文化交往，相互吸收、融合，共同促进着中华文明的演绎和发展，最终形成了费孝通所形容的"你中有我，我中有你"的"文化大花园"，即所谓之"中华民族多元一体格局"。可以说，文明中国史就是一部各族文化多元共生、差异共存、交流并融、共同发展的历史，当然，我们所强调的民族"多元"文化是以"中华文化"为核心，所赞赏的民族多样性是以"中华民族"一体为前提，将"多元中的统一"与"统一中的多元"辩证统一，并非是片面、无限制的"多元"。

在全媒体时代，蒙古族文字应多元地选择表达空间与物质载体，充分利用信息技术，革新思想，从受众的需求入手，应用于受众日常生活之中，不断提升其文化魅力，为蒙古族文字注入现代能量。我们需要正确认识与全面理解各民族传统文化在其长期经济生活与社会发展中的功能与意义，尊重各民族建立在此基础之上的经济模式与生活习俗、价值观念、宗教信仰等，而非简单地抛弃、否定或机械地弘扬与保留，这是构建民族文化创造性转化与创新性发展必须充分认识与首先要树立的重要观念。

4.1.3　坚持民族性与世界性的统一

民族差异表现在地域、经济、文化和生活的方方面面，其中，最为直接、外在而具辨识性的差异无疑是文化。因此，保持和发扬本民族文化对任何一个民族的生存与发展都具有无须多言的重要性。在世界文明体系中，民族性是不同地区的文化精髓与区别印证，每一种文化都具有厚重的民族精神。在全球视野下，各个国家的文化都代表各自的民族属性，都是人类多元文化的组成部分，共同构成精彩纷呈的世界文明体系。当然，各民族在长期文化发展过程中由于所处地域不同，所孕育、形成的价值取向、行为模式和思维方式难以避免地带有民族特性，但文化皆具有包容和吸纳的性质，各种不同民族文化间的关系不应该相异与对立，而是和而不同、同中求异的关系，在不断吸收、借鉴、融合的过程中，共同迈向世界的舞台。

蒙古族文字在这样的文化背景下，其创新与转型发展也要始终坚持民族性与世界性相统一的原则，既要保留鲜明的民族特色，同时还需要向国际化的发展体系迈进，在追求国际性与认同感的同时，也要将民族性以适当的方式加以传承和保护。越是民族的就越是世界的，这是文化本身所固有的特性，蒙古族文字造型独特、形式规范，其审美形态、文化内涵及其文字背后的思维方式、感受方式是在传统审美语境历史中发展形成的强大造型文化。所以其现代性转化要始终保持开放与融合的理念，以文化传承和社会需求为出发点，以提高国家文化软实力为落脚点，彰显民族传统文化的世界意义。

4.2 设计学视角下蒙古族文字创造性转化和创新性发展的路径探索

互联网时代，人类进入"数字化""智能化"的生存状态，网络成为文化引领和传播的重要阵地和平台。信息网络的发展，突破了时空的局限，改变了原有传播模式，大大提高了文化传播的速度，加速不同国家、民族之间文化的交流交融。外来文化及本民族文化的繁荣对蒙古族文字的发展带来巨大冲击。传播媒介的改变、受众思维广度和审美方式的改变，对视觉文化的要求也普遍提高，传统模式下发展的蒙古族文字在更新速度、设计力量、媒介传播方面明显处在劣势，已经不能满足受众的视觉感受和情感认知，亟需在继承与创新相统一、多元与一体相统一、民族性与世界性相统一等原则下进行创造性转化和创新性发展。

4.2.1 创新开发匹配蒙汉双语的蒙古文字体——建设蒙古文字库

我国作为多民族、多语言国家，各民族之间只有团结协作、共同发展才能构建中华民族多元一体格局与铸牢中华民族共同体意识。在语言发展过程中，各民族既保留、发展本民族的传统语言，也通过汉语融入国家主流文化中。汉语对于我国其他民族来讲，是发展、变迁本民族文化的重要窗口，汉族与各民族密切往来、友好相处，汉语成为各民族之间的族际交际语言。各民族在普遍保留和使用本民族语言的同时，兼习汉语的现象不仅自古有之，而且发展越来越普遍。我国民族地区实施的双语模式是以民族语言文化的保存和发展、以民族生存与发展的现实利益和长远利益相结合为出发点，在中国国情和各民族族情的基础上建立起来的，是我国民族发展的重要组成部分。内蒙古自治区蒙古族人口比例较大，蒙汉双语发展要求培养熟练掌握两种语言、具备两种文化素质的蒙汉兼通人才，在蒙汉双语的学习运用过程中吸收、融汇并传播两种文化。蒙汉双语的发展，有助于继承、弘扬蒙古民族文化，也利于吸收汉民族先进的科学文化以实用和发展自身，实现蒙古族文字的创造性转化与创新性发展。蒙汉双语的发展程度紧密影响着内蒙古自治区民族发展质量，并关系到国家民族发展的整体水平。因此，无论从民族自身发展的角度看，还是从整个国家的立场来说，蒙汉双语的发展都是至关重要的。

　　据1996年《内蒙古自治区人民政府办公厅关于印发内蒙古自治区社会市面蒙汉两种文字并用管理办法的通知》（内政办字〔1996〕32号）规定，为了认真实施《中华人民共和国宪法》、《中华人民共和国民族区域自治法》，全面贯彻落实党的民族语言文字政策，切实保障蒙汉两种文字在我区的平等地位，充分发挥蒙古语言文字为我区改革开放和经济建设服务的作用，使全区社会市面蒙汉两种文字并用达到准确、规范、标准，制定本办法。内蒙古地区不仅要做到蒙汉双语两种文字并用，还要做到准确、规范、标准，这是对少数民族语言文化的尊重，也是对蒙古文语言文化的传承。蒙古族文字创造性转化和创新性发展就需要实现蒙汉双语并用的场景，在社会市面用文（字）中，内蒙古地区绝大多数牌匾、信封、会标、证件、须知、营业执照、奖状、时刻表、机动车辆等使用蒙汉两种文字时应呈现规范化、统一化的管理，但在宣传栏、标语、广告、产品说明书、商标、装潢、界牌、交通标记等具有重要民族特色宣传应用中，汉字进行较多的字体变化时，蒙古族文字却依旧是规范统一的形象，字体设计千篇一律、如出一辙，造成蒙汉设计中排版不协调、不匹配的情况，形式美感欠缺。尤其在商业应用中，不难发现蒙古族文字字体设计更是匮乏单一，视觉传达要素进行组合编排时统一性较差，造成整体版式的视觉设计混乱，影响蒙古族文字原有的审美性与识别性。

　　究其原因是复杂的，但从蒙古族文字设计角度来看，最主要的问题在于蒙古族文字字库建设不足。字库是文字字体集合库，其以数据库的形式存在，一种风格的字体设计数量达到3500～9600个才能被真正运用于实际的工作中，而其特点是所有字的设计风格、字面大小等都严格遵循一套严密的设计规则。很多情况下，蒙汉双语设计是选取电脑字库中的汉文、蒙古文字体直接使用，所以字库的质量高低直接决定设计的视觉呈现效果。蒙古文输入法主要包括蒙科立输入法、赛音输入法、德力海输入法、遨游塔输入法等。以蒙科立输入法为主的蒙古文字体主要有：传统蒙古文白体、报体、黑体、哈旺体、传统标题体、竹体、细体、粗体等。蒙科立自2008年创办以来，只在2012年和2015年对字库进行了更新，发展到现在仅有二十多种蒙古文字体，且这样的状况维持三年没有变更。相比之下，汉字造型丰富多彩，汉字字库发展到上千种，仅"中国文字字体设计与研究中心"与"北京北大方正电子有限公司"开发的方正字体就有二百多种，汉字字体种类主要可以分为宋体、仿宋体、黑体、圆黑体、综艺体和艺术字，蒙古文字库的字体样式却仅限于类似汉字的黑体和宋体的两大支系，没有其他字体种类。与中英文字体所拥有的丰富字库相比较，匹配蒙汉双语的蒙古文字库风格种类少，选择空间小，直接限制了内蒙古地区蒙古族文字在视觉传达中的丰富性与独特性。蒙古文字库建设与更新缓慢致使现有的蒙古文字体呈现出极大的单一化，所以宣传场景应用中，基本上形成选取符合场景内容的汉字字体进行精细化、特色化、艺术化处理设计，最后直接从蒙古文字库中挑选一款中规中矩的蒙古文字体与之搭配，视觉面积上运用不规范，大大缩小和限制了蒙古文字体的宣传效果，使蒙汉双语发展存在不协调、不匹配等种种问题。

双语发展是民族地区民族语言文字政策的重要组成部分，双语发展水平的高低和双语教育的正确发展直接关系到民族的繁荣强盛。对我国民族团结、民族平等、民族振兴和民族文化繁荣具有重要的意义。创新开发匹配蒙汉双语的蒙古文字体——建设蒙古文字库是加快发展并完善内蒙古蒙汉双语发展水平的关键，以汉文字库发展带动蒙古文字库更新，推动蒙古族文字创造性转化与创新性发展，以主流文化协调民族文化是民族地区现代化和民族地区各项社会事业发展的有效措施。

4.2.1.1 完善标准化蒙古文字库设计

汉字字库是无数标准模数方块字的集合。无论每个字的笔画多少，都是等大面积的无限分割。用电脑输出的汉字等大、整齐、匀称，大大增加其易读性。计算机技术的发展进步，解决了汉字处理计算机化的问题，使汉字字体的设计可以通过计算机完成。如今计算机汉字字体库空前丰富，种类多样，涵盖广泛，除经典的楷、宋、仿宋、黑四种字体外，各种各样的字体雨后春笋般出现，种类可谓异彩纷呈。在蒙古文字库建设中，应将蒙古文字库基于汉字字库而设计，着重于显性的、现有的汉字因素，匹配汉字字库的方向进行设计，更好地服务于社会商用文字。尤其在进入数字时代后，计算机在设计、传送和输出字库字体时变得相对便利，字库不再局限于印制到传统等实体媒介，更多运用于视频媒介，因此中文字库字体设计有简化趋势，类似黑体、微软雅黑等直线体占据了更大的比例。传统蒙古文的创造性转化与创新性发展需要结合汉字字库流行趋势，配合汉字字库进行更广泛性、匹配性、标准化的视觉设计，通过蒙古文字库的迭代升级焕发蒙古族文字的设计活力。

4.2.1.2　创新艺术型蒙古文字库设计

标准蒙古文字库字体注重商业用途和普适性，绝大部分字体以识别性为基本准则，字体设计师构建字库的视角多着重于显性的、已有的、实用的因素，缺乏观念上的、实验性的、探索性的艺术型蒙古文字体字库设计逻辑。但是随着移动互联网技术的发展普及，静态的设计语言转化为动态的设计符号，单一的设计主体转化为多元的设计组合，蒙古族文字的媒介属性和作为媒介符号的功效逐渐显现。蒙古族文字在"万物皆媒"的条件下快速成长，灵活性范围扩大，发挥的空间更广阔，如果说标准化蒙古文字库设计是普世大众风格的世界性风格，那么艺术型蒙古文字库设计就是彰显独特民族文化的小众探索。艺术体是计算机字库中风格最多的一类，特别是随着平面设计和印刷行业的发展，对艺术体的种类需求越来越大，要求字体设计和开发者不断设计开发出各种各样视觉新颖时尚、形式独特的美术体，以满足各界需求。所以，蒙古族文字创造性转化与创新性发展在普适性的标准字库建设外，也需要实现字库设计更艺术化、多样化、自主化的多方向发展，满足消费者多元文化开创的新思路，赋予传统蒙古族文字新的时代精神。

4.2.2　振兴区域民族品牌，塑造专属品牌形象——蒙古文定制服务

心理学家、艺术理论家鲁道夫·阿恩海姆（Rudolf Arnheim）在《艺术与视知觉》中将文字归为符号。目前，越来越多的设计利用文字的符号性展示品牌特性和精神文化，2009年日本就发布"城市字体"系列，服务对象为日本的横滨、名古屋、东京三座特色城市，为这三座城市专属设计滨明朝体、金鲅字体、东京城市字体，以字体符号作为交流工具加强城市身份。这种"量身定做"字体设计的方式除提高城市的识别性，以及凸显与其他城市的差异外，还能将地区独有的文化融入城市文字设计中，为当地居民营造文化氛围与归属感。这种"量身定做"字体即定制化字体，是视觉系统的重要内容，具有一定的可发展性和可依赖性，对品牌长期建设发展具有重要意义。

内蒙古自治区自成立以来，对外开放水平稳步提升，在"一带一路"倡议下，根据国家战略形成新的对外开放模式。商业经济快速发展及世界文化的相互交流下，内蒙古地区越来越多优秀品牌在国内甚至是国际市场上崭露头角，

在众多品牌中占领一席之地。全国范围内的大型企业有蒙牛、伊利、鄂尔多斯、鹿王、昭君、仕奇、草原兴发、小肥羊等，主要集中在食品行业和羊绒制造业，这些都是内蒙古区域的特色品牌。但相较其他地区品牌而言，目前内蒙古品牌传播存在品牌推广力度不够、品牌识别系统缺失、传播方式单一、品牌传播零散、传播内容粗糙等方面的问题，探寻其成因，主要在于缺乏完善的传播体系、缺乏有效的品牌管理与维护体系，以及传播主体品牌意识薄弱、对自身资源特色缺乏了解等。全球化发展的当代社会已经使品牌进入品牌经济和品牌消费时代，品牌从诞生之初到现今，创造了许多有形、无形的价值，未来市场的竞争，就是品牌的竞争。品牌的建立、品牌影响力的扩大，都极大地影响着市场的占有率。所以，要提高内蒙古品牌的市场竞争力，就必须塑造好内蒙古民族品牌的品牌形象。

　　随着网络使用率的提高和移动智能手机的大范围普及，消费者消费方式的可选择性大大提高，同时也为品牌传播的发展提供了更多的可能性。新媒体平台渠道增多，尤以微信、微博为代表的社交媒体，以及以京东、淘宝为代表的线上电商平台的普及，使得品牌传播的方式日益丰富和多样化。品牌传播迎来了变革的关键发展期，现代意义上的塑造品牌，不再仅仅是简单的品牌翻新。此外，科学技术日新月异的发展，使消费者期望值随之也不断增高，企业必须紧跟发展趋势，从根本上重塑其与客户互动的方式。对于企业品牌而言，最重要的是要建立统一、集成且易于识别的品牌形象，品牌形象的构成是多维度的，其中视觉系统最为直观，字体作为用户最常接触的视觉元素，承载了更多的品牌价值传播的功能。字体实际上已在无形中成为传播品牌经营理念、增强品牌知名度和塑造品牌形象的一种手段，如语言一样，在被广泛使用的过程中自然而然又强而有力地影响人们的思维及加深大众对品牌的印象。蒙古族文字的创造性转化与创新性发展离不开品牌的塑造，应与时俱进地进行自我革新，以便抓住新时代发展基因，成为区域品牌特有的视觉资产，从而更好地传达品牌的精神与价值。

　　"定制化"一词最早用于服装设计，意为对个别客户量身剪裁、单独制作，定制化迎合了消费者追求品质和独特的心理。定制化在设计领域应用愈加被重视、愈加广泛，尤其是在品牌形象构建中，定制化成为品牌之间形成差异化的重要手段。自2017年起，中国许多知名企业，如腾讯、阿里巴巴、OPPO等先后推出企业专属的品牌定制化字体，品牌中的定制化字体可以说是由品牌字体发展而来，简单来说就是企业为自身特别定制的品牌专属形象字体，具有独特的品牌个性，未经授权不允许其他个人或企业作商业使用。对于企业内部，定制化字体体现企业文化理念，使企业品牌管理更加高效、更有说服力。对外在品牌传播领域上，定制字体可以使企业宣传形象统一，凸显企业品牌特征。

在民族自治区域语言文字政策文化背景下，无论是内蒙古地区本土企业还是外来品牌，或多或少都要涉及蒙古族文字的使用。就现在内蒙古地区品牌字体设计的现状来看，受到文化融合与国际化风格的影响，逐渐削弱了内蒙古地区的文化特征，在蒙古文字体设计部分，很多商家、企业主要选择蒙古文字库中标准字体，选择范围小，识别性弱，没有形成品牌规模，现有的字库字体与品牌的设计风格无法充分地融合。竞争激烈的市场环境中品牌辨识度对于各个企业而言至关重要，商用蒙古文字体作为民族企业的一部分，受众人群不仅仅是蒙古族，也包括很多信赖民族品牌的消费群体。琳琅满目的设计作品直接或间接提升了观众的审美观念，大众审美随着社会的发展也在发生变化，消费者对于产品的选择越来越挑剔多元，单调的设计已经满足不了当代消费者的审美需求和多元化的商业应用，千篇一律的蒙古文字体会让大众产生审美疲劳。现有蒙古文字库不足，大众审美的变化促使企业商用蒙古文字体的创新性设计势在必行，商用蒙古文字体设计作为视觉传达的一部分被提出了更高的要求。独属于企业的品牌定制化字体就像是品牌DNA，涵盖品牌理念与文化、品牌核心价值等关键要素。民族企业想要发展，只有当字体继承了品牌的基因，才能成为品牌特有的视觉资产，传达品牌的精神价值。品牌定制化字体具有更广泛的传播途径，能促使业务多样化、国际化发展，进行线上线下的多维度渗透，发挥着跨地域、跨媒介、协调统一品牌形象的关键作用，对民族企业发展具有重要作用。

随着内蒙古地区品牌中字体设计应用需求的不断发展，在民族自治区域语言文字政策支持下，企业通过定制化字体设计将品牌形象升级，使品牌文化进行更直观、更新颖、更有效、更广泛地宣传推广。2014年，星巴克咖啡（Starbucks Coffee）准备进驻内蒙古市场时，委托泊物（Tengis Type）工作室设计星巴克咖啡蒙古文牌匾文字。最初星巴克只是请泊物设计定制"STARBUCKS"这一个单词而已，满足标识（Logotype）的设计条件下，参考相似字型Freight Sans Black，但天格思（泊物工作室创始人）却将其延展为整套蒙古文字形，设计师认为需要一个系统的逻辑在后面作支撑，整套字形也便于企业品牌的延展应用（图4-1）。这是内蒙古首例国际品牌与本地蒙古

图4-1　星巴克视觉形象中的蒙古文定制化字体
（来源：泊物工作室天格思设计作品）

族文化进行深度融合的经典案例。自此星巴克拥有了英语、汉语、蒙古文多种语言文字的定制化字体，多语言文字间的匹配度高度和谐，保持了企业标识的整体性，又考虑到了蒙古文字体的视觉效果，从而使其具备了更大的视觉传递扩展空间，为企业立足于民族地区，创设良好的企业形象奠定了基础。

内蒙古地区品牌形象构建可以依据品牌特点进行定制化字体设计，营造属于自己的品牌文化，这样本民族文化中的优秀部分可以被继承、创新和发展，又可以在其他品牌中脱颖而出，形成属于本地区、本民族的竞争优势。民族特色的品牌形象，不仅受到本民族喜爱，而且具有进一步将内蒙古地区品牌推广到更大市场的发展空间，这不仅是一个企业品牌的发展，更是一种文化的交流与传播。为了符合内蒙古地区品牌的需求和偏好，蒙古族文字的创造性转化与创新性发展所尝试的品牌定制化字体的路径是值得借鉴与尝试的。

4.2.2.1　蒙古文定制服务的家族化发展

在未来的发展中，定制化字体为企业品牌形象提供的服务，不仅只是设计一款字体，而是根据企业品牌的用字需求，不断设计适用于不同使用场景、满足不同功能需求的新字体，并逐渐形成规模。家族化发展可以不断提升定制化字体设计在品牌形象塑造中的作用，是品牌定制化字体的发展趋势之一。现阶段，在内蒙古地区的品牌字体设计中，最主要问题是字体设计碎片化，品牌需要某一部分字体内容时，就单独设计该部分，有其他需求的时候，再进行新的设计，每部分的字体设计之间不能很好地结合，相互孤立无法形成整体。这对品牌形象构建来说起不到积极作用，反而使品牌形象变得不清晰，没有整体性。例如企业品牌已有或进行了汉字部分的设计，在需要使用蒙古文字体时，单独让设计师另外制作蒙古文字体，当汉字和蒙古文需要同时使用的时候，风格差异导致两种文字无法很好地结合排版，匹配度较低，影响视觉效果。

通过定制化字体设计，品牌使用的多种文字关系更加密切、风格更加统一，能够在一定程度上改善汉字与蒙古文组合使用的排版问题。腾讯旗下有很多产品，比如微信、QQ、腾讯公益等，它们表现形式各不相同，通过定制化字体统一所有的产品或项目形象，就可以以整体的视觉形象代表腾讯。定制化字体是企业为自己定制的专属品牌字体，在设计风格上更强调企业品牌独特的文化理念。专属于单一品牌的定制化字体，与其他字体设计相比，最大区别是要完全按照甲方的要求进行设计，彻底深入品牌文化中，其往往有较为明确的需求和衡量标准，所以设计者会更准确、充分地理解品牌文化，从品牌定制维度出发，才使字体与企业精神融为一体，向多元化的定制化字体家族化发展。

4.2.2.2 蒙古文定制服务的本土化深入

设计发展多元化格局下，本土化是民族文化的一个重要发展方向，本土文化的国际化正是顺应了时代的发展需求，品牌应在充分尊重本土文化的前提下制定定制化字体策略。本土化，指共同地域的人在历史上形成的共同语言、共同经济生活以及表现于共同文化上、共同心理素质的人的稳定共同体。随着文化元素融入日常生活中，带有浓郁地方特色和民间文化的设计越来越受到人们的青睐，消费者渴望从这些带有民族特色的设计中找到一种久违的归属感和认同感，因此，以民族文化与品牌定制化相结合符合如今市场规律的发展。本土文化环境不仅潜移默化地影响着该地区市场受众的思维方式与思维习惯，也构成了该地区市场受众的心态与购买动机的意向形式，因此，在保持品牌文化与特性的同时，应充分尊重本土文化。若品牌视觉识别的特征与本土文化产生冲突，品牌则应在充分尊重本土文化的前提下调整策略。

使用定制化字体设计的方法为品牌提供个性化的外观。运用不同种类的字形字体对品牌定制化字体设计时，强调整体风格一致，发掘民族特性，进行企业品牌形象的个性化定位。当然，在定制化字体本土化个性设计的过程中，信息传达性是保证企业正文内容及宣传语简单直观呈现消费者的重要环节。成功的定制化字体设计要简洁、清晰、易于识别，更直观地展现品牌特色文化。在当下瞬息万变的市场环境中，易读、易记、易懂的字体设计才能更有效地在大众之中传播。内蒙古地区本土文化相对庞杂，其中囊括信仰观念、风俗习惯、民族特征等，在品牌定制化字体设计中，只有做到本土化和国际化的统一、历史性和时代性的统一，才能具备民族特色的设计思想和语言文字形式，才能使内蒙古品牌设计具有持续的创新能力和对世界的衍射力。

4.2.2.3　蒙古文定制服务的情感化满足

在文化与经济深度渗透的信息时代，人们对设计的需求，由过去的单一性向现在的多元化发展，从以功能实用性为主导的需求转变为以美观个性化为主导的需求。设计在满足功能的前提之下，追求尽可能完美的艺术表现形式和审美享受，以此来达到情感层面的最大满足。因此，现代艺术设计道路正向着更为人性化、情感化的方向发展。消费需求作为现代设计的影响因素，是由低级到高级、由简单到复杂不断发展的一个过程。民族文化成为可消费的文化，消费者对于少数民族文化的需求和探索影响着他们的消费心理。消费者更加看重通过消费获得精神的愉悦、个性的满足，也就是更高层次需要的满足。科技的发展使得新兴传播媒介层出不穷，需要在进行定制化字体时，培养先进的设计理念与意识，运用不同的设计方法来紧跟字体设计的潮流趋势，形式上进行创新，内容上贴近人们的精神需要，并采用情感化设计方法来调动人们生活的激情，让人们在信息传递的过程中体验字体的内在价值。

美国认知科学、人因工程等设计领域学者唐纳德·诺曼（Donald Arthur Norman）在《情感化设计》一书中总结了本能、行为和反思三个层次。首先，蒙古文定制化字体设计的外在设计，在视觉冲击的影响下，通过感官体验刺激情绪的传递，会对传递的信息有更深刻的认知，这属于情感化设计的本能层次。其次，蒙古文定制化字体设计是增强字体设计的艺术性特征，在情感化设计的行为层次方面整体把握字体设计的原则，使字体设计在可阅读的基础上，尽最大化传达情感诉求和建立起设计师与观者之间的情感联系。最后，在情感化的反思水平方面，蒙古文定制化字体设计通过对字体内容与情感定位的外观设计的审美感受，激发受众的情感记忆，形成符号化的情绪语言。因此，对字体设计情感化的重心要从外到内全局性掌控、多层次设计，提升受众对字体情感化的认知程度和作为商品视觉形象的附加值。

大众审美与消费需求已经渗透在我们的生活工作中，它影响着我们的精神世界和物质生活，人类的情感，在艺术和文学中得以尽情地宣泄。当受众欣赏或者使用设计的时候，就激发了人们的联想，产生了思想上的共鸣，并且获得了精神上的愉悦和情感上的满足。同时，设计师们又从受众的情感反应中获得反馈信息，用来再次启发设计思维。设计的过程，其实就是情感交流的过程。通过蒙古文创造性转化与创新性发展，传承民族文化，提升品牌价值，满足大众追求自我的消费需求。对蒙古文定制化设计过程中，内在是设计者的情绪与字体设计主题信息的传递，在信息传达的基础上，加强内容的创意与美感，让作品在吸引受众眼球的同时，拥有直达人心的力量，使无声的字体传递出情绪化的语言，满足消费者更高层次的心理需求。

4.2.3 助推国家通用语言文字工作——蒙古族文字造型特征的汉字字体设计

当今中国，海量的信息以国家通用语言文字传播，大量人与人之间的交流沟通以国家通用语言文字进行，对国家通用语言文字的掌握水平，已成为人们素质能力构成中的基础要素。就民族地区要加快发展而言，一方面要通过全面加强国家通用语言文字教育，为生产生活各要素的顺畅流通创造更好的条件，另一方面要培养一大批精通国家通用语言文字的高素质人才。全面加强国家通用语言文字教育，有助于扩展交际范围，提高交际效率和质量；有助于提高学习能力，提升劳动技能和就业能力，有助于建设高质量教育体系，让各族群众享有公平而有质量的教育。推广普及国家通用语言文字是促进人的全面发展、让全国各族人民共享发展机遇和发展成果的重要举措。

在如今信息全球化、多元化的时代，我国丰富的民族文化日益散发出强大的吸引力，在设计中体现中华优秀传统文化、民族文化的呼声也越来越高，挖掘少数民族文化、探索本土语言更多元的表现形式成为设计领域新的探索方向。方正藏意汉体是目前计算机字库中唯一一款具有少数民族文字特色的汉字字体，既有藏文独特的笔画形态、造字规则和编排原理，又具备汉字的规范与灵活性，开创了计算机字库中一种字体包含两种文字特征的先例。2008年，方正字库设计推出方正藏意汉体，以藏文乌金体笔画为造型元素，以汉字结构为骨架改造、设计而成的字体使字体在保持汉字基本结构的同时，又呈现出藏文的特点，为进行具有其他民族文字意味的汉字字体设计提供了理论参考与智力支持。

蒙古族传统文字的创造性转化与创新性发展要服务推行国家通用语言文字，创新蒙古文造型特征的汉字字体设计，即蒙象汉体设计。蒙象汉体，是运用蒙古族文字造型的意蕴特征，借助汉字字体架构，发挥国家通用语言文字的传播优势，表达蒙古族文字所传递的民族文化气质（图4-2）。将蒙古族文字的造型特征应用于汉字字体设计中，既要尊重汉字与蒙古族文字各自的文化传统，又要打破狭隘的民族主义的藩篱，尝试借助文字为载体传达文化包容、交融的可能。蒙象汉体不仅能丰富蒙古文字体的式样，还可增添汉字字体的特殊趣味。蒙古族文字，虽属表音体系，但其造型独特、笔画精细，不仅展现出游牧民族的装饰美感，更蕴含了深厚的文化意涵和独特的审美理想。汉字，则源于观物取象，每一个方形字符都凝聚了中华民族的智慧与创造力。不同的文化造就了不同的文字，在探索汉字字体设计创新的道路上，将蒙古族文字与汉字这两种各具魅力的文字艺术形态相融合，构成了一种独特的异域化设计风格的新尝试。深入剖析两种文字在造型上的共通之处，精准提取蒙古族文字的笔画形态和结构特征，通过巧妙的变形、置换和重组手法，将这些元素巧妙地融入汉字的字形结构中，从而在保持汉字结构精髓的同时，又赋予其蒙古族文字特有的装饰韵味，既有助于汉字字体独特性、趣味性的表达，满足受众的情感与审美需要，也进一步实现了蒙古族审美观念在字体设计领域中的延续与继承。

蒙古族文字是凝结着蒙古族先民智慧的、联结着蒙古族历史的文化符号，承载着蒙古族文化繁荣、延续以及传承的重要使命，其不可或缺性在民族文

图4-2　蒙象汉体设计案例
（来源：内蒙古师范大学设计学院511设计工作室作品）

化发展中尤为显著。蒙象汉体作为文字设计领域的一种创新形式，它不仅精妙地展现了蒙古族传统文字的独特造型魅力，同时也彰显了我国汉字造型艺术的深厚底蕴。在汉字设计的学术研究和丰富的实践经验指导下，对蒙古族文字进行文化基因提取与再设计，在确保汉字可读性的前提下，将蒙古族文字典型的笔形特征巧妙地植入汉字字体设计中，这种蒙古族文字造型特征的汉字字体设计，通过对汉字与蒙古族文字的解构与重组，创造出了一种别具一格的新字体，异域风格的审美意趣使汉字焕发游牧精神的意味，很好地表达了蒙古族文字与汉字的互融与共生，为汉字字体设计的创新提供了宝贵的灵感源泉。蒙象汉体不仅凸显了蒙古族文字造型的艺术魅力，还丰富了汉字的民族文化底蕴，进一步拓宽了民族文化建设的传播范围。至此，蒙古族文化得以在汉字文化圈中得到更为广泛的传播、保护与发展，让使用国家通用语言汉字的其他民族也能领略到蒙古族文字独特的文化魅力。多元文化的交融与互鉴，不仅激发了各民族间的情感共鸣、文化回响，还有助于建立深厚的民族文化认同感和归属感。更为深远的是，这种设计形式契合了当今多元化、一体化的时代趋势，具有文化交融的特性，对我国民族文化的传承与发展具有积极的推动作用。通过蒙象汉体的广泛应用，有利于构建一个更加和谐的国家通用语言文字环境，对增强内蒙古地区人民群众的语言文字规范意识具有一定的现实意义。

  蒙古族文字特征的汉字设计是两种文字在文化交融上的尝试，造型的根源是文化，亦是文化的表征。蒙象汉体不仅要保留汉字本身的结构、格律与易读性，还要巧妙地融入蒙古族文字的独特造型，这其中对文化的理解与造型的取舍尤为重要。同时，这样的设计尝试不仅可以跨越民族间语言文字的障碍，拓宽民族文字的传播范围，还在保护和传承民族文化的同时为民族文化交融创设更多可能，对我国多元民族文化的传播与交流具有积极作用。从字体服务的对象来看，这种融合了蒙古族文字特征的汉字是一种全新的视觉体验，在当下文化觉醒的时代在文字中品味文化意蕴势必会吸引更多受众的青睐，摆脱干瘪乏味的样式更替，取而代之的是深深的文化植入与历史回响，满足受众更高维度的精神需求，进而增强民族间的文化认同和多元一体的家国情怀意识；从字体设计的过程来看，在实现民族化与异域化风格的汉字字体设计过程中，首要任务是对两种文字造型特征的深入分析，把握"共性"取舍"个性"，确保汉字识别功能和骨架结构完整的同时，融入民族文字的造型特征，从而创造出一款别具一格、民族风情浓厚的新字体。这种尝试充分证明了将民族文字造型特征融入汉字字体设计的可行性，此类字体在塑造民族品牌文化的独特性方面具备显著优势，其独特的艺术风格和文化内涵能够为品牌注入新的活力。经过系统化、规范化的研究与设计，这些具备蒙古族文字造型特征的汉字字体不仅适用于字库设计，更能广泛满足市场多元化的需求，为字体设计领域带来更为丰富的表现形式。同时，这一创新实践也为其他民族化、异域化风格的汉字字体设计提供了宝贵的启示与借鉴。

4.2.3.1　蒙象汉体的排列方正优势

蒙古族文字造型特征的汉字字体设计在排版上，遵循汉字的排版原理，实现了灵活的编排方式，允许在任意方向上进行布局，突破了蒙文固有的竖排限制，使横排布局成为可能。相较于蒙古族文字较为单一的结构形式，汉字则展现出更为复杂的形体构造。汉字的核心特性在于其由笔画构成的方块形状，因此，在结构设计中，常以方格作为基准，通过方格内部件间的位置关系来展现汉字多样化的形体结构。汉字字体具有方形轮廓，使在字体设计样式上单字之间的字距调整变得相对简单，每个字占据的面积保持一致，从而便于按照顺序进行自然排列。在设计蒙古族文字时，排列布局的合理性至关重要，需精心考虑以确保文字之间的和谐与平衡。蒙古族文字作为世界上唯一的竖写拼音文字，民族特性较为突出，其自身书写形式与国家通用语言文字相矛盾，组合排列想要实现分布均匀、富于节奏、和谐统一是较为困难的。但由于蒙象汉体的构型基础是建立在汉字的字形上，因此组合排版趋于方正，这一点对于视觉上的整合、有序有着重要优势。由于方形字的结构规整，更易于维护版式的整洁与秩序感，与现代主义版式设计中方形块面的堆叠原则相契合。当方块字排列成行时，形成等宽的直线，从左至右的阅读方式流畅而自然，顺应了人体的视觉生理特点与阅读习惯。同时，这种布局使读者感受到一种平静而稳定的舒适感，增强了版面之间的秩序性，使整个版面显得更为整齐与流畅，有效提升了版面的清晰度和可读性。至此，方块字的间距在设计中自然保持均衡，这种自然的距离布局使整体版面显得条理分明。

4.2.3.2　蒙象汉体设计构造丰富

创新蒙古族文字造型特征的汉字字体设计，文字内部构造丰富，蒙汉元素以图形与文字的直接解构与重组的方式去获得融合。文字源于图像，当文字从图像中被抽离出来时，依然附着着图像的印记。不难发现，汉字的内部结构搭建与众多民族图案的内部组合方式如出一辙，这是因为在汉字起源的象形阶段与图像艺术有着密切的相通之处。例如，蒙古族文字笔画的运笔轨迹、传统蒙古族图案的抽象概括等，均强调装饰特色和图案美感。而汉字则置身于方格中，依据视错觉理论调试文字结构，运用中宫放松原理实现整体均衡，在有限的空间内解决极其复杂的笔画关系，在确保识别性的前提下增强字体结构的凝聚力。而蒙古族文字相较于汉字却简洁很多，难以像汉字那样千变万化地组合成丰富的图像表达，更难以构建出如汉字般复杂而精细的内部结构。这种差异体现了两种文字在视觉表达上的不同特色与局限性。而蒙象汉体的主体结构是汉字，因此具备了拥有结构与外形上融合民族图案的优势。但在设计过程中，我们需要把握好蒙汉文字造型融合的尺度，把文字的识别性放在首位，以此作为蒙象汉体设计的核心原则来遵守。

4.2.3.3 蒙象汉体的意形并置

中国传统艺术之美在于意象的丰富与情感的深沉。艺术家们凭借直觉感悟，巧妙平衡画面，展现和谐之美。蒙象汉体在汉字基础上融入蒙古族文字特征，在保证国家通用语言文字"形"的基础上，又增加了蒙古族独特的游牧美学，很多受众从蒙象汉体中感受到了蒙古族文化的"意"，这种"意"会打破时间、地域、种族的限制，在不同受众的理解中产生不同的"意"，这是民族文化自身所具备的天然优势。意象，作为审美活动的核心，体现了审美对象内在的气势与韵律之美。在设计蒙古族文字造型特征的汉字字体时，并非只是简单地堆叠传统民族文化中的图形、笔画或字体。相反，这一设计过程涉及对民族文字笔画、图案的深入再造，旨在创作出既源于传统又紧扣时代主题所需要的设计。这样的设计才是真正的有机融合，而非表面的堆砌。使用民族图案应避免等同于从图库中调用纹样，并随意粘贴于字体之上。这种缺乏深思熟虑的融合方式无法真正实现被融合对象和融合对象内在特质的合二为一，这样的融合是假融合与伪融合，要明确认识到融合的目的与初心，才能使意象不流于肤浅的样式，而是深植于蒙象汉体的意蕴之中。

意境，作为一种深层的精神体验，源自欣赏主体对作品形态与样式的深入感知。李可染认为"意境是艺术的灵魂，是客观事物精粹部分的集中，加上人的思想感情的陶冶，经过高度艺术加工，达到情景交融，借景抒情，从而表现出来的艺术境界，诗的境界"。❶ 在艺术设计的构思中，通过构建独特的意境美来彰显作品的意象之美。以蒙古族文字为例，其中的字干笔画宛如草原游牧文化中民族精神的"脊梁"。字干的连贯性使整篇文字或段落从上至下流畅书写，呈现出一种浑然天成、连绵不绝的韵律感。这一独特的竖直笔画不仅展现了蒙古族在历史迁徙中坚韧不拔的豪情与英雄主义，更深刻体现了他们正直坦诚的生活态度和直率的个性，具有一定的包容性和多元性的特征。当大众有机会接触到蒙古族文字时，会被其独特的文化魅力所吸引，深刻感受到蒙古民族"海纳百川"的开放精神。这种精神体现在宽容的态度、博大的胸襟以及友善的个性上，使蒙古民族能够包容并融合各种新兴文化、接纳并消化各种文化带来的冲击与影响。在文字设计中融入这些文化特点与因素，不仅丰富了设计的内涵，也为设计创意提供了更为新颖独特的表达方式和呈现手法。

我国大力推广使用国家通用语言文字，强化民族认同感，以培育中华民族共同体意识，增进文化认同和国家认同，弘扬以爱国主义为核心的民族精神。强国必先强语，强语助力强国。加大国家通用语言文字的推广力度，提升普及广度及使用规范性，不仅便利了各区域间的沟通、促进了各民族间的交往交流，还有效地带动了经济、社会的全面发展，更在维护国家统一、构建中华民族共同文化认同方面发挥着关键作用。同时，这一举措也将有力增强中华民族在国际舞台上的软实力与硬实力。设计学视角下蒙古族传统文字的创造性转化和创新性发展要服务于大力推行国家通用语言文字工作，创新蒙古族文字造型特色的汉字字体设计，各民族将越来越主动地投身于国家通用语言文字的使用、传承与创新之中，进而推动中华民族向着一个更具包容性、凝聚力的命运共同体迈进。

4.2.4 丰富蒙古族文字的设计形式与路径——开拓蒙古族文字在文化创意产品设计中的应用

随着我国综合国力的日益增强，消费者在基础生活需求得到满足后，开始

---

❶ 张浩胜. 中国水墨动画的朦胧美[J]. 新闻研究导刊，2020，11（22）：131-132.

追求更为丰富多元的精神层面的满足，这种转变为中国文化产业迎来爆发式的契机。文创在文化产业各个领域都占有重要地位，日益成为新兴的消费趋势和潮流。文创即文化创意产品，指以精神活动为主体，运用创新意识开发而成的产品。当前，文创产品设计正呈现多元化发展趋势，品类繁多且各具特色，已经初步构建起一个颇具规模的市场体系。越来越多的城市重视文创产品的开发，用文创推动城市的发展。以南京、苏州、杭州为主的长三角城市率先推出了与地方文化元素相融合的旅游文创产品，旅游文创产品的开发并不局限于推动地方经济的发展，更是借助文创这个平台去推广地方文化以及塑造城市特色品牌。随着消费新浪潮的兴起，文创产业蓬勃发展，但同时也面临着市场的严峻挑战。在体验经济时代背景下，生产者与消费者的角色已经悄然发生转变。在设计过程中，除了满足产品的基本功能性需求外，聚焦消费者的体验性需求已成大势所趋。通过提供优质的服务过程和创造独特的情感共鸣，来全方位提升产品的附加价值。当产品从"功能导向"迭代为"体验导向"时，消费者不仅能够享受到更加优越的购买和使用体验，更能在这一过程中潜移默化地受到文化的浸润与熏陶，进而实现传统文化的传承与弘扬。

  内蒙古民俗遗产的独特之处在于其深厚的交叉融合性，其渊源可追溯至元代的统一和近现代"走西口"文化的影响，这些历史背景促进了游牧文化与中原农耕文明的交融互鉴，共同塑造了开放多元的审美风尚。在这片土地上，汉族、回族与蒙古族和谐共生，共同孕育了丰富多彩的艺术资源与文化遗产，展现了不同民族间的智慧碰撞与情感共鸣。正是地域文化的这种"交融"与"多元"，以及蒙古族人民"海纳百川"的开放胸襟，使他们能够以包容的态度接纳各种新文化的渗透与影响，实现本土文化地域属性的回归与情感根基的稳固。内蒙古旅游产品的设计与开发深受汉族人口集聚与蒙古族民族文化的影响，因此，打造具有内蒙古地方特色的旅游产品，不仅有助于多元文化的传承与传播，更能有效推动内蒙古地区旅游经济的蓬勃发展。

  为深入挖掘、广泛传播并大力弘扬内蒙古的丰富历史文化，推动民族文化强区的全面建设，内蒙古社会科学院于2013年启动了"内蒙古民族文化建设研究工程"项目，并成立了专项课题组。经过一年多的深入研究与调研，课题组从征集到的210项文化符号中，经过细致筛选和深入评估，最终确定了30项具有潜力的文化符号作为备选。在考量这些符号的具体内涵、社会认可度、影响力、代表性及其独特性的基础上，经过严格评选，最终确定了内蒙古的十大文化符号。这些符号不仅体现了内蒙古文化的精髓，也为内蒙古民族文化的传承与发展奠定了坚实的基础。在2015年，内蒙古政府办公室举办新闻发布会，正式揭晓了入选的十大文化符号：内蒙古大草原、马头琴、那达慕、蒙古包、成吉思汗、草原英雄小姐妹、蒙古文、敖包、蒙古马和红山玉龙。这些文化符号的确定，不仅有助于更清晰地界定和强化内蒙古地区的文化特色，而且对于推广其旅游品牌、深化地区文化优势、扩大其文化影响力等方面，均发挥着举足轻重的作用。2018年，内蒙古自治区民族事务委员会、内蒙古自治区发展和改革委员会联合印发了《内蒙古自治区蒙古语言文字工作"十三五"规划》，文件指出要加强蒙古语言文字的应用和服务工作，促进蒙古语言文字的保护和传承。内蒙古地区是草原文化、蒙元文化、蒙古族文化的发祥地，探究这些文化能够延续至今的原因，离不开蒙古族文字的记载与连接。蒙古族文字历史悠久，经历了漫长的演变过程，在蒙古族的文化发展上起过重要作用，连接着蒙古族人民的情感认知及思维方式，提升蒙古族凝聚力是蒙古族传统文化的重要组成部分。蒙古族文字的书写方式作为世界上罕见的竖写文字，不仅体现了蒙古族人民的思维方式与文化特色，还承载了深厚的历史文化积淀。在传承和弘扬民族文化的优秀传统中，其价值和意义不容忽视。借助蒙古族文字文创产品的开发，深入挖掘蒙古族传统文字造型的独特魅力，发扬文字类文创产品的符号象征意味，提升内蒙古文创产品设计的高品位、高要求和高情趣，打造符合现代消费者热衷于文化消费新需求的文创产品，高质量传播民族文化，赋能内蒙古旅游文创产品设计的表达空间。

4.2.4.1　蒙古族文字在文创产品设计中的设计原则

内蒙古地区的双语政策是蒙古族文字设计应用相对比较广泛的重要因素，但由于蒙古族文字对于非蒙古语人群而言有传播障碍而一直游离于非必要不使用的艰难窘境，如今传播媒介的迅猛发展，文化自觉与文化消费时代的到来，为传统蒙古族文字的发展带来了契机，消费观念的开放与包容为各类民族文字的繁荣带来了可能。随着文创产业的蓬勃发展，文创产品所蕴含的文化价值与经济价值逐渐凸显。在内蒙古文创产品的设计过程中，深入挖掘并充分利用了传统蒙古族文字造型的独特视觉魅力、符号特性、高辨识度、高装饰感，开发内蒙古文字类的文创产品或作为文创产品开发的重要组成部分都是非常有价值的尝试。其既丰富了内蒙古的文创产品品类，又为民族文字的传承与发展开拓了新路径，让蒙古族文字走出内蒙古，针对主流市场，立足用户需求，追求文化、实用与美观的和谐统一。为繁荣我国的文化生态环境，传承中华优秀传统文化贡献力量。

（1）文化性原则

在文创产品的设计中，文化性占据着核心地位，深刻体现着不同地域的人文风貌和独特的文化特色。这种文化特质不仅让文创产品在市场中独树一帜，更是赋予了其独特的辨识性。与传统商品不同，文创产品强调的不仅仅是其实用性，更侧重于其背后的文化意义以及向大众传递的文化信息。通过对文化的深度解读将其深植产品设计中，让消费者在使用过程中感受到产品的意趣和文化的魅力。文创产品是消费者对多元文化追求的载体，虽然仅仅是再普通不过的日用品，却可以通过设计者独特的审美眼光和创作灵感将其赋予深刻的文化内涵，使小物品蕴含大价值，让文化浸润寻常百姓生活、服务社会、凝聚人心。蒙古族文字是内蒙古的文化标志和文化符号，在人类的潜意识中会对未知的文字存有探索认知的期望，犹如人类对古代符号与图案着迷的诉求一样，对神秘莫测的文字充满了想象与探索的欲求，既是文化消费过程中人类对文化的进一步了解与学习，又是在消费文化的过程中人类思维与认知的进一步发展与迭代。其所产生的巨大影响力或许暂时未必可以被看到，但却为未来人类有意识地获取更丰富的语言能力及语言文字在人工智能领域的多元化发展奠定基础。文创产品的文化性原则体现在双重维度：首先，其设计素材源于对文化资源的深度挖掘，这些文化元素需要与创意产品紧密结合，赋予产品深厚的文化附加值，使消费者能够通过文创产品窥见特定文化资源的历史底蕴与独特风貌。其次，文创产品的设计不仅追求趣味性，更通过创新的手法提炼文化资源的内核与人文气息，确保设计既具创意又不失雅致，避免流于俗套。文创产品所展现的文化韵味对塑造消费者对旅游地域的整体印象具有直接影响。在遵循文化性原则的同时，文创产品应追求雅俗共赏的审美标准与积极乐观的价值观，为文创产业的开发以及历史文化资源的"活化"提供富有启示性的新视角与借鉴价值。

蒙古族文字独具鲜明的地域特色，其背后蕴藏着丰富的文化内涵，与这片土地上的物质形态、行为习俗、价值审美等紧密交织。这种交织不仅彰显了文化的复杂性和多维性，更是一次跨越时代的文化展示，传递着情感、价值和审美。在设计应用中不能将蒙古族文字看成是简单的文字符号，而是需要深入挖掘和解读其文化内涵，以确保在应用中准确传达其内在含义而非图案式的复刻和再现。蒙古族文字不仅是蒙古族人民生活的真实写照，更是他们对现实世界的独特理解，以及心理意识的集中体现。创造性转化与创新性发展要从价值维度把握文化内涵，在设计过程中要理性看待文字中的文化，提炼与转译普适性高、典型性强的适用于文创产品设计开发的造型元素，以弘扬蒙古族传统文化为出发点，通过图形的转换、材料的选用、概念主题的设计等，彰显设计在视觉表达层面对民族文字文化多样性塑造与趣味性提升，将其深厚的民族文化内涵融入产品设计中，以期实现蒙古族文字类文创产品的文化价值与经济价值的完美结合。

（2）实用性原则

日本设计大师原研哉（Kenya Hara）认为"设计的落脚点侧重于社会，解决社会上多数人共同面临的问题，是设计的本质"。人们创造各种器物和产品，其根本目的在于满足人类的物质与精神需求。设计的本质在于解决问题，赋予产品相应的功能和作用。文创产品设计，作为一种特殊的产品设计，通过融入文化附加价值来进行"再设计"。在此过程中，追求两个核心目标：一是通过"再设计"使产品实现"优化"，即让产品在美观、便捷和趣味性上达到更高的水平；二是借助"再设计"过程，为地方特色文化资源的可持续发展贡献力量。优质的文创产品并非简单的复制或模仿，而是需要与生活深度融合，成为人们生活中不可或缺的一部分。产品与生活的长期联系至关重要，它们应当真正融入人们的生活，并在使用过程中得到有效的传播。这正是文创产品的核心价值与深远意义所在。

（3）适度原则

蒙古族文字在文创产品设计中的应用需要遵循设计的适度原则。在以传统蒙古族文字为创意出发点的文创产品设计中，要考虑蒙古语言与非蒙古语言用户购买此类产品的初衷，既要满足蒙古语言用户对新形式文创产品趣味性的心理需求，又要满足非蒙古语言用户对独特文字符号的好奇心与有意识习得的心理需求，最大限度地保证产品开发的普适性。在以传统蒙古文作为辅助的文创产品设计中，要保证设计匹配字体的时代性与易读性，实现高效阅读，使其既能满足蒙古语用户迅速准确识别文本的需求，也能满足非蒙古语用户看到蒙古族文字时，充分感受到文字本身的民族文化气韵与意象，虽然无法识读，却也可以从文字本身感受到蒙古族文化不同于其他民族文化的独特韵味，以此实现文字的实用意义。此外，从产品设计研发的实践层面出发，文创产品必须"贴近实际"。消费者在使用产品的过程中，其实是对其形态、符号化特征及其内在寓意的深入解读，进而探索并理解表层注释背后的深层意义象征。这一过程完成了从产品实用功能到文化深层积淀的自然过渡。在满足实用功能的基础要求上，文创产品设计在追求为消费者带来感官愉悦的同时，还需特别注重产品的实用性和功能性。在选择产品设计载体时，必须考虑到消费者的携带便捷性，因此宜采用轻便小巧的设计材料，如马克杯、书签、明信片等。同时，还需充分考量产品构造与包装的匹配度，以及存放、运输等实际条件，对产品材质、尺寸进行合理规划。这样，无论是线下还是线上用户，都能体验到人性化设计服务所带来的购物愉悦。文创产品的实用性和人性化程度越高，其受关注度和消费者的购买力就越高。

（4）美观性原则

自古以来，人类对形式及其美感持有一种深刻的认知和不懈的追求，正如马克思所言："人类的活动同样遵循美的原则。"产品的审美境界实际上反映了人们对生活的情感认同和价值态度，它既是自我意识的表达，也是个体个性的彰显。文创产品的设计，不仅蕴含了对哲学、美学和设计学的深入理性考量，更是一种情感的流露和感性的表达。蒙古族文字类文创产品设计的美观性原则要体现在蒙古族美学基因探索、地域意象表达、视觉形式语言研究三个维度。蒙古族美学基因是文创产品设计的灵魂，是历史、哲学、宗教、艺术、美学、民俗等的凝结，没有灵魂的产品犹如无本之木、无源之水，经不起时代的洗礼；地域意象表达则是产品的血肉，带有与生俱来的独特性，即本土文化所传递出来的意象力量，没有血肉的产品犹如毫无个性可言的快消品，以量产制胜而非产品本身的持久吸引力；视觉形式语言的探索犹如产品的大脑，是应变时代风起云涌的能力，没有大脑的产品犹如标准化量产的木偶，永远在追逐潮流中患得患失，迷失自我。因此，文创产品的美观性原则必须符合灵魂、血肉、智慧三维一体的标准。在蒙古族文字中，回鹘式蒙古文的冷峻与迅疾、八思巴蒙古文的端庄与雅致、托忒蒙古文的温婉与秀丽、索永布蒙古文的神秘与严苛、传统蒙古族文字书法体的奔放与自由……都是源于历史的积淀，都可以在溯源中找到形制的原因，因此，文字本身的独特性就是极具美观性的原型。蒙古族文字不仅深刻体现了北方游牧民族的审美意识，更是他们关于美的认知、表达、追求和理想的集中展现。通过蒙古族文字所涵盖的丰富多样的题材内容，以及其中所运用的夸张、变形的艺术表现手法，得以窥见古代先民独特的审美意识与美学观念，从而更深入地理解他们的文化精髓和美学追求。从根本上表达了远古先民对生命的感知与对原始生命力的展现，是先民与自然和谐相处的精神象征。

从人类审美角度来看，蒙古族文字是一种极具视觉美感与精神象征的艺术符号，由抽象而富有动感的点与线等基本元素组合而成，经过历代先民的精心雕琢，这些文字形成了既具有组织性，又充满审美特性的造型表现形式。同时，蒙古族文字独具匠心的构形方式与造型技巧建构了既简朴又不失画面感的审美符号，与当代视觉文化所倡导的简洁明了、易于理解的审美追求高度契合。此外，蒙古族文字巧妙运用了抽象的图形符号和象征性的表现手法，再现了古代先民的独特审美观念，这种表达方式极具丰富的精神文化内涵并与北方游牧民族所崇尚的"万物有灵"观念紧密相连，在蒙古族文字的审美旨趣方面促成了趋向于饱满、热烈、刚强的美学特征。对于蒙古族文字类的文创产品设计，也应该遵从蒙古族文字本身的美学特征出发，使其在蒙古族美学基因、地域意象表达、视觉形式语言三个维度与当代审美认知相契合。

4.2.4.2 蒙古族文字在内蒙古文创产品创新设计中的应用

（1）提炼民族元素的多样化设计

民族地区所特有的风土人情和生活习俗赋予了民族文化的独特性与神秘感，为当地文创产品的设计与开发提供了取之不尽的创作来源。蒙古族文字的创造性转化与创新性发展，是以设计学视角为切入点，结合蒙古族民族文化多样化输出，拓展蒙古族文字在设计学领域的应用与发展。内蒙古地域辽阔，十二盟市的自然生态、历史文化、人文景观异彩纷呈，旅游业蓬勃发展，文化创意产品的设计与开发也在逐步从引进与模仿过渡到研发与创新阶段，政校企联合开发文创产品的模式也为内蒙古带来不少杰出的设计作品。例如由内蒙古鄂尔多斯市主导开发的旅游文创系列钥匙扣，是以蒙古族文字"鄂尔多斯"为主体造型轮廓，结合成吉思汗陵、响沙湾、萨拉乌苏、七星湖星空、鄂尔多斯婚礼等五种代表性的旅游文化主题图案进行设计融合，打造了一款独具鄂尔多斯风情与蒙古族文化特征的创意产品；再如，此次课题组成员在校企联合的工作室项目中为蒙元制造品牌开发的旅行箱挂牌文创产品设计，以蒙古族文字

"吉祥如意"为设计主体，结合汉字的双语设计，以内蒙古大学博物馆馆藏成吉思汗令牌文物为原型，设计了兼具时代性与文化性的文创作品，结合用户使用场景，为内蒙古的文创产品设计提供了一个很好的范式；除此以外，内蒙古电商平台的独立设计师们也在探索蒙古族文字在饰品设计中的新尝试，现代时尚的设计语言与民族文字独特的符号特征相结合，借助纯银材质的哑光与含蓄传达了饱满的民族气质与神韵。

蒙古族文字造型元素的提炼要依据历史学与语言学的研究基础，避免形式主义堆砌与移植，认真探究历史学视角下文字造型形制的演变与民族文化发展的影响，语言学视角下语义在传统文字造型上所产生的影响，深入挖掘各个时期文字造型演变过程中，民族文化与民族审美理想贯穿在字型演变中的视觉语言表达，解读民族文字中所蕴含的美学思想与设计思维，多维度地提升对不同字形的文化感悟，并将凝炼后的研究结果通过设计学方法应用到内蒙古文创旅游产品创新设计中去，提升文创产品的文化体验感和情感共鸣，实现内蒙古旅游文创产品设计品类和风格的多样化。文化品牌打造对于文化旅游型城市形象、地方旅游业发展、乡村振兴与扶贫至关重要。内蒙古有呼伦贝尔森林文化、赤峰红山文化、锡林郭勒蒙元文化、兴安盟红色革命文化、呼和浩特晋商文化等，深入挖掘可以应用于文化创意产品设计与研发的文化资源，全方位、多角度地助力文化品牌的树立，实时更新丰富产品的种类，关注时代语境更替与消费趋势预测，拓展文创产品的文化价值与经济价值，是未来要持续研究的一个重要方向。

（2）挖掘民族内涵的寓意化设计

文化内涵与文化意识形态相较于可见可感的物质而言更倾向于精神的、抽象的，包含人类的精神信仰与价值观念，同时也客观反映了人类的生活方式与行为习惯。优质的旅游文创产品所传达的文化意蕴，应当与本地区的社会意识形态与民众精神信仰相契合。在原始社会，人类的生活与劳作深受自然生态环境的影响，人们依据自然节气变化进行耕作，有日出而作日落而息的生活习惯，因为科学技术较为落后，人类只能依赖"神明"和"占卜"预测未来与寄托希望。中国古代先民认为万物皆有灵性，这种自然崇拜的观念是中国最早的文化意识形态。在无文字时代，人类借助图案、符号、岩画来记录生活，祈祷丰收，寓意美好，直到文字出现之后，吉祥语言和文字成为人类更具体、准确、丰富的寄托希望、祈求庇护、祝福美好意识的产物。蒙古族文字也像其他民族文字一样拥有着自己的吉祥用语，并且在民族文化交融的过程中也较为明显地受到了其他民族文化的影响。例如，蒙古语乌力吉表达的是吉祥，恩和是平安，特日格勒是美好圆满，满达是兴旺，那苏图是长寿。传统的蒙古族服装、家具、蒙古包、日用品中都可以看到这样的吉祥文字，表达了憧憬美好生活，期盼平安健康的生存理想。因此，挖掘民族文化内涵的寓意化设计对于不同民族文化间非语言状态下的情感回响是创新蒙古族文字在文创产品设计中始终要面对的重要环节。一则，可以选取蒙古族文字中具有正能量的吉祥、安宁、幸福、智慧等词语为设计主题，利用实用性与美观性相结合的原则设计大众喜爱的永恒主题：爱与美；二则，可以选取汉字网络新词中具有解压语境的"干饭人""凡尔赛""九零后""爷青回"等带有自嘲主调的词语为设计主题，译成回鹘式蒙古文，利用实用性与趣味性相结合的原则设计大众喜爱的个性主题：自娱与自由。如此，蒙古族文字的创造性转化与创新性发展才能不拘一格，充分考虑时代的改变与用户的体验，做出有情怀的好设计、有时代感的好创意、有使命感的好作品，彰显蒙古族文字在新时代、新领域、新思维的感召之下积极探索创造转化与创新发展的新风貌。

　　蒙古族文字在文创产品设计应用中要实现寓意化设计：其一，抽象文化内涵的具象化表达。蒙古族文字作为文创产品设计的元素或者主体，要充分考虑文字本身除传达信息及作为民族文化符号的象征外，对设计主题所产生的寓意化视觉表达。即在文字造型上要匹配整体设计主题的寓意，例如表达吉祥的蒙古族文字"乌力吉"的字形设计，笔画要保持安静和圆满，避免字形过于奔放和随意，用圆润干练的造型替代标准印刷字体的尖锐感；其二，蒙古族文字造型与汉字造型相融合。由于民族文字可识读的人群较少，传播范围受限，因此，需要借助汉字的传播优势，既可以设计蒙汉双语在文创产品中的匹配共用，也可以设计蒙古族文字造型特征的汉字形态，例如，课题团队设计开发的"喜字系列饰品设计"，将蒙古族文字的喜字与汉字的喜字在造型上相融合，既保证了图形信息传递的准确性，又彰显了民族文字和汉字相融的过程中在造型上所达成的和谐与匹配，大大提升了蒙古族文字在文创产品设计中的普适性，为非蒙古语用户解读民族文化的内涵与寓意消除障碍，改变了长久以来内蒙古文创产品设计元素多采用民族图案、地域景观的单一面貌，为民族地区的文化输出提供了更富特色的视觉形象，也为传统民族文字进一步融入现代生活、丰富文化多样性和传承民族文化提供新思路。

（3）融入现代设计理念和跨界融合设计

蒙古族文字在内蒙古文创产品创新设计中的应用要融入现代设计理念。文化复刻是文创产品设计中较为常见的一种手法，却由于缺乏对当今消费者多维需求的回应而被诟病。人类社会自从步入现代时期以来，工业文明带来的巨大社会变革推进了现代设计理念的诞生，以人为本、绿色设计、功能与形式的统一等现代设计理念成为现代阶段的主流设计思想，传统文化宣扬的设计为权贵服务被为大众服务所取代，用户体验研究将以人为本的现代设计思想不断丰富与延伸，细化为情感化设计、交互体验式设计等，当代消费者的审美理想、生活哲学直接关系到产品的设计理念与定位，决定着产品最终的功能与形式。而文创产品作为以文化消费为主旨的特殊商品更要关注用户需求与喜好，能够洞察与预见流行文化趋势的能力。蒙古族文字在文创产品设计中的应用要迎合现代设计理念，适应时代主流文化，转换传统视角，挖掘当代消费者喜闻乐见的设计形式，为传统文化融入当代，为当代文化继承传统构建桥梁。

《国家文化科技创新工程纲要》中曾提到，"科技已成为文化产业发展的核心支撑和重要引擎"。这提示我们文创产品设计开发要融入先进理念和科技手段，提升产品内涵，增强用户体验度和新鲜感。科学技术作为跨界融合思维的重要实现路径，一方面能有效改善文创产品低效率的生产过程，降低文创产品成本；另一方面，也为塑造文创产品的沉浸式、交互式体验的实现提供可能。2010年，上海世界博览会上展出的《清明上河图》令人瞩目，作品采用现代科技手段将北宋时期的繁华市井用动态的视觉效果呈现出来，街市上车水马龙，叫卖声、笑闹声不绝于耳，生动真实地再现了北宋东京的繁荣景象，让世人看到当传统文化遇见现代科技所展现出来的动人魅力。2018年，中国掀起插画风格，成为当时各大广告、自媒体、文创产品设计的流行风格，通过电脑软件绘制的2.5D插画、3D插画、扁平设计、合成技术在笔记本、日历、手机壳等平面类文创产品中应用广泛，跨界融合正在成为这个时代的标准配置。2020年，上海美术学院的李谦升教授带领团队尝试了藏文解构研究，试图通过信息可视化的现代手段实现藏汉文化交流的可能，使我们进一步去思考，在信息化的时代，我们如何克服距离和语言的障碍，建立文化上的交流。文字是连接文化的最小单位，一种文字的诱惑不仅限于造字之美、书写之美、文本之美，它的闪光之处在于许多不为我们熟知的角落里，我们应该透过文字看见它的文化价值，通过跨界融合的科学技术手段构建起民族间文化交流的桥梁。蒙古族文字在文创产品设计中的跨界融合研究是未来要努力的方向，相信现代科学技术的发展会为民族文字的传播形式带来更多可能。

本章小结

蒙古族文字作为内蒙古地域文化的符号与象征，是蒙古族人民传达情感的外在表达。蒙古族文字在文创产品设计中的应用，既丰富了内蒙古文创产品设计的类别，又为内蒙古文创产品的视觉设计提供了富有独特文化特质的造型元素，对蒙古族文字的创造性转化与创新性发展具有重要意义。以设计赋能内蒙古为主旨，挖掘内蒙古文创产品的文化基因，为民族文字的转化与创新重新整合资源，探索蒙古族文字在设计学视角下的发展方向与转化思考，以期实现蒙古族文字与文化创意产业的高效融合，创新文化业态。

第5章

设计学视角下蒙古族文字创造性转化和创新性发展设计应用

　　蒙古族文字的创造性转化与创新性发展研究试图拓展民族文字在语言学、历史学、民族学等学科领域以外的设计学领域的研究。语言文字的传播媒介已经逐步从传统媒介向新媒体延伸，新媒体的话语力量让文化产品的生产、传播和由此产生的思考与讨论产生更大、更广泛的影响，民族文字跨越距离与语言的障碍，获得更广泛的发展空间成为可能。设计学科的交叉属性为民族文字进入大众视野，融入大众生活创造条件。课题组在持续一年的研究中将理论研究与实践相结合，以设计赋能内蒙古为主旨，以拓展蒙古族文字在设计学领域的设计应用为使命，在品牌塑造、包装设计、文创产品、字体设计、公共艺术、服装设计、多媒体设计等设计学专业展开理论与实践相结合的探索，以期为蒙古族文字的创造性转化与创新性发展提供新的研究路径。民族文字要立足于适应新经济发展、新科技革命、中国特色社会主义共同构筑的新时代传播语境，在符合识别性、美观性、集中性传播的基础要件的同时还要满足现代消费审美理想与价值取向标准，以此获得普遍的文化认同与情感共振，实现"根植地域、达之中国"的理想。

5.1　蒙古族文字在地域品牌塑造中的应用

　　地域品牌塑造是指依据地区经济发展模式、人文与自然特征，塑造符合地域文明与精神的外在符号认知系统，用以展示地域整体风格与个性。地域品牌塑造是提升地域认知度和地域竞争力的核心关键。内蒙古地处祖国北部边疆，地域辽阔，物产丰富，但经济发展缓慢，乡村振兴与扶贫工作任重而道远，除改革开放以来发展壮大的实力雄厚的大企业，绝大部分中小企业依然由于生产规模小、优质资源少、品牌意识薄弱等劣势，致使在抢占市场份额的战役中毫无优势可言。同时，疫情时代暂停的商业步伐和消费者低迷的购买力对本土企业的冲击也非常大，在发展与竞争日益严峻的背景下，地域品牌塑造应该找准自身特色，充分发挥本土文化影响力。善于借助区位优势，集中文化资源与设计力量塑造地域品牌形象，提升品牌形象影响力与竞争力，系统规划、专业运作，弘扬区域文化特色，制订专业营销计划。品牌标志作为品牌形象的关键一环，是地域品牌塑造的核心，品牌观念与品牌价值意识的深入人心，促使标志设计在保证识别属性的前提下，本身所要承载的信息除名称、字体、色彩等要素以外，地域文化特征的视觉体现对标志的整体印象加分越来越重要。地域文化是地域品牌形象的灵魂，如何在细节处尽显地域文化是地域品牌标志设计值得思考与探究的问题。蒙古文作为蒙古族文化的重要表征，其历史悠久，极具典型性与代表性，虽不利于印刷与排版，但作为视觉形象，其造型娟秀，意象神秘，视觉感突出，具有优秀的区域文化传播属性，解构与分析蒙古族文字造型特征、艺术审美、人文内涵，以高度符号化的形式塑造区域品牌标志，使消费群体对独特的蒙古族文字符号化所呈现的蒙文与汉字结合的标志进行有效的识别与记忆，在其认知思维中易于理解和接受，进而实现蒙古族文字的创造性转化与创新性发展，以此提高区域文化的影响力和竞争力，提升国家文化软实力。

　　课题组通过整理汇总有关蒙古族文字的文物资料以及理论文献，对蒙古族文字的造型特征进行研究，以这样的理论为基础，在设计实践中对蒙古族文字的形态造型在当代的设计当中的可行性进行探索，寻找蒙古族文字在现代的商业用途中自身独特的价值，将蒙古族文字形态作为一种象征性的符号与我们当代的品牌设计进行组合，丰富蒙古族文字文化属性和造型特征。通过项目实践，课题组团队在充分研究了蒙古族文字在地域品牌设计中的可行性后，运用设计学方法将其融入区域品牌塑造中，彰显传统文化与当代文化的对话与共鸣，为打造民族品牌的独特性和个性化，赋予品牌独特的民族审美，民族气韵和地域意象。本次课题团队实践项目有：元白马奶酒、蒙古语数字资源网、内蒙古元朝酒业、纳冉视觉的标志设计等（图5-1）。

图5-1 蒙古族文字在区域品牌塑造中的应用
（来源：内蒙古师范大学设计学院511设计工作室王玥、乌日图宝音、成刚、吴海茹设计作品）

（1）元白马奶酒

元白马奶酒是内蒙古某酒业公司开发的新产品，课题组提案以我国传统汉字软笔书法与蒙古族文字硬笔书法相结合的设计形式，彰显传统书法艺术在当代品牌设计中的视觉表达，提升品牌的文化属性与历史记忆，契合当代文化消费时尚的潮流，唤醒文化自觉意识，为品牌注入文化基因，促进蒙古族文字的创新与转化。其设计初衷是对地域文化的传播与弘扬，以及对"元白"马奶酒品牌知名度的提升与推广。通过视觉创意构思，在消费群体心中夯实内蒙古地区独特的基因记忆。将汉字书法与回鹘式蒙古文书法在同一视觉维度中共同发生作用，形成视觉力的传达与表现，元白马奶酒标志设计是在保证其识别属性前提下，不断对文化进行挖掘，将文化与商业相结合，以文化丰盈商业，商业展现文化的设计理念，突破内蒙古地区品牌塑造长期英汉结合的局限性，在保证充分的地域文化凝炼的同时，在传播形式与维度上进行拓展。

（2）蒙古语数字资源网站

蒙古语数字资源网站是内蒙古自治区民族事务委员会开发建设的蒙古语言文字数字资源公益性网络平台，承担着向各族群众宣传贯彻党和国家民族政策法规、推广普及民族文化教育科技知识的任务，对于增进民族团结，弘扬民族文化，促进蒙古语言文字学习使用和研究发展有着积极意义。其标志造型采用"蒙语"的蒙古文和英文的"MONGOL"共同构成蒙古族的"苏力德"造型，"苏力德"蒙语译为"矛"，是战神的标志，在传统的蒙古族文化中象征了力量与和平，契合蒙古语资源网站的公益属性，标志设计采用创意字体同构的设计方法，运用附加图形增加设计的象征寓意和趣味性，较为符合网站的文化公益事业形象。

（3）内蒙古元朝酒业

内蒙古元朝酒业位于赤峰市松山工业园区，主营白酒系列，虽然属中小型企业，但在内蒙古本土企业品牌中小有名气。其标志设计采用回鹘式蒙古文与汉字造型相结合的蒙象汉体设计方法，借助汉字更广泛的识读性，将蒙古族文字的造型特征融入"元朝"的汉字笔画中，拉长文字的整体廓形，将蒙古族文字肚的转圆、牙的伸展与突起、尾的回折与笔势融合在汉字笔形中，适度突破汉字的方框系统，为契合蒙古文的耸肩与长尾，提升了汉字的整体腰线位置，塑造一种具有蒙古族文字造型风格的汉字形态。这是蒙古族文字创造性转化与创新性发展研究突破民族文字本体的限制，向汉字形态延伸的新思路。

（4）纳冉视觉

纳冉视觉是内蒙古独立设计师纳冉其其格的自主品牌，工作室项目以民族艺术与设计的传承与转化为主，弘扬民族文化艺术力量为己任。所以甲方要求标志要展现民族文化特征，却又不失现代简约的时代特性。标志设计过程中，将铸牢中华民族共同体意识，重视文化自信、区域创造力和蒙古族文字造型特征凝结在一起，尝试利用蒙汉组合的文字标志设计形式探索蒙古族文字与汉字共形的可能性，蒙汉文字造型迥异，却能在完整的标志设计中通过形态的统一与包容使蒙汉文字相得益彰，和谐共处，赋予纳冉视觉独特的民族审美和品牌特色。

5.2 蒙古族文字在包装设计中的应用

2018年3月，国务院下设的文化和旅游部整合了文化部与国家旅游局的职责，进一步明确了文旅融合是经济发展的主流趋势，同时，也是当前经济下优化产业结构的重要途径和手段。在铸牢中华民族共同体意识和文旅融合语境下，多元文化的融入是民族品牌升级和包装设计优化的必然趋势，而伴随国民经济的迅速发展，人民生活水平的不断提高，以保护产品的传统包装设计形式已经不能满足当代消费者的需求，为解决民族地区自有品牌产品包装的设计滞后问题、同质化问题以及对文化特征塑造的意识不足等具有挑战性的问题，课题组选定了一部分企业的产品，对其进行了包装设计优化，以期对内蒙古地区的本土企业产品的包装设计升级提供借鉴，指导企业积极迭代产品的包装设计，从而对改善市场收益有所助益。

通过课题组的多次实践调研，并对存在的问题进行分析，发现内蒙古本土企业的产品包装品牌识别性弱，缺乏独特的视觉元素、设计美感与创意表现，许多包装依然在采用低品质的图片和缺少设计感的字体进行随意组合与拼凑，对体现地域文化属性与民族文化品牌理念并不热衷，并伴有严重的同质化现象，在很大程度上影响了消费者的购买选择与判断。面对本土急需优化的包装设计，课题组团队开始着手将传统蒙古文的造型应用于包装设计上，并整体改进产品的设计概念与视觉方案。包装设计是品牌自我表达的视觉载体，传达信息快速而广泛，不仅具有对产品保护、容纳和盛放的功能，还可以作为品牌形象的外衣，赋予产品文化个性，有效传达企业理念，提升产品的附加价值。包装中的蒙古族文字作为一种特殊的语言符号，不仅具备传播信息的功能，还通过呈现字体的形态之美，来释放独特的民族韵味，增强包装设计的视觉感染力，拉近产品与消费者之间的距离，让消费者在接收信息的同时，领会品牌及产品的民族文化内涵。而蒙古族文字作为中国民族文化当中具有代表性的地域文化之一，文字形态别具一格，更有传统蒙古族文字发展历程中丰富的字体、书体、字形文化的积累。将其融入包装设计中，不仅有助于树立产品包装的视觉印象、传递民族精神及民族气韵，还有助于增强产品品牌的辨识度，以此来提升与其他品牌的区分度，从根本上唤醒消费者的购买欲望，促成购买行为的发生，进而为改善内蒙古中小型企业产品包装的设计现状提供借鉴。课题组团队实践的包装项目有："庆格尔泰"纯牛奶包装设计、"一马飞歌"白酒伴手礼包装设计、"潮番青年"番茄汁包装设计等。

（1）"庆格尔泰"纯牛奶包装设计（图5-2）

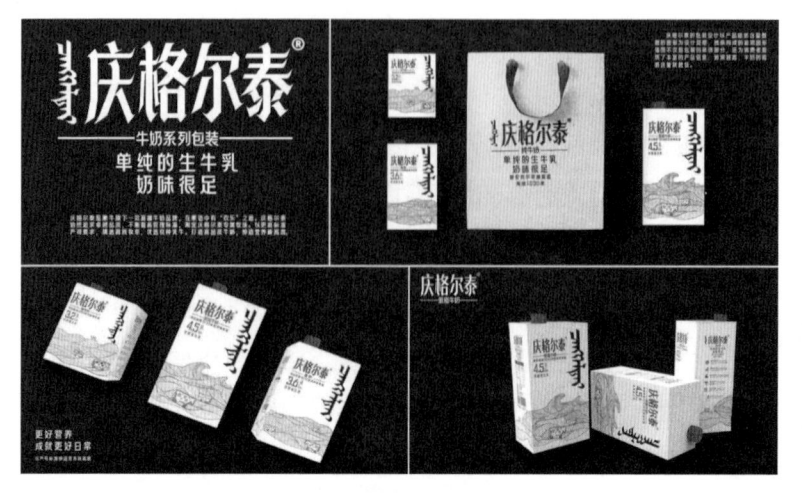

图5-2 "庆格尔泰"纯牛奶包装设计
（来源：内蒙古师范大学设计学院511设计工作室樊书培设计作品）

"庆格尔泰"纯牛奶是内蒙古某乳业公司开发的新品,企业规模与发展限定此次包装设计要以较低成本实现独特的地域文化印象,产品延续品牌一直坚持的无添加、绿色无污染的产品特性。课题组在充分考虑到企业需求与市场营销的环境现状,策划以干净整洁的视觉调性来体现奶源与生产过程的无污染、零添加,低成本的预算依然是首要考虑的因素之一,但我们坚信低成本并不意味着低设计。在盒型、工艺、色彩、材质无法发挥创意的限定下,我们将设计聚焦在传统回鹘式蒙古文与汉字的字体形态塑造上,突出包装设计中蒙古族文字的视觉比例,汉字的形态设计也依据蒙古文的瘦长体态进行比例拉长,与蒙古族文字与汉字在视觉上达到最完美的和谐与完整度,提升作为信息载体文字的视觉魅力,进而让包装的整体都焕发出民族文化的独特气质,冷调又高级。在此次项目过程中,我们验证了文字设计对于包装设计的重要意义,尤其是当今插画风格统领流行风尚的时代背景下,民族文字与汉字的创新设计一样可以独树一帜,赋予产品文化的灵魂。

(2)"一马飞歌"白酒伴手礼包装设计(图5-3)

图5-3 "一马飞歌"白酒伴手礼包装设计
(来源:内蒙古师范大学设计学院511设计工作室何雨龙设计作品)

"一马飞歌"白酒系列是内蒙古某酒业开发的新品,主打节庆伴手礼,对包装设计体现地域文化内涵有较高的期望。课题组经过市场调研与品牌定位后,确立以打造包装设计的宏大叙事为核心。在插图的设计上,以版画技法表现古代征战场面,塑造英雄主义形象,提升产品包装的艺术气氛;在字体的设计上,选取传统蒙古文书法与汉字书法字体组合为主,烘托叙事的故事性与历史感;在印刷工艺上,采用烫银工艺,契合蒙古族传统饰品的银质印象,古朴的银质版画搭配奔放的回鹘式蒙古文书法,二者相得益彰;外包装盒体色彩以内蒙古自然生态环境中的矿石红与泥土黄为主色调与内包装的银质感形成鲜明的对比,外显厚重强烈的色彩使产品在零售终端获得更多的视觉关注,并与内包装形象联动唤醒消费者视觉感知系统，塑造产品更丰富的视觉层次，巩固品牌印象。至此，"一马飞歌"白酒系列产品包装的地域民族文化视觉塑造通过包装的盒型、瓶体、图形、文字、材质、工艺上得到完美融合。

（3）"番潮青年"番茄汁包装设计（图5-4）

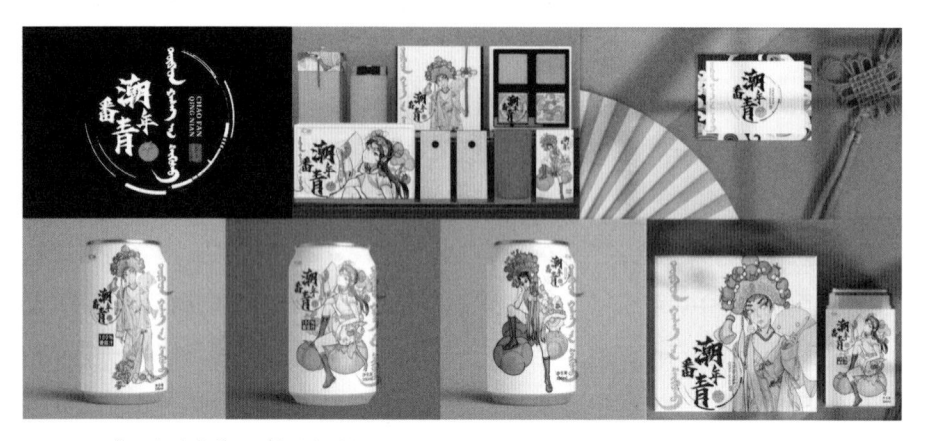

图5-4 "番潮青年"番茄汁包装设计
（来源：内蒙古师范大学设计学院511设计工作室魏志轩设计作品）

"番潮青年"番茄汁是内蒙古番茄制品某企业的包装升级项目。由于同类品牌竞争激烈，包装设计同质化问题比较普遍，零售终端各品牌视觉区分度较弱，区域品牌或地域品牌塑造缺少对文化的凝炼及时代潮流的回应。基于这样的包装现状，打造突出同质化重围、赋予产品文化内涵、关注消费者审美的改变是此次包装设计要解决的关键问题。企业希望产品定位为对文化有热情、对生活有追求的年轻人消费群体，因此富有表现力的插画风格是首选，而国潮风在中国的热度还在不断升温，是较好地表达对文化执着、有理想、有追求的年轻人所喜欢的设计方式。插画以国粹京剧人物为主，着装保留头饰的装饰感，结合番茄的同构创意，使京剧艺术传达出新鲜与正宗的象征含义，短款的旗袍与炫酷的长筒靴的混搭彰显了新时代以来中西方文化碰撞与冲击下所派生出来的后现代主义表达方式，兼具传统与现代文化的特征，是传统与现代努力对话交流的典型手法。为配合插画的创意格调，包装文字信息匹配了蒙古族文字与汉字书法艺术字体组合的方式，利用蒙古族文字书法的密码特性吸引受众关注，而汉字书法对蒙古族文字的转译共同构成了一个完整的信息板块，这样独有的方式势必是在传统的包装设计中较少看到的，新鲜度与独创性的感染力相信会为整体包装设计的升级带来不少销售业绩上的改观。在铸牢中华民族共同体意识的背景下，也是促进民族团结、拉近民族文化距离的有益尝试。

5.3 蒙古族文字在文创产品设计中的应用

  文创产品旨在把特色的文化元素融入相关的产品设计中，让产品的受众能在使用产品时，感受到产品所传达的文化信息，进一步实现文化传递、交流、共享的目的。蒙古族文字作为蒙古族特有的文化标志，是民族文化对外传播的重要载体，为文创产品提供了不竭的文化灵感。文创产品兼具文化符号与消费功能的双重身份，将蒙古族文字从视觉元素转为消费对象，变为能够传递地域文化、展示民族形象的物质性实体，兼具实用与美感，既打破了文字在传统传播方式中的局限性，又给文字创意产品带来了源源不断的新意。因此，借助于不同类型的文创产品，让蒙古族文字进一步焕发出形态各异的文化魅力，提升文创产品的文化价值和审美价值，我们还有很多工作要做。

  近年来，各个领域的文创产品发展得如火如荼，设计者将文化、审美、功能融入创意产品设计之中，通过商业化批量生产和新媒体多渠道推广等方式进行销售、使用与收藏。但民族类文创产品设计总体而言，依然普遍存在文化空心化、同质化等问题，还只能停留在简单民族元素"堆砌"的阶段，对元素的叙事化、象征化表达还不能成熟掌握，传播方式孤立而单一，对当代消费者需求与文化创意产业认识不足。因此，文创产品中如何筛选民族元素，如何恰到好处地将这些元素融入文创产品设计中去，是设计学视角下亟待我们去探索和研究的内容。蒙古族文字的创造性转化与创新性发展研究，以蒙古族文字为研究对象，探索在设计学视角下蒙古族文字融入当代生活的可能性与发展路径，项目组以"设计赋能内蒙古"为主题，为内蒙古文创开拓以传统蒙古文字为主体的文创产品。借助传统蒙古族文字的力量，全力推广民族文化的内核，有效挖掘传统蒙古族文字的内涵和审美价值，在个性和品位上有效突破，把多元一体做大做强。课题组在2020、2021年度尝试开发以"内蒙古礼物"为主题的蒙古族文字类文创产品，如以传统蒙古文"囍"字为元素的蒙古族文字文创饰品设计、以"吉祥·如意"蒙古族文字印章筷箸礼盒文创产品设计、以孟菲斯彩色几何风格与蒙古族文字造型相结合的"蒙·风"文创饰品设计、以传统八思巴蒙古文"呐喊"为主题的文创产品设计等。

（1）蒙汉文"囍"字文创饰品设计（图5-5）

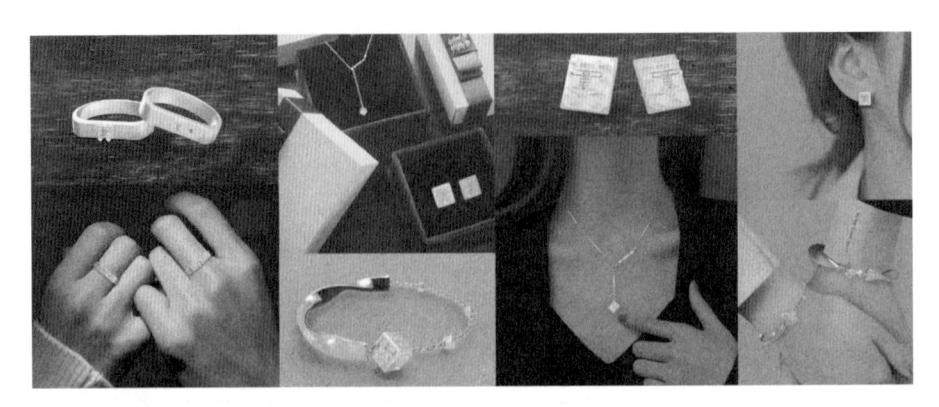

图5-5 蒙汉文"囍"字文创饰品设计
（来源：内蒙古师范大学设计学院511设计工作室卢怡民设计作品）

自有史以来中国古代先民就具备了借助图文结合来表达吉祥寓意的设计思维，这样的方法源于汉字本身的图形化特点，源于汉字初始为图形所具备的艺术性和审美性，同时也是中国传统文化中寓情于字、表达心声、渴望幸福的理想诉求，是我国古代民间习俗中最喜闻乐见的一种文字形式。本作品立足于传统文化厚重的群众基础，以传达美好、吉祥、祝福为目标设计了一款新婚情侣饰品套件。把蒙古族文字中的喜和汉字中的喜结合成"双喜"，既有好事多多的美好期望，也有两种不同的文化相互碰撞融合的含义，犹如来自不同家庭的新婚夫妇，既有矛盾也有相敬如宾。项链和情侣手镯中加入莫比乌斯环元素。象征着循环往复、绵延不绝，寄托着情侣间希望爱情像莫比乌斯环一样无限深远。耳钉采用婚礼喜帖和结婚证中常用的圆角来做底面，情侣对戒采用印章的样式，二者都表达了"终身所约，永结为好"的美好祈愿。整套首饰都以情侣间的美好爱意为依托设计，各种小元素也都在表达着对爱的追求和执着，希望相互之间可以永远相爱，一生如一。赋予首饰更多的趣味性，让消费者能够获得较好的审美和文化体验。

（2）"吉祥·如意"蒙古族文字印章筷箸礼盒文创产品设计（图5-6）

"吉祥·如意"蒙古族文字印章筷箸礼盒文创产品设计，以蒙古族文字为开发主体，通过文创市场反馈与目标用户调研，确立产品定位与设计创意，以文化创意为主旨，以融入大众生活为指导，筛选同时符合汉字与蒙古族文字

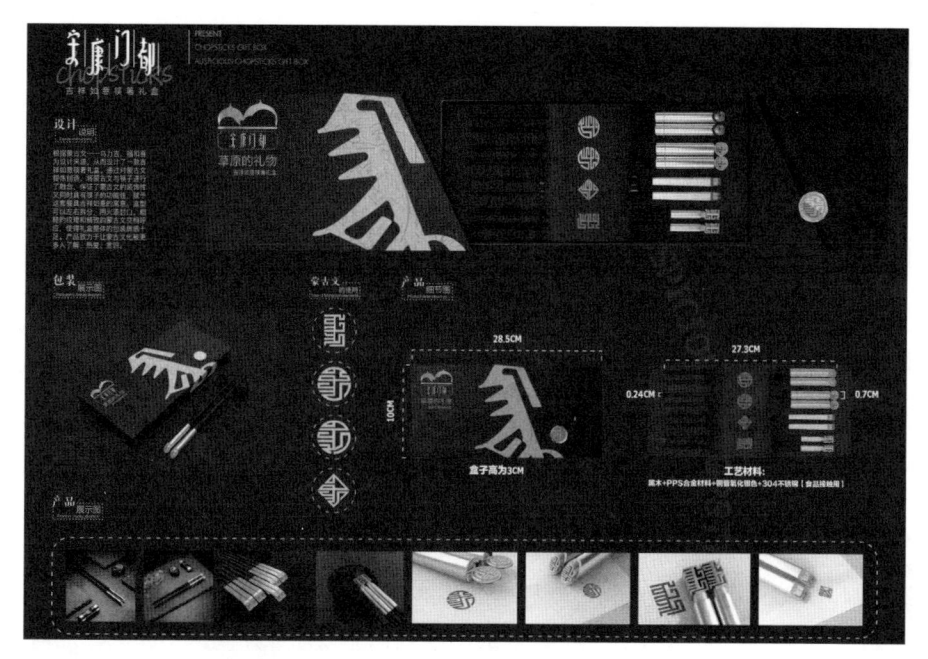

图5-6 "吉祥·如意"蒙古族文字印章筷箸礼盒文创产品设计
（来源：内蒙古师范大学设计学院511工作室吴海茹、郝亚岑、高尚、管卓卓、边文譞设计作品）

使用习惯的"吉祥"与"如意"进行蒙古族文字的转译，再利用3D打印与Maya建模实现筷箸的比例与工艺调试，实现筷箸金属蒙古族文字部件的自由组合与拼接。为提升产品使用过程中的应用范畴，课题组还原用户使用场景，为产品搭配厨房制作面点时专用的可食用彩色印泥与办公类防水彩色印泥两种选择，从而实现用户在面点制作中使用产品的安全性，亦可实现在手账本、T恤衫、书籍、标签等任何一个可拓印的表面蒙古族文字吉祥祝语的展示。蒙古族文字对于非蒙古语用户而言充满不可识读的神秘感，亦是本文创产品设计的卖点之一，用户研读把玩的过程既是学习蒙古族文字的过程，也是解读文字密码意义的过程，趣味性与文化性兼而有之，在激发用户好奇心的驱动之下实现产品文化消费的全过程。

（3）蒙·风孟菲斯系列饰品设计（图5-7）

在文化消费的时代语境下，文创产品必须通过产品本身向受众传递互动与交流的可能，让受众在互动过程中体会到产品蕴含的文化趣味，感受到创意的新思路与新视野，丰富多元一体视角下的以蒙古族文字为主体的文创产品设计。意大利"孟菲斯"（Memphis）是后现代主义在设计界最有影响力的组

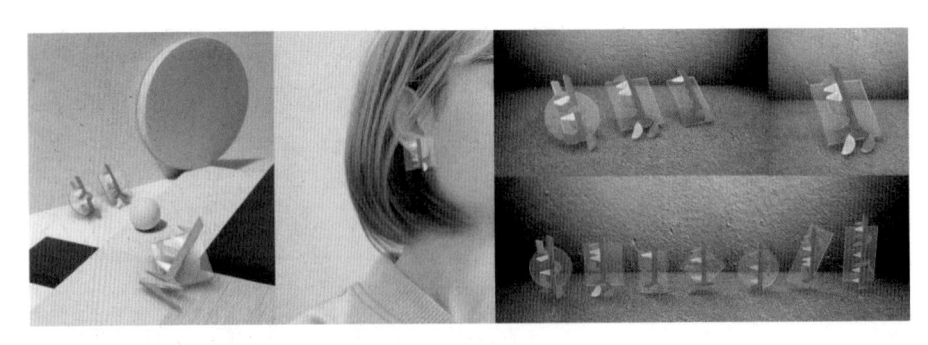

图5-7 蒙·风孟菲斯系列饰品设计
（来源：内蒙古师范大学设计学院511设计工作室曹宋昱设计作品）

织，致力于突破一切传统模式与规则的束缚，因其开放性与创新性备受当代年轻人的喜爱。孟菲斯主张功能并非是固定不变的，而是有生命的、发展的，他体现了产品与生活之间存在一种可能的潜在的关联。风格上极富个性、情趣、天真、滑稽、怪诞和离奇。蒙·风孟菲斯系列饰品以孟菲斯高饱和原色、几何块面结合蒙古族文字的结构而设计，通体采用具有透光性的亚克力材质，经过高饱和度色彩的渲染，在阳光与灯光下均有较好的视觉表现。以蒙古文齐格其（正直）、安其尔（天使）、艾艺思（悠扬）、傲其（火焰）、傲木嘎（自豪）、伊拉格奇（胜利者）、阿毕亚斯力（有才华）七字箴言为主题，以全透明的方形、圆形、三角形为主体背板，并采用与文字本体分离的设计，为用户提供可以DIY的佩戴体验，在元素混搭、碰撞、赋予更自由的选择与佩戴方式的过程中，亦是对用户审美的训练与自我肯定的过程，从而实现产品与用户间的交互，为饰品佩戴的方式创造更多可能。购买一套蒙·风饰品，意味着用户拥有了七种以上的佩戴方式，饰品本身已经超越装饰的功能逐渐向文化的多元体验迈进，毋庸置疑，这款蒙·风系列饰品将成为个性与自由的代言。

（4）八思巴文"呐喊"文创产品设计（图5-8）

文创产品需要满足受众想象力和趣味性的需求，趣味是年轻受众重要的审美偏好之一，文创产品要想将蒙古族文字转变为趣味设计可以结合时下流行的时尚元素，如这幅以网络时髦诙谐的语言为主体打造的文创作品。网络作为"第四媒体"已经迅速渗透到人们的生活中来，成为人们交流的重要手段之一，而网络语言也从网上交流转移至线下成为人们茶余饭后自娱自乐、相互调侃的日常用语。随着Y世代以及Z世代的不断成长并成为新兴的消费主力以及传播环境的急速变化，品牌方围绕这群消费者要下得苦功越来越多。一个重要变化

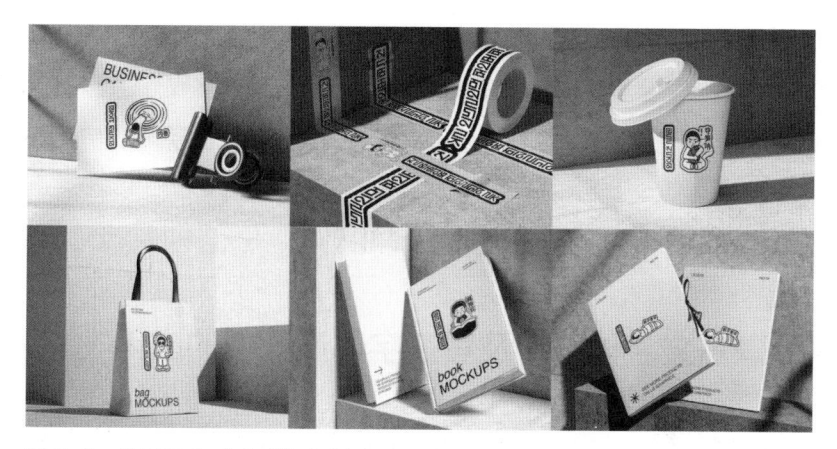

图5-8　八思巴文"呐喊"文创产品设计
（来源：内蒙古师范大学设计学院511设计工作室戴宇飞设计作品）

是，当文化消费逐渐成为年轻人的日常消费习惯，品牌方也开始积极寻找与自己调性相和、受众交叉的文化内容生产者及其作品进行合作，借以触达自己的目标消费者。其中，品牌与插画艺术家合作革新自己的产品包装或推出周边产品便是常见的合作方式。这套文创作品采用当下众多文艺青年喜爱的日本插画家宪武（Noritake）的面无表情的黑白小人风格为主视觉，搭配趣味诙谐的网络流行用语，以角色人物创新字体表现形式，用图文结合的趣味漫画形式实现传统蒙古族文字融入当代生活的新形式。受众对黑白小人与网络热词的关注度为传统八思巴蒙古文获得了展现自己的机会，而文字本身的独特造型又为徽章增添了更具文化气息的视觉感受。网络热词"躺平青年""内卷""多笋呐"等被翻译成八思巴文，借助文字的繁复造型与无法解读来烘托犹如悬空咒语的网络热词，再搭配面无表情的黑白小人，整套作品充斥着人们的无奈与自嘲，相对于主流正能量的设计作品而言，这样的设计更能疏解人们烦闷焦灼的心理压力，在增加作品趣味性的同时，更蕴含了一种创新的理念，"新"与"旧"的碰撞，"湮灭于历史长河"的籍籍无名与"当下风靡却缺失内涵"的流量密码的结合，互相弥补对方的短板。而八思巴蒙古文的密码特性或许可以唤起这个时代年轻人关注文化、解读文化、学习文化、探索文化的热情。

2014年，《国务院关于推进文化创意和设计服务与相关产业融合发展的若干意见》等一系列旨在推动文化创意产业发展的政策意见陆续出台，为我国文化创意产业的发展提供了法律保障与利好环境，指明了发展方向和路径。在"一带一路"背景下，积极推动民族文化走出去的战略，而民族文字作为文化传播的重要载体，既承载信息传达的功能，又兼具代表民族文化独特性的符号使命，深入挖掘蒙古族文字类文创产品设计的文化内涵，在借助多媒介、多平台综合影响力的前提下嵌入民族文字以增强产品吸引力，是提升民族文化传播力的重要途径。

5.4 蒙古文字体设计及其在字体设计中的应用

字体设计依据其使用范围的不同一般可以分为两个类别：一种是商用字体、印刷字体、企业定制化字体，这类字体主要以商业化为主，强调可靠度、稳定性、整体性；另一种是创意字体设计，强调字体的创造力、平衡力、艺术性以及传播力。传统蒙古文既具备传播信息的功能，又具备文化符号所特有的视觉表现力，因此，蒙古文字体设计及其在字体设计中的应用研究从单一的蒙古文字体设计拓展至汉字字体设计领域，为汉字与蒙古文之间的识读与转译创造可能。鉴于此次课题研究的时间限定，为展现研究的整体思路，故以下研究仅选取传统回鹘式蒙古文作为研究样本，从商用字体设计、品牌定制化字体设计、创意字体设计、蒙象汉体字体设计等四个方面展开研究。

5.4.1 蒙古文商用字体设计

蒙古文商用字体设计主要应用于企业形象、宣传排版、包装信息类文字使用范畴，其设计原则要与企业整体风格相一致，尤其是双语或者多语言文字的情况下，字型的协调与匹配度至关重要。蒙古文以丰富的笔画结构、独特的设计造型为多语种排版提供了独特的视觉场域，通识度虽然低，但视觉张力却足以获取更多的关注度。但匮乏的蒙古文字体字库致使商用选择的趋同，更无法实现双语文字在字体形态上的匹配与协调，市场上充斥着毫无新意的蒙古文字体，致使蒙古文无论是商用还是民用都在日渐萎缩。因此，传统蒙古文的创造性转化与创新性发展研究要以蒙古文商用字体字库的系统化建设为基础，持续推进商用蒙古文字体的更新，以此带动传统蒙古文在其他领域的创新与应用。借助民族文字特有的视觉造型服务于地方文化的建设与地方企业的品牌提升。

解决蒙古文商用字体选择受限的问题必须依赖蒙古文字库的建设，项目组选择了成本较低、能快速见效的方式，以简约现代的汉字现有字体作为蒙古文字体设计的依据，对传统回鹘式蒙古文进行商用字体结构的优化与改造。音节是蒙古文字体中最基本的组成单元，是蒙古文商用字体设计的基础。首先，将蒙古文音节对照汉字的字体风格进行统一的笔画模拟和结构重组，确保笔画准确、规范运用，同时对每个词语的音节间距进行调试以适用于商业排版与印刷，保证蒙古文的结构达到规范且统一的设计目标，本次研究选用古代蒙古文经典诗歌《成吉思汗》作为字体样板进行蒙古文商用字体的设计尝试（图5-9、图5-10），蒙古文商用字库的建设为发展内蒙古商用蒙古文字体提供了更多可能，在新媒体及其他蒙古文字体应用场景中为企业提供更多的选择。

图5-9　蒙古文音节设计
（来源：内蒙古师范大学设计学院511设计工作室查干设计作品）

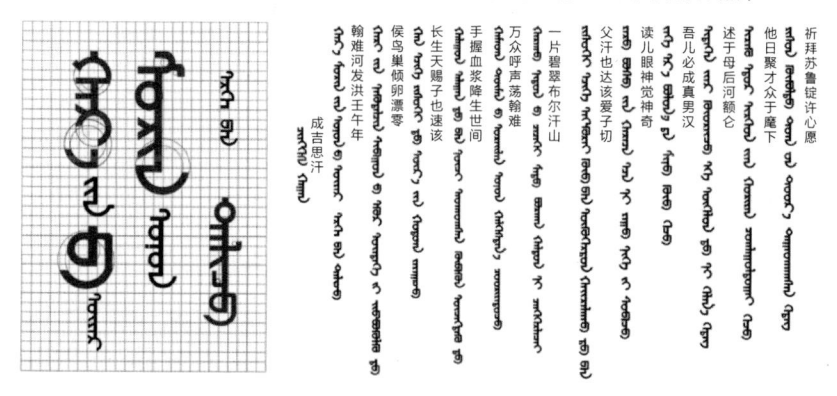

图5-10　诗歌《成吉思汗》字体设计样板局部作品
（来源：内蒙古师范大学设计学院511设计工作室查干设计作品）

5.4.2 蒙古文品牌定制化字体设计

品牌定制化字体是由品牌字体发展而来，是企业为自身特别定制的品牌专属形象字体，展示着独特的企业个性，其他个人或企业未经授权不得作为商业使用。定制化的字体和字库中的字体有很大区别，尤其在品牌形象构建中，定制化成为品牌之间形成差异化的重要手段。定制化字体是企业依据其文化、历史、理念进行量身定制的个性化专属服务，在设计风格上需要塑造企业品牌独有的文化个性。设计者应充分理解企业文化，从品牌定制的维度出发，使品牌定制化字体与企业精神融为一体，和谐共促。但随着科学技术的发展推动，现代意义上的品牌塑造不仅是简单地对品牌进行升级翻新，企业必须用发展的视角看待自己的企业形象，从根本上可持续性地重塑企业与用户交流和互动的模式。而品牌形象中的字体则是树立、打造品牌形象的基础性要素之一，更是回应用户期望的首要切入点。由于文字本体的信息承载属性使与用户的沟通无处不在、畅通无阻，而连贯一致的品牌定制化字体，使品牌设计语言统一而灵动，不仅为打造独特的企业品牌个性贡献力量，同时也为企业品牌文化的多样性、市场经济环境更持久的文化氛围注入了活力。

定制化字体设计是企业视觉识别系统的重要组成部分，具有一定的技术可开发性和可持续的发展性，对品牌的长远发展及规划具有至关重要的现实意义。字体作为受众日常接触最频繁的视觉元素，承载了更多的品牌价值传播的功能，是整个品牌视觉形象的重要核心之一，一方面继承了品牌的文化基因，另一方面最终会成为品牌特有的视觉文化资产。企业定制化字体的设计除了按照企业的诉求突出主题外，还应以深厚的历史文化基础作为支撑。在熟练掌握各类艺术表现手法的前提下，最大限度地体现审美性、创新性，让文字兼具美感与文化内涵。课题组在本次项目研究过程中为满洲里彼得耐品牌的蒙古文提供了定制化服务（图5-11），设计基调为匹配汉字的设计风格而借鉴了汉字的笔画设计与结构造型。

本公司的业务主要集中在手机App平台的各种赛事直播，这款App由于支持蒙汉双语界面，因此也成为本地为数不多的更受蒙古族用户喜爱的一款App，但现有的蒙古文字库中的字体饰线相较复杂，当应用于小屏幕屏显时，文本存在一定的识读障碍，尤其对年纪较大的用户不太友好，所以急需设计一款能够应用于各类数码电子屏显中的蒙古文正文字体。考虑到此款

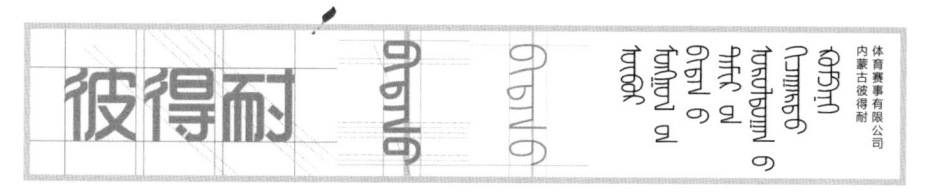

图5-11 彼得耐蒙古文定制化字体设计局部作品
（来源：内蒙古师范大学设计学院511设计工作室王宇琪设计作品）

字体必须适用于手机屏幕、平板电脑、笔记本电脑的终端屏显界面，因此针对文字识读性、版面编排、小屏幕应用的可视性等问题，课题组对设计完成的字体在媒介端反复进行测试与调试，以保证在正常投入使用时的顺畅无误（图5-12）。

图5-12 彼得耐蒙古文定制化服务手机界面应用局部
（来源：内蒙古师范大学设计学院511设计工作室王宇琪设计作品）

独特的民族文化是内蒙古地区品牌焕发活力与生机的"永动机"。全球化、城市化进程逐渐模糊了文化间的差异，品牌定制化字体需要有不同的文化背景做支撑，亦是品牌间差异性与个性化的"提纯器"，厚植文化必将是企业品牌塑造的必经之路。深耕民族特色的品牌定制化字体将带给企业更持久的品牌活力，在日益激烈的市场竞争中能保有自我，不忘初心。

5.4.3　蒙古文创意字体设计

相较于我们传统的数字印刷体和文本图形字体的设计，创意字体往往更多地强调设计思维的独特与艺术创新，注重创意字体字形设计的艺术性、冲击力和表达情感的重要象征意义。传统蒙古文的创造性转化与创新性发展研究从开发蒙古文创意字体入手，融入民族文化与民族审美，打造可以应用于多种媒介的创意字体，丰富蒙古文造型的表达语言，为民族地区的文化传播与创作提供设计支持。

创意字体设计与商业用字、企业定制化字体设计的区别在于"创意"，字体设计所要考虑和处理的综合因素较多，如字形结构特征、整体与框架的结构关系、字体比例大小、空间尺度、重心平衡、细节设计要素等，还必须同时需要对字体创意的设计思路、呈现手法、字体个性及风格面貌等多个不同方面进行总体的设计把握，根据设计的目标要求、自我个性、感觉理解来对其进行"创意"和"深加工"。关于蒙古文的创意字体设计，是充分地利用了蒙古文基本的笔画构成，结合其本身所要传达和引申的含义，通过对文字结构的添加、省略和变形等装饰方式进行创意设计，寻求蒙古文的装饰审美感受及蒙古文内涵表达的整体性统一，达到半文、半图、绘形、绘意的艺术效果。传统蒙古文字体完全可以作为图形元素应用于设计之中，借助充满戏剧性和创造力的艺术表现形式展现民族文字的独特魅力，丰富我们的视觉表达形式，更是为民族文字融入时代、融入生活创新路径。在创意字体设计过程中，秉持个性化是设计中的重要原则，塑造字体独有的视觉识别性，从而获得社会大众对其形象的广泛理解、认可和关注，并以其具有立体化、个性化、文化内涵和独特的审美观作为字体设计的目标。个性化设计原则的运用是将美学原则与审美理念相结合的产物，而非为了个性而个性的技艺再现，个性化是赋予文本重要意义与挖掘文本内涵价值的重要方法，从表面看源于形式语言的创新，实则是由内而外的文化价值重塑。传统蒙古文的创造性转化与创新性发展研究，基于设计学视角，挖掘传统蒙古文的造型，但不孤立于文化之外，文化内涵研究是转化与发展的原动力，形于外而涵于内的创意字体设计才是传统蒙古文创新与转化的有效路径。

课题组在研究设计实践中，蒙古文创意字体的海报作品《爱国》《友善》获得内蒙古首届社会主义核心价值观公益海报比赛一等奖。海报作品《安逸》获得南京国际和平双年展特别评审奖、中国美术学院白金国际奖、靳埭强设计奖，并在日本立命馆大学展出。文创系列作品《蒙古马》在全国邮政文创设计大赛中荣获二等奖（图5-13）。

海报作品《爱国》《友善》主视觉采用传统回鹘式蒙古文与汉字的造型融合，从形态上共同构成各自的笔画，塑造了"你中有我、我中有你"的文字共生效果，两种文字既是传达信息的载体，又是表达文化交融与共进的符号，

图 5-13　蒙古文创意字体设计
（来源：内蒙古师范大学设计学院 511 设计工作室杨振昂、李宣武、吴海茹设计作品）

蒙汉文字同构的字形具备了超越文字本体信息的更为深刻的象征含义；海报作品《安逸》以传统回鹘式蒙古文为结构主干，融入人物动态角色造型，不同的人有不同的表情与动态，或安静或愉快，平淡流畅的线条让人物自然流动，共同构成一组表达"安逸"的蒙古文，让人联想到游牧生活的自在与恬淡；文创作品《蒙古马》为宣传蒙古马精神为主题的系列明信片设计，运用蒙古文"坚忍不拔"的创意字体作为主视觉，匹配蒙古马摄影作品。蒙古文字形锋利而充满力量，内部结构处理融合蒙古族哈木尔纹样的卷曲式样，使文字整体焕发着游牧美学的温婉与坚忍气质。至此，蒙古文创意字体通过图形化的形态塑造使文字越过识别的障碍，与受众产生互动，图文并茂，意味深远。

5.4.4　蒙古族文字在字体设计中的应用——蒙象汉体

蒙象汉体即具有蒙古族文字造型特征的汉字字体，是传统蒙古文在汉字字体设计中的应用研究。蒙古文漫长的造型演变与文化交融创造了丰富的文字形态，千姿百态的蒙古文造型必然为现代的字体设计提供更为丰硕的创作素材。传统蒙古文的创造性转化与创新性发展研究既要立足于本体的创新发展，又要借助于汉字通用语言的优势融入蒙古文的造型语言，拓展蒙古文的应用范畴，激发民族文字的文化魅力。这既是民族文字创造性转化和创新性发展的有效路径，也是汉字设计创新的一种探索，让历史的印记在当代的设计中获得新生。

蒙象汉体，是将蒙古族文字的造型特征、笔画结构、审美意象等融入汉字的字体设计中，在保证文字识读功能的前提下对字体的样式进行创新。本次研究课题组选择传统回鹘式蒙古文为样本进行蒙象汉体的实践探索。蒙古文字体形态在汉字字体设计中的运用，是文字造型上的借用与融合，回鹘式蒙古文的字牙、字辫、字肚等形象化字母结构形态融合于汉字的笔型结构中，尝试将蒙古文的独特美感应用于汉字，创制一种新的带有民族风情的汉字字体，这种字体将附着游牧民族的审美理想与情感表达传递给受众，引发受众对游牧民族文化的向往，壮美辽阔的草原、洁白孤傲的蒙古包、亲切飘扬的哈达……借助蒙象汉体传达蒙古族的文化象征性，既是文化交融的见证，又是时代发展的进步。

汉字设计在设计学视角下更偏向于一种构形系统，在物象结构、意象思维和心象输出等层面相互依存和互相成就。汉字不仅仅是语言的构件，更是人与人、人与世界链接的图符。汉字之物象也不仅仅是物的象征，更是思想的隐喻。我们透过文字本体，体验物、意、心三象合一的隐喻境界，感受古人思想之深邃，立意之深远。汉字的创制与"象"紧密相关，"象"启文明，亦是中国传统文化外现的关键动因。"象"是大美，用"象"释源是来自中国传统文化《易经》的哲学原理。汉字构型融合了象物（取形）、象事（取态）、象声（取音）和象意（取义）四种途径。古人云"在天为象，在地成形"，这句话精准地概括了"象"的本质——自如地跨越了虚与实、无与有、法与境的界限。汉字的形成过程，既是由"象"至"形"，再由"形"凝结成"形象"的演变过程，这一过程揭示了事物呈现的基本机理，甚至在这种机理下，"虚"与"实"也能相互转化。"象由心生"，汉字的每一次书写，都是心灵的触动与物象的融合，这种通达心灵与物象之间的艺术，正是汉字独特魅力的不二法门。基于此，汉字的造字法则为蒙象汉体的设计提供了可能，课题组借助文化转译视角理论从物质文化、行为文化、精神文化层次展开方法论探究，建构蒙象汉体的研究体系，为民族文字与汉字的沟通创设可能。不同的语言与文字在无声的交互中改变着我们对语言的认知，我们学习并感受着语言的多元转换，在蒙象汉字的设计中，我们把汉字从单一性的语言所用，开释为汉字在多向、多维、多层的能指空间的拓展，我们用"汉字本体""汉字思维""汉字艺术"来建立汉字文化的深层构造，把汉字彰显为一种开放的资源，而蒙象汉体设计的研究势必为丰富和促进汉字形态的更多衍生提供了新的思路（图5-14）。

蒙象汉体设计的研究既是对蒙古族文字的保护和传承，也是为汉字的设计创新开辟了新的路径，同时，这一领域的研究不仅对我国其他民族文字的传

图5-14　蒙象汉体设计作品
（来源：内蒙古师范大学设计学院511设计工作室设计作品）

承、保护与发展提供了宝贵的借鉴，还极大地推动了民族文化间的交流与交融。更为重要的是，它为中国字体设计的民族化、异域化的风格探索提供了丰富的灵感来源。蒙象汉体具有较大的挖掘价值与潜力，特别是在文化自觉意识逐渐崛起的当下，其范围不应仅限于字体设计领域，还应拓展至品牌设计、包装设计、文创产品设计等更广阔的领域。通过打开格局，放大视野，给意识松绑，为中华优秀传统文化的传承与发展、为建设具有中国特色的设计之路探寻新的道路。

5.5　蒙古族文字在公共艺术设计中的应用

在当代公共艺术设计领域中，文字早已不仅仅是基本信息的传达，设计师们积极探索各种文字在公共艺术空间中的多重表达，有时甚至为了达到某种设计目的而采用装饰性语言的字体来进行表现，同时也对文字的外观形态进行各种特殊装饰性处理，可以通过添加与其外观相关的特殊符号、图形、纹饰或者是抽象的元素等来对其外观进行修饰，使字体外观的表现力更丰富和多样。不同的装饰元素往往会产生不同的视觉感受，公共艺术中，实用功能已不再是设计师唯一要考虑的因素，精神方面的需求，如趣味性、民族性、多样性越来越成为设计的重要方向。将地域元素与公共艺术结合是民族文化发展的重要方式之一。蒙古文作为地域审美的典型代表，以民族文化底蕴为支撑，以空间设计融合蒙古文，从图文样式、布局意境、材料对比等营造出艺术性、民族性的效果，从而使受众从精神层面感受地域文化的审美价值，在艺术审美过程中进行文化情感的积累，是民族地区打造地域文化景观的有效途径。

2020年，课题组王海亮老师参与了呼和浩特地铁建筑外观征集活动，尝试以蒙古文元音符号为设计灵感，运用现代的建筑空间理念，打造既具有民族文化特征又兼具时代气息的地铁站外观（图5-15）。蒙古族文字属拼音文字，与汉字设计中的拼音文字相同，可以突破汉字形意的制约，创造出千变万化的字体，而设计师对蒙古文又有着深刻的情感认同，对蒙古文的传承肩负使命感，因此，选择以拼音文字的造型特点探索蒙古族建筑在时代语境中的全新解读。设计师将整个地铁站口的建筑设计为蒙古文的造型，在保障了使用功能的前提下，提取蒙古文的元音字母为基础要素，经过组合、变形、提炼后构成了空间主体造型的形象，传达了独特的地域审美特色。在公共艺术领域中以蒙古文为设计元素进行创作还属首次，是课题组在研究蒙古族文字的创造性转化与创新性发展的过程中努力想要开拓的一个专业领域，相信在未来可持续的研究中会有更加令人满意的作品，从而为蒙古族文字在当代社会生活中更广泛地传承与应用拓宽道路。

图 5-15　蒙古族文字在公共艺术设计中的应用实践作品
（来源：内蒙古师范大学设计学院王海亮设计作品）

5.6　蒙古族文字在服装设计中的应用

服装设计与文字虽然不属于同一学科领域，但设计学科却包含文字设计，在设计学领域有关文字在服装设计中的应用研究也并不鲜见。在探索我国民族服装发展的文化内涵研究及中国传统服饰文化的时尚化表达的研究中，书法艺术、古文古字、吉祥文字等造型元素作为传递服饰文化内涵的符号而备受青睐。文字是文化的符号，不同的国家、民族、地区所使用不同的文字构成了人类文明的丰富多彩，文字本体的差异所带来的沟通障碍并不能消减人类对多元文化的渴求与向往，而文字创制历程中凝结在形态中不被人解读的神秘属性反而激发了人类对不同文化的探索热情。因此，服装设计中应用文字的实际意义并不在于识读，而是文化形态的输出，具有文化标志的属性。

蒙古族文字是我国北方游牧民族文化的结晶，而服装也是人类为了生存而创造的，都是文化，都反映人与自然、社会的关系，折射时代的氛围和精神风貌。蒙古文是蒙古族所特有的一种文化，具有鲜明的民族个性，扮演着文化使者的重要角色，传达着中国游牧民族古老的审美情感。蒙古文独特的竖写形式及软硬笔奔放的书体形态能够为服装设计与制作带来灵感，尤其在与蒙古族服饰相结合的情况下更显民族服饰文化的绚烂多姿。2021年内蒙古师范大学设计学院服装设计专业郭雨以"设计赋能内蒙古"为主题创作了以回鹘式蒙古文为元素的蒙古族现代服饰设计系列作品（图5-16）。服装定位在文化消费视域下的新一代年轻人消费群体，他们热爱传统文化、民族文化，对文化享有足够的自信与审美理想。同时，考虑受众日益增强的环保意识与文化消费偏好，服装的品位和品质的定位从传统的舒适实用、美观时尚转变为更加环保、质朴的理念，以舒适、简单、自然为主体调性来塑造本系列所要传达的潮流与时尚感。所以在面料的选择上以天然亚麻原料为主，借助材料自身的自然挺括，营造面料与皮肤间的空气流通，增加穿着的轻松感与舒适度，整体视觉效果质朴而内敛，与面料表面装饰的蒙古族文字悠然自得、挥洒自如的气质融为一体。此套设计选用民间纤细、流畅的传统回鹘式蒙古文书法体，用直线平缝机排列描绣在衣袖、前襟处，粗线条刚强、稳重，有张力之美；细线条秀丽、清新，

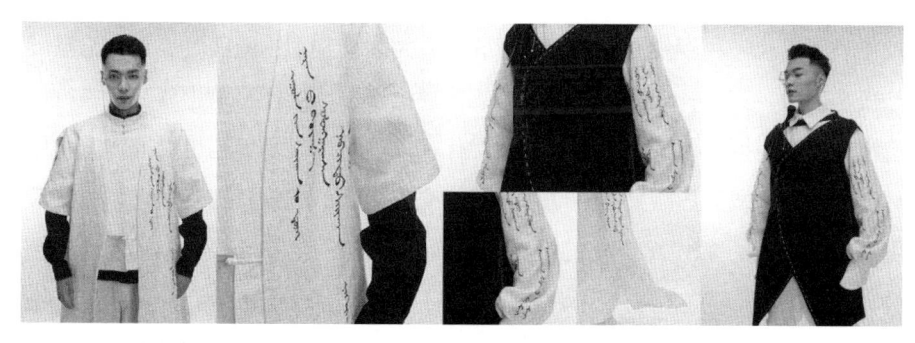

图5-16 蒙古族文字在服装设计中的应用实践作品
（来源：内蒙古师范大学设计学院郭雨设计作品）

有柔和之美，蒙古文与天然亚麻色织布间的国风神韵呼之欲出，蒙古文变身为线条艺术，线条的粗细、浓淡、长短都强烈地影响服装的整体气质。相较于传统服饰中吉祥文字作为面料图案的设计手法大相径庭，一种是依据格律排列平铺文字，强调安静的底纹效果；另一种是依据服装整体式样个性化布局，强调文字与服装的互动与共鸣。显然，后者更符合当代年轻人的喜好，蕴含自由与开放的精神意味。

当代服装设计既要迎合国际化主流趋势，又要在国际主流的冲击下保有品牌独有的设计个性，是长久以来我国服装设计探索的主要议题。将民族文字元素应用在服装设计上，强化服装的文化属性，增添服装的视觉情趣与审美品位，为当代我国服装设计的创新提供了一个可借鉴的新思路。别致的蒙古文造型与简约冷淡的裁剪廓形塑造了既轻松又充满个性的恬淡气质，与城市化快节奏的生活环境形成鲜明对比，犹如可以慰藉人类灵魂的着装样式势必会为忙碌的新一代年轻群体带来片刻的惬意与放松。

本章小结

综上所述，设计学视角下蒙古族文字创造性转化与创新性发展研究是一个跨学科、多维度、动态发展的领域，不仅需要对传统知识深入学习，也需要对现代设计趋势敏锐洞察，以及对文化创新使命坚定守正与担当。本章通过多维度的探讨，以设计赋能内蒙古的方式，对蒙古族文字的创新应用进行了全面的实践与总结。首先，重点强调了蒙古族文字的独特美学价值以及在历史与文化传承中的重要地位。运用设计学的研究方法，分析了蒙古族文字的结构特点、视觉表现以及与民族生活习惯的紧密联系，为后续文字创新实践提供理论基础与美学参考。其次，探讨了在新时代的传播语境下，如何将蒙古族文字进行创造性转化，包括对传统文字进行视觉优化，以适应现代审美与传播需求；利用数字技术，开发蒙古族文字的动态效果与交互体验，增强其在多媒体领域的应用潜力；最后，通过跨文化的设计实践，将蒙古族文字与其他文化元素相结合，开拓更广阔的文化交流平台等。设计不仅是技术层面的创新，更是文化传承与创新的重要手段。通过设计赋能，蒙古族文字得以在现代社会中焕发新的生命力，为蒙古族文化的保护与发展提供了新的路径与方法。本项研究不仅是对传统民族文字的传承与发扬，更是对其在现代社会中应用价值的深度挖掘。在未来的探索中，我们期待看到更多富有创意与实效性的设计作品，更多关注民族文字存亡以及投身于此类研究的团队或者个人，将我国民族文字的创造性转化与创新性发展推向新的高度。

PART 02

下编 设计赋能内蒙古

设计赋能（Design Empowerment）在设计业界的热议体现了设计行业对设计能力需求的转变，这也促使学界重新审视设计的角色和使命。[1]内蒙古地区产业优化与转型、文化发展与传承、乡村振兴与建设、能源消耗与可持续发展等问题较为突出，内蒙古师范大学设计学院自2016年确立"智创草原，设计赋能内蒙古"的"教室革命"以来，师生扎根地方、服务基层的意识明显增强，基于艺术设计学视角的北疆文化传承与研究也在逐步做大做强。本书也正是基于这样的发展语境，专注于内蒙古蒙古族文字研究十余年，致力于设计赋能内蒙古字体设计、品牌设计、产品包装设计、文化创意产品设计等亟待升级与优化的领域。本篇是笔者协同课题组成员、历届工作室学员、研究生共同完成的有关蒙古族文字研究的成果。以期引发有关中国优秀传统文化的更多思考，激发民族文字与汉字字体设计更有意味的创作形式，为当代的艺术设计带来更加精彩的创作资源与创新路径。

---

[1] 董玉妹，董华. 设计赋能：语境与框架[J]. 南京艺术学院学报（美术与设计），2019（1）：174-179.

第6章

蒙古族文字商用字体设计研究

在社会主义市场经济环境中，商用字体这一术语并非源自法律上的明确界定，而是行业内形成的共识性用语。商用字体特指那些被设计用于商业目的、旨在创造经济利益的字体。通常，这些字体被商家和法人实体用于其商业活动和宣传材料中，以吸引顾客和提升品牌形象。尽管在日常沟通中，我们不会对商用字体进行严格区分，但本文的目的在于明确地定义商用字体，用以与传统字体做出明确区分。汉字传统字体如宋体、黑体、楷体等，是按照特定的规则或风格书写的汉字，广泛用于日常生活与交流。这些字体主要侧重于外观形态的易识别与使用的便捷，而没有明确考虑其使用目的。然而，当涉及字体设计的知识产权保护时，我们必须超越字体外观的简单考量，包括其结构、风格以及潜在的商业价值。因此，商用字体的定义不仅涉及字体的视觉特征，还涉及字体的使用权和潜在的经济回报，即将字体设计作为一种有商业价值的设计内容，有创造收益功能的主体来进行讨论。[1]

经济全球化的纵深发展使得文化间的交流日益频繁，民族品牌的发展渠道不断扩大，但形象的构建还处于比较滞后的状态，无法建立品牌与消费者之间的共情效应。除此之外，蒙古文商用字体设计未能得到企业的重视，忽视了字体在品牌形象塑造中的作用，导致受众对其识别性与认知度较为模糊。蒙古文商用字体作为民族品牌的重要视觉交流媒介，有助于唤醒品牌形象的视觉张力

---

[1] 朱丽敏，吴昉. 商用字体设计法律保护疏议[J]. 中国科技投资，2017（8）：365-367.

与民族气质，加深受众对企业品牌的认同感与辨别度，赋予其形象地域文化价值，促进文化传承与发展。

6.1 相关研究

国际学界对蒙古族文字的研究主要偏向于历史学、语言学的研究。俄罗斯、匈牙利、日本、蒙古国的众多学者们在此方面贡献了丰富的研究成果。例如，俄罗斯的弗拉基米尔左夫著有《蒙古民族的语文学和历史学》，德国的李盖提著有《元代的汉文—回鹘文转写》，匈牙利的卡拉捷尔吉著有《蒙古人的文字和书籍》等。在中国，如续向宏、贾晞儒、魏宏喜和高光来等学者们也对蒙古族的文字进行了深入探讨，涉及文字的演变、历史背景以及在印刷体蒙古文字识别中的特征选择等方面。在内蒙古，对蒙古族文字字体设计的理论研究相对较少。内蒙古农业大学材料科学与艺术设计学院的毕力格巴图教授在这一领域进行了创新性探索，提出了蒙古族文字字体造型的数字化理念。这一理念涉及将字体造型的复杂信息转化为可量化的数字和数据，并利用这些数字和数据构建数字化模型。通过这种方式，蒙古族文字的字体造型信息被转换成二进制代码，进而可以在计算机内部进行统一处理，这是数字化过程的基本原理。毕力格巴图教授的研究主要集中在将蒙古族文字字体造型信息进行数据化编程方向的探索，不仅为蒙古族文字在现代技术环境下的应用和发展提供了新的视角和方法，还将蒙古族文字的设计学理论研究向前推进了一大步。同时，泊物视觉设计工作室的创始人天格思，对蒙古族文字的字体设计做了大量的实践探索，明确了蒙古文印刷字体设计实践的发展方向，其成果为蒙古族文字的字体设计研究提供了重要启示与指导。综上所述，我们看到对蒙古族文字开展的相关研究主要集中于语言学和历史学领域，基于设计学的研究成果较少，无论是理论研究还是实践探索均处在起步阶段，深度和广度还有待拓展。

6.2 蒙古族文字商用字体现状

6.2.1 商用蒙古族文字字体选择范围有限

通过相关资料梳理分析，发现如今对于蒙古族文字字体设计的研究成果较少，应用于商业途径的设计更是匮乏。大多以汉字字体造型为主体，匹配相对应的蒙古族文字字库字体，直接应用于企业品牌形象构建中，呈现出兼容性较差的视觉效果，无法达到最佳传播效应，如在蒙汉双语企业标识中的蒙古族文字字体（图6-1）。此现状源于蒙古族文字字体的局限性：首先，蒙古族文字字体造型选择范围有限，使其无法满足不同场合的实际应用；其次，缺乏对蒙古族文字字体设计的关注以及从事相关工作的人员较少。

图6-1　内蒙古安达、麦当劳、奈雪的茶商用蒙古族文字字体
（来源：内蒙古师范大学设计学院511设计工作室拍摄）

通过调查分析，蒙古族文字字体设计应用形式单一，大部分直接运用字库字体，而现有蒙古族文字字库建设与更新缓慢，使其设计应用具有较大局限性。反观汉字字库，汉字非常重视字库的建设和更新速度，例如，汉字设计的"方正奖"自2001年开始举办，到现在已成功举办了12届，平均每两年举办一次字体设计大赛，兼具当代性、艺术性与实用性的优秀字体作品越来越多。参赛作品分为"中国楷"类和"创意"类，旨在为传统字体增添更多时代新元素的同时，鼓励创意字体的出现，获奖作品用于发展汉字字库的建设与更新。从上述可以看出，汉字字库的建设是有计划、有步骤地进行更新。而蒙古族文字字体的研究却进展缓慢，其字库的建设与更新相对于汉字而言更是相差甚远。因此，我们应该积极推动蒙古族文字字体相关的设计比赛，促进培养从事蒙古族文字字体设计的团体和个人，蒙古文商用字体设计的研究对蒙古族文字字库的建设和更新具有一定的推进作用。

6.2.2 企业缺乏对商用蒙古族文字字体设计的需求意识

内蒙古作为民族地区，存在多种语言文字共同使用的现状。企业品牌效应要根植于消费群体的深层认知，就需对其品牌形象进行"本土化"设计。现如今，蒙古文商用字体还会出现使用规范问题，侧面证明其应用还未形成系统化规模，缺少统一的使用方法与运用规则，导致其在功能性上达不到预期的效果。大多数商家缺乏对商用字体的系统性规划，只注重单一的需求，没有形成整体性原则，使其字体呈现出孤立状态。而成熟的蒙古文商用字体设计，应该满足商业应用中的各方面诉求，达成全局性规划，促进企业的品牌效应传播。例如，国际知名品牌"星巴克"在本土化过程中，将其元素进行相对应的设计，使之既能保持企业品牌的整体性，又能彰显内蒙古地区元素即蒙古族文字字体的视觉表达，从而深化消费者的文化认同，达成品牌形象的塑造。

6.3 蒙古族文字商用字体设计可行性

"随着全球国际化的进程，现代主义、国际主义设计风格在很长时期里几乎成了基本的设计方式，甚至连各国的教育体系基本模式也是相似的，可以说国际主义设计完全垄断了发达国家和大部分发展中国家。"[1]日益趋同的国际主义风潮使民族文化受到了巨大的冲击。传承民族文化，弘扬民族精神已然成为各个发展中国家的历史使命，"只有民族的，才是世界的"逐渐成为一种发展趋势。在此背景下，为更好保持其设计的识别性与传承民族文化内涵，应当重视设计的民族化发展。在商业化境遇下，现有蒙古族文字字体已不能满足市场的需求，对其设计提出了更高的标准，要求将蒙古族文字字体与现代设计相结合，丰富蒙古族文字字体在现代设计中的多元化应用，如企业形象、商品包装、书籍排版、VI设计、海报设计等。随着时代的发展，科技的进步，大众审美层次不断提升，蒙古文商用字体设计还需要符合现代审美的需求。

---

[1] 樊海燕，陶安惠. 从世界平面发展史谈现代平面设计的民族化和国际化[J]. 西安建筑科技大学学报（社会科学版），2003（3）：47-49.

6.3.1 蒙古族文字字体设计优势及研究必要性

蒙古族文字字体与汉字字体在造型上有构型上的本质区别，蒙古族文字字体的点、线、面形式变化多样，由此产生的造型感和可塑性较高。在漫长的历史演变过程中蒙古族文字字母有着丰富的造型和名称，如腰线、牙、有冠齿的牙、竖、上竖钩、下竖钩、角状钩、结、上翘的辫子、下飘的辫子、有棱的角、平滑的角、弧、尾巴、垂直尾巴、小尾巴、钩笔画、尖端长钩、点、双点等近20多种❶。这些丰富的笔画为蒙古族文字字体的造型奠定了丰富的设计基础。蒙古族文字字体造型的多变性也会使得其识别的局限性受限，不易于全面推广。如何将这些蒙古族文字字体中独具个性的特点与现代设计相融合，提升内蒙古地区的品牌设计、平面设计、工业设计、服装设计等，从而提高内蒙古地区的文化价值，是值得设计界深入探究的❷。蒙古文商用字体设计既要保留鲜明的民族特色同时还需要向国际化的设计体系迈进，我们在追求民族性与认同感的同时，也要将其文化以适当的方式加以传承和保护。通过创意原则将蒙古族文字字体造型特征应用于设计中，可以增强品牌的区域性与民族性，加深企业文化的认知效应。

6.3.2 拓展蒙古族文字字体造型思路在现代设计中的多元化应用

蒙古族文字字体作为民族文化的构成元素，除了传统的造型表现形式以外，应该赋予蒙古族文字字体更多的设计表现形式，赋予它新的价值。利用蒙古族文字字体造型所特有的形式，将传统经典与现代时尚进行融合，拓宽蒙古族文字字体造型思路在现代设计中的多元化应用，从中探寻字体造型结构的笔画特征、文字结构、图形符号、审美取向等，为蒙古文商用字体设计路径提供新思路。设计形式多维化，使其适应多种媒介的应用需求。在内蒙古传统食品包装设计中应用蒙古文商用字体是普遍存在的现象，通过其设计凸显草原风情与地域文化，并同时加深品牌形象塑造。例如，内蒙古民族企业雪原、蒙纯、小尾羊等品牌就很好地体现了民族特色，不仅没有摒弃蒙古族文字，还对其字体进

---

❶ 卡拉·捷尔吉. 蒙古人的文字与书籍[M]. 范丽君，译. 呼和浩特：内蒙古人民出版社，2004.
❷ 李少博，闫静莉. 现代设计中蒙古文字造型元素研究[J]. 美苑，2014（2）：112-114.

行优化设计，既向消费者传达了商品的地域特性，又提升了品牌的文化价值。

上述案例中的蒙古族文字字体未形成系统化应用，只是孤立存在，没有整体性规划。目前企业品牌中的蒙古族文字字体只应用于单一媒介，未能形成多维发展，如在企业形象、宣传海报、办公用品、户外广告牌、导示牌、媒体设计等方面均应该有计划地进行应用与推广（图6-2）。文字作为品牌宣传的重要组成部分，其设计对消费者的印象产生较大影响，具有识别性的文字会加深品牌形象的构建，提升消费者关注度，从而扩大品牌在用户中的影响力。

图6-2 蒙古族文字字体的多元化应用
（来源：内蒙古师范大学设计学院511设计工作室查干设计作品）

6.3.3 当代大众审美与消费需求的影响

当今审美文化受消费、技术、网络、影视等因素的影响，传统审美概念已经变得多元化，它体现出一种大众文化产业，带有功能主义的色彩，以及全球平等参与的互动文化，并且由于网络资源共享的开放性拉近各国之间的审美文化差距，使审美文化进入现代性进程中❶。消费社会时代，加深了文化全球化的交融，商用蒙古族文字字体作为民族文化的一部分，受众人群不仅是内蒙古地区的消费者，还包含其他地区与国家的用户群体。社会的发展促使消费者审美观念也发生了变化，对产品的设计价值需求超越了产品本身的价值需求，设计的多样化直接或间接提升了受众的审美感知，开始对千篇一律的蒙古族文字字体产生视觉疲劳，导致对其设计的审美诉求提升。现有的蒙古族文字字体仅限于黑体和宋体两大支系，选择范围较小，已不能满足当代消费者的审美需求和多元化的商业应用。大众审美的变化促使蒙古族文字字体的创新性设计势在必行，商用蒙古族文字字体设计作为视觉传达的一部分被提出了

---

❶ 徐云飞. 当代大众审美趋势及成因解读——当代设计审美与批评研究[J]. 设计，2015（11）: 88-89.

更高的要求。根据马斯洛需求层次理论，把需求分成生理需求（Physiological needs）、安全需求（Safety needs）、爱和归属感（Love and belonging）、尊重（Esteem）和自我实现（Self-actualization）五类，依次由较低层次到较高层次排列。消费需求作为现代设计的影响因素，是由低级向高级、由简单向复杂不断发展的一个过程。现如今，大众生活水平的不断提升引发消费的需求变更，从基础的生理需求转变为更高层次的心理需求，他们更加重视通过消费获得精神的愉悦、个性的满足。在全球化的背景下，大众的审美认知与消费需求已渗透在生活与工作的各个方面，对我们的精神世界与物质生活产生较大的影响，这就要求蒙古族文字字体设计根据其需求变化做出相应调整，在满足根本需求的基础上，实现高维度的价值需求，以此促进消费者的心理认同，拓展蒙古族文字字体构建品牌形象的设计路径。

6.3.4　国外字体设计的地域特点

国外针对本民族文字的设计发展的较为完善，其设计带有鲜明的民族文化和地域特性，为蒙古族文字字体设计研究提供可参考的路径。例如，日韩设计作品中的商用字体，既民族又现代，体现出传统与时尚的兼容性。韩国的字体设计充分体现出其地域的民族特性，无须言语说明，带给消费者直观的地域符号与文化表征，搭建了产品与用户认知的桥梁，使之形成较高的关注度，从而强化品牌形象的宣传效应。日本设计历经发展形成了独特的路径——传统与现代双轨并行体制，针对不同市场设置不同战略，国内市场制定民族路线，体现出历史的、传统的、民族化的风格，国外市场制定国际路线，彰显其发展的、现代的、国际化的品牌形象。不同体制的设定使日本字体在包装设计上充满了民族和历史的气息。俄罗斯的字体设计以装饰性为切入点，赋予了产品包装独特的视觉感知，拉近受众与品牌的认知距离，满足受众的心理期待，以此提高产品的市场占有率。字体设计的地域性发展有助于构建企业品牌形象的辨识度，增强其视觉的表现力与独特性，促进地域文化的传承与发展。

研究国外优秀的字体设计，发现其设计原则与表现形式，以此丰富蒙古文商用字体的设计方法。通过对于日本、韩国以及俄罗斯字体设计的研究，得出民族性、地域性对品牌形象塑造的影响极其巨大。目前蒙古文商用字体发展处于初级阶段，可以借鉴上述设计案例，实现企业品牌形象的民族化、地域化，从而扩大消费者对品牌文化的识别度。

6.4 蒙古族文字商用字体设计

竖写形式的蒙古族文字字体具有其独特性，无论是文字的外形特征、笔画的结构重组，还是结合过往历史演变中的字体造型设计都还有多方面需要和值得探索挖掘的地方❶。八思巴文、索永布文等历经发展的文字造型都可以作为字体设计的创造来源，通过对其造型特征、笔画结构的研究，形成独特的蒙古族文字字体设计。依据文字造型演变轨迹，选取具有代表性的文字样本进行创作。通过调查分析，提取使用人数较多的回鹘式蒙古文为设计对象，运用八思巴文、索永布文以及蒙古族传统图案的造型特征元素，形成蒙古族文字商用字体创新设计范式。

6.4.1 八思巴蒙古文造型特征的蒙古族文字字体设计

以八思巴文字型特征进行设计的蒙古族文字字体，既丰富了其造型特征，又传承了民族文化。以"内蒙古自治区"蒙古族文字为设计主体，运用八思巴文造型特征为其设计元素，通过设计方法将文字的字顶、牙、鸡冠、额头等部位进行直线造型设计，肚、腔部位进行半圆弧处理，尾巴进行弧度延长，使字体整体造型呈方块状。腰线是蒙古族文字字体的基石，为了不影响其字体的识别性，不更改其位置，只将腰线尺寸与其他笔画进行统一处理，形成整体的设计风格（图6-3）。

图6-3 "内蒙古自治区"蒙古族文字字体设计
（来源：内蒙古师范大学设计学院511设计工作室查干设计作品）

---

❶ 包鲁尔. 论蒙古文字的图形化设计 [D]. 呼和浩特：内蒙古师范大学，2013.

6.4.2 索永布蒙古文造型特征的蒙古族文字字体设计

以索永布文字特征设计的蒙古族文字字体整体呈现夸张、图形化的造型趋势，具有很强的律动性。以索永布文字造型特征进行的字体设计，首先，优化减缩索永布文字原有的复杂笔画，使其简约化；其次，将蒙古族文字字体中的弧、钩、角、辫子、尾巴等笔画参照索永布文字造型特征进行相应的设计。如"太阳、月亮、星星"的蒙古族文字字体设计（图6-4），将文字相对应的笔画进行造型替换，使蝶牙、腔、肚等部分的图形完美融入字体中，形成图形化的字体设计风格。

图6-4 "太阳、月亮、星星"蒙古族文字字体设计
（来源：内蒙古师范大学设计学院511设计工作室查干设计作品）

6.4.3 蒙古族传统图案造型特征的蒙古族文字字体设计

经过历史发展和洗礼的蒙古族传统图案，是民族文化的概括与凝练。传统图案是一个地区的民俗文化、传统文化的缩影，是该地区文化和形象的外在表征。这些传统图案有着深刻的文化内涵和丰富的表现形式，充分展现了本民族的风俗习惯、审美观念及情感心理。我们在对传统图案或符号加以设计和应用时，应该秉着传统文化与现代设计相结合的态度。地域所形成的独特文化需要运用图案或符号进行记录与延续，实现其文化内涵的传播与保护。

蒙古族传统图案基本可以分为五大类：
①图腾图案：太阳、龙、蛇、鹿、狼、虎；
②几何图案：回纹、云纹、如意、鼻纹、普斯贺；
③植物图案：桃子、莲花、卷草、梅花、兰花；
④动物图案：凤纹、鱼纹、五畜（马、牛、骆驼、山羊、绵羊）；
⑤宗教图案：八宝纹、盘肠纹、宝杵纹、法旋。

蒙古族传统图案千姿百态，上述只梳理归纳常见的一些图案。蒙古族传统图案和符号作为蒙古族文字字体的设计依据，巧妙地将文字与图案进行结合，拓展了蒙古文商用字体设计发展的新思路。

蒙古族作为游牧民族，其精神内涵和审美需求的塑造受到自然环境的影响，因此，河流、山丘、花草、牛羊等因素成为蒙古族传统图案创作灵感和素材的来源。自然界中一切美好的事物，都可以被用来当作设计的素材和范本，蒙古族文字也可以通过设计方法应用于创作中，如蒙古族文字"马"的设计以圆形图案为设计依据，结合蒙古族传统图案普斯贺，在不影响蒙古族文字字体识别性的基础上，腰线部分保持直线形式，将其余笔画中的直线造型进行圆弧处理，使整体呈圆形形态（图6-5），其他几何形设计方法同理。

挖掘地域代表性图案和符号有助于保护和传承民族文化，丰富汉字设计路径，深化其文化底蕴。以蒙古族图案盘肠纹应用在蒙象汉体设计中为例，将传统图案中的盘肠纹作为研究对象，重构其外在表征应用于字体设计，整体保持盘肠纹穿插流畅的内在核心，使其字体形式呈现出流畅感，形成强烈的地域风格（图6-6）。

图6-5 "马、牛"蒙古族文字字体设计
（来源：内蒙古师范大学设计学院511设计工作室查干设计作品）

图6-6 盘肠纹在字体设计中的应用
（来源：内蒙古师范大学设计学院511设计工作室李宣武设计作品）

蒙古族传统图案造型特征的蒙古族文字字体设计，经过创造性转化与创新性发展增强图案与字体之间的视觉联系，通过内部意蕴与外部形态相结合的物象表达，深化其文化属性，在原有价值的基础上，增加视觉冲击力，使用户产生共鸣，有助于传承与保护民族文化。

6.4.4　借鉴汉字设计的蒙古族文字字体设计

中国文化博大精深，汉字作为中华文化的体现，具有多种表现形式。字体是由基本笔画和字形结构所组成，决定着每种字体风格的发展与形成。字体的笔画、偏旁部首的组合形式以及设计的风格都通过结构上的造型特征呈现。因此，基本笔画和字形结构不仅是决定字体构成的主要因素，还是其设计的根本源点。字体的创意设计源于笔画与结构，运用恰当的方法与技巧就可以得到优秀的字体设计作品。基本笔画是构成文字形象的规范性元素，如汉字中的点、横、竖、撇、捺、竖弯钩等笔画都是组建文字的基本元素。在蒙古族文字字体设计中，基本笔画的造型在不影响其识别性的情况下都可以加以设计和改变。字体风格除了基本笔画对其产生的影响，造型结构也是其变化的原因之一。在字体设计中，同一笔画如果在构成上采用不同的结构，也会得到不同的风格和视觉效果。通过上述分析，蒙古文商用字体设计可以从其笔画和结构入手。蒙古族文字的笔画有30余种，其字母有原形、字首、字中、字尾的不同写法，根据上述所提到的设计原则，对内蒙古地区蒙古文商用字体进行实践，以其识别性为设计基础，进行笔画和结构的变换，赋予蒙古族文字新的造型特征。

汉字字库种类丰富，以文字的设计风格大约可以分为以下四种。

其一，秀丽柔美风格。为用户营造温柔舒适的氛围感，造型整体呈现出优美、流畅的特征。适用于日常生活用品、化妆品、装饰品、服务业等主题。例如，宋体、华文行楷体、方正中倩体、方正姚体等。本次设计实践选用方正中倩简体为参照依据对蒙古族文字进行秀丽柔美风格设计，蒙古族文字腰线保持直线不变，将字顶、弧、勾、腔等进行曲线处理，牙、辫子、尾巴、肚进行圆弧处理，使其整体风格保持一致（图6-7）。

其二，稳重挺拔风格。字体给人一种简洁干脆的现代感，整体造型呈现出稳重、整齐、力量的特征。适用于机械、科技等主题。例如，黑体、华康简黑体、方正综艺体、汉真广标等。本次设计实践选用汉仪综艺简体为参照依据对蒙古族文字进行稳重挺拔风格设计，蒙古族文字腰线部分和局部整体粗细保持一致，将蒙古族文字的字顶、弧、勾、牙、辫子、尾巴等进行直线处理，肚、腔部位进行圆弧处理，以此形成较强的视觉冲击力（图6-8）。

图6-7　秀丽柔美风格的蒙古族文字字体设计
（来源：内蒙古师范大学设计学院511设计工作室查干设计作品）

图6-8　稳重挺拔风格的蒙古族文字字体设计
（来源：内蒙古师范大学设计学院511设计工作室查干设计作品）

其三，活泼有趣风格。字体给人带来生机盎然的感受，整体造型具有鲜明的节奏感，笔画处理具有明快、生动、活泼的特征。其字体适用于儿童用品、时尚产品等主题。例如，方正康体、方正新舒体、汉仪长艺体、华文彩云体等。本次设计实践选用方正剪纸简体为造型依据对蒙古族文字进行活泼有趣风格设计，将蒙古族文字腰线进行适当弯折，笔画进行童趣化处理，在保证字形识别性和整体性的基础上进行笔画的节奏化处理，保留剪纸特有的切割特质（图6-9）。

图6-9　活泼有趣风格的蒙古族文字字体设计
（来源：内蒙古师范大学设计学院511设计工作室查干设计作品）

其四，雅致古朴风格。字体显现出怀旧的感觉，整体造型呈现朴素无华的特征。适用于传统产品、民间艺术品等。例如，微软雅黑、华文隶书体、方正准圆体等。本次设计实践选用方正准圆简体为造型依据对蒙古族文字进行雅致古朴风格设计，蒙古族文字整体运用直线和曲线结合的形式，腰线保持垂直不变，将蒙古族文字的牙进行水平直线处理，字顶、弧、辫子、尾巴等进行曲线处理，肚、腔部位进行圆形处理，保持线条纵横的均匀感（图6-10）。

图6-10 雅致古朴风格的蒙古族文字字体设计
（来源：内蒙古师范大学设计学院511设计工作室查干设计作品）

民族文化元素在字体设计中的应用可以为字体创新路径提供新的可能性，随着科技的发展，其风格逐渐多元化。蒙古族文字字体设计在此背景下，融入汉字以及其他文字的造型形式、表现手法，在发挥基本功能作用的同时加强与时代审美、用户认知等方面的联系，使蒙古族文字字体充分满足受众的心理预期，实现企业民族品牌形象的塑造。

6.5 蒙古族文字商用字体设计实践

6.5.1 圣牧企业VI设计

VI设计（Visual Identity Design），即视觉识别设计，是现代企业构建品牌形象的基础，作为企业文化的载体，不仅可以体现其经营理念、文化内涵，还可以提升用户认知度，是企业加强市场竞争力的有效途径。内蒙古圣牧高科牧业有限公司以科技为先导，以奶牛养殖业为核心，通过规模化牧场经营，利用各地养殖业的资源优势，生产销售优质、有机、营养丰富的牛奶产品。随着市场的不断完善，诸多同类型品牌之间存在着较大的竞争压力，企业想要扩大市场占有率，就需提升自己的品牌知名度，加深其形象的商业价值。"圣牧"企业专注于产品本身，忽略了视觉形象在品牌构建中的作用，使受众对企业形象的识别性模糊，难以形成用户黏度。因此，进行VI设计迭代优化，以企业文化内涵为设计基础，通过对字体的民族化设计，形成独特的品牌形象，以此拉近与受众的心理距离，拓展其市场份额的占有率。标志作为品牌形象构建的重要组成部分，体现企业文化的特色，有强烈的可辨别度以及传播性。文字本身就是一种符号，能更直接体现品牌形象设计所蕴含的概念。"圣牧"标志由国家通用语言文字、蒙古族文字以及图案等元素构成，通过具有逻辑性的设计组合，使标志设计符合受众对内蒙古地区文化的理解与感知，塑造企业品牌的民族文化气质与风格意象。以圣牧首字母与蒙古族图案进行融合，运用穿插的方法将S与M巧妙组合，重叠部分使用盘肠纹进行替代，M上方升起的太阳体现出圣洁、天然的内在核心。整体设计彰显出浓郁的民族文化和地域特性，使其品牌形象得以建立。标准字体是企业形象塑造的有机组成部分，运用差异性原则增强字体设计的视觉表达力度，有利于拓展认知主体对字体设计的感知范畴。字体局部使用断开形式，将字顶、牙、勺部位进行直线和圆弧设计，以此呼应标志设计风格，形成统一的视觉形象（图6-11）。

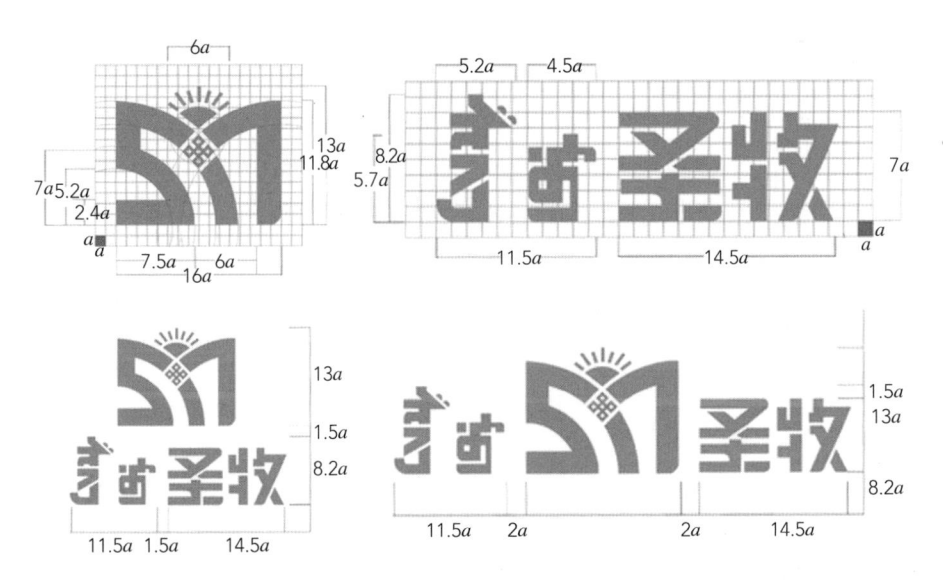

图6-11 "圣牧"标志设计、标准制图、标志和标准字的组合
（来源：内蒙古师范大学设计学院511设计工作室查干设计作品）

色彩作为企业品牌形象的基础元素，是一种无声的视觉语言。面对商品化、同质化的发展现状，圣牧品牌以企业文化理念为着力点，融合地域文化的代表颜色蓝色进行优化设计。蓝色代表天空的颜色，源自蒙古族独特的审美认知，形成于自然崇拜观及其生产方式，是对"原始"的一种感知，而"原始"是指自然界色彩的直接再现，彰显了游牧民族对自然环境深刻的认知与体验。象征着纯净与天然的蓝色，符合"圣牧"品牌的文化属性与视觉形象，促进受众形成独特的记忆点，增强品牌形象的认知度（图6-12）。辅助图形是品牌形象设计一个重要的延伸领域，能够贴切地反映其理念、文化与个性的内涵，提升品牌视觉形象感染力，满足受众心理预期，增强品牌传播效应。圣牧选取与产品自身相关联的太阳、牛、水与草四个元素为辅助图形，以地域文化资源阴山岩画为设计基础，结合游牧文化美学的简约内涵进行创意设计，明确圣牧与其他品牌之间的差异，为受众提供了更高的辨识度，满足品牌个性化形象的塑造。标志、色彩与辅助图形的组合构建了圣牧品牌形象的独特性，深化了受众群体的感知印象，赋予其较高的商业价值（图6-13）。

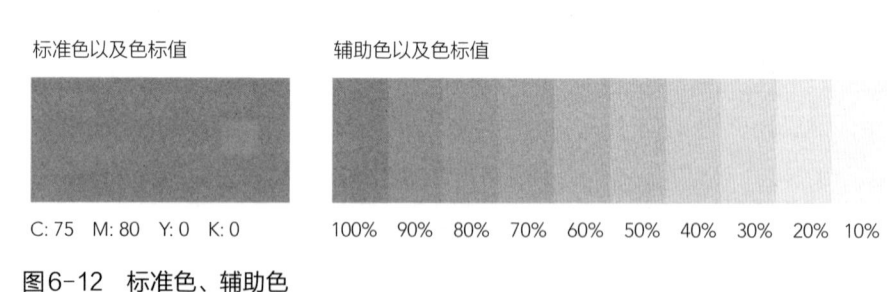

标准色以及色标值　　　　辅助色以及色标值

C: 75　M: 80　Y: 0　K: 0　　100%　90%　80%　70%　60%　50%　40%　30%　20%　10%

图6-12　标准色、辅助色
（来源：内蒙古师范大学设计学院511设计工作室查干设计作品）

太阳　　　　牛　　　　水　　　　草

图6-13　"圣牧"辅助图形
（来源：内蒙古师范大学设计学院511设计工作室查干设计作品）

为促进企业品牌视觉风格的整体化，对办公区域、运输工具、指示牌、广告牌以及媒体平台进行设计优化，主体颜色选取为蓝色，实现圣牧色彩视觉形象的连贯性与规律性，彰显品牌文化印记，形成高度统一的企业形象，实现最佳的品牌传播效应（图6-14）。在包装设计中要实现本土化提升民族文化内涵，达成吸引消费者关注度的目的，采用标志和辅助图形的多种组合方式，酸牛奶采用单体图形，纯牛奶采用组合图形方式，使其整体既能彰显国际风格又能体现地域特性。

图6-14 "圣牧"VI设计
（来源：内蒙古师范大学设计学院511设计工作室查干设计作品）

6.5.2 STAGAN蒙古族文字字体设计

丰富蒙古文商用字体的种类离不开蒙古族文字字库的建设，在此以八思巴蒙古文的造型为设计依据，进行蒙古族文字字体STAGAN的设计，音节作为蒙古族文字最基本的单位，是蒙古族文字设计的基础，因此，首先拆解音节，将八思巴蒙古文典型的规范结构、装饰特征融于回鹘式蒙古文的每一个音节造型中，为后续的文字黏着与组合奠定基础（图6-15）。

字库的设计是一个浩大的工程，在确保笔画精确规范化的同时，准确把握词间距，才能使整体达到规范统一的效果，在此对蒙古文诗歌《蒙古人》进行蒙古文STAGAN字体设计（图6-16、图6-17）。蒙古族文字字库的建设为内蒙古商用蒙古族文字字体设计提供更多的选择性，使其在商业多元化应用中创造更多的可能性。

音节	a	e	i	o	u	n	b	p	m	h
字首										
字中										
字尾										

音节	s	sh	d	t	c	j	y	r	l	g
字首										
字中										
字尾										

图6-15　蒙古文音节设计

（来源：内蒙古师范大学设计学院511设计工作室查干设计作品）

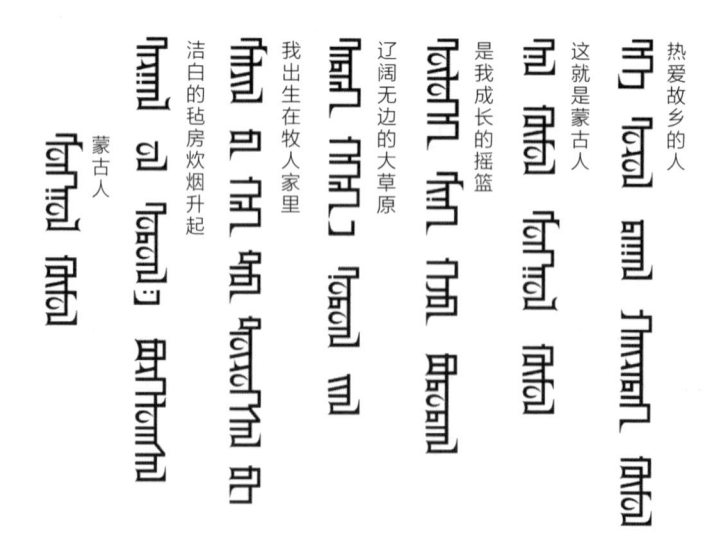

图6-16　蒙古族文字字体设计1

（来源：内蒙古师范大学设计学院511设计工作室查干设计作品）

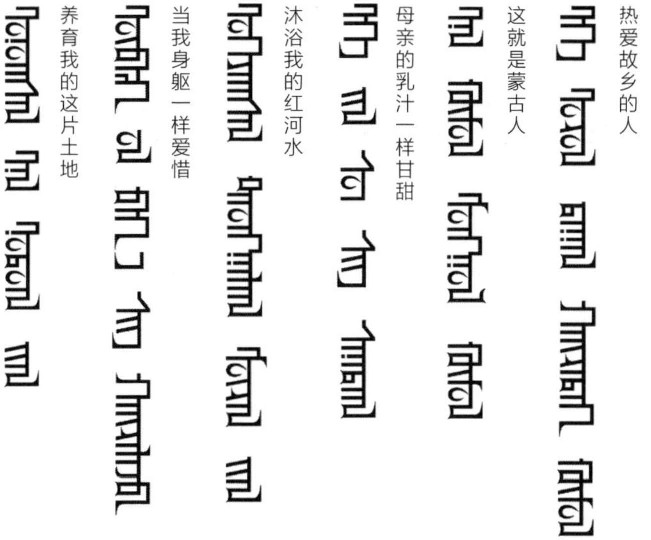

图6-17 蒙古族文字字体设计2
（来源：内蒙古师范大学设计学院511设计工作室查干设计作品）

本章小结

在地域品牌形象构建中，蒙古文商用字体相比于汉字设计更具有民族性与开创性。运用创意设计方法将蒙古族文化、传统图案以及文字发展演变历史与现代设计相结合，构建蒙古文商用字体设计的可行性，实现蒙古文商用字体地域化与民族化。现如今，民族文化与现代设计是不可分割的存在，民族文化内涵承载传播品牌形象、传承文化意蕴的重任，是我们需要正视以及发展的重要方面。单纯的传统文化再现缺乏时代感和生命力，优秀的、具有民族特色的设计要本着创新第一的原则，把握好民族文化和现代化民族设计的方向。民族文化要走向更广阔的文化领域，需要发展和创新相结合，在设计上也是如此。民族品牌的塑造，离不开民族文化的依托，蒙古文商用字体作为一种语言传播的文化载体，体现了蒙古族的文化特征和地域特性。有史以来，我国便是一个多民族聚居的国家，历经漫长发展，形成了多元一体格局、多元文化并存的现状。在多元文化交融的今天，各民族优秀文化所具备的地域性、民族性特征逐渐凸显，通过设计方法将其与现代设计相结合，有助于深刻理解中华民族共同体意识，实现区域共同繁荣发展，促进中国形象建构。

第7章

内蒙古地区品牌定制化字体设计研究

近年来，各大品牌及互联网公司纷纷更新品牌字体或推出定制化字体。自2017年起，中国许多知名企业，如腾讯、阿里巴巴、OPPO等先后推出企业专属的品牌定制化字体，这一行为引起国内对品牌定制化字体的热议。品牌字体并非新生事物，早在20世纪，各大奢侈品品牌已经开始研发品牌字体，资生堂书体更是从20世纪20年代沿用至今。在便携式移动设备的普及下，迎来了小屏幕阅读兴起的时代，字体设计的重要性被反复提起，字体相比起标志、图案等视觉形象元素，是受众更加不可避免的阅读载体，由此，字体的品牌传播价值展示出不可替代的重要作用。另外，随着各大品牌业务的国际化以及线上线下的多维度渗透，字体更是发挥着跨地域、跨媒介的协调统一品牌形象的关键作用。对于腾讯、阿里巴巴这等体量的企业而言，随着行业的转型升级，品牌化成为企业的重要经营战略，定制化字体作为品牌发展的重要内容，其识别性与传达性正是当前构建企业品牌形象的切实设计需求。定制化字体应用于品牌形象中，将有助于企业组织和传达清晰的品牌视觉形象，提高其核心竞争力。

7.1 相关研究

7.1.1 品牌定制化字体

品牌定制化字体概念较为新颖，相关的文献资料较少，关于品牌定制化字体的研究现状主要通过对已有的设计案例进行分析与总结。国外对于品牌定制化字体设计及应用方面的研究时间较早，其中最具代表性的国家是美国和日本。在美国，定制化字体已经延伸到生活中的诸多领域，例如，一些化妆品公司、汽车公司、服饰品牌、金融机构、报纸、杂志、期刊，还有移动电话、平板电脑、电子书等便携设备，甚至是政府部门、文化单位，都会拥有自己的定制化字体。在日本，品牌定制化字体的概念不仅限于服务企业用户，早在2009年就发布了"城市字体"系列，以此传达历史风貌和人文精神，提升城市整体印象与识别性，为居民营造归属感与氛围感，表达城市的特征与历史，塑造其城市形象。

相较于国外，国内学者对品牌定制化字体设计的研究起步较晚，相关研究文献资料较少，在中国知网以"定制化字体设计"为关键词，检索出李娟《字体设计提升城市品牌形象——城市定制字体设计探析》、潘健《文化振兴背景下乡村定制字体设计方法研究——以"圣狮体"为例》、陈新月《城市品牌形象中的定制字体研究》以及安晓敏、王佳《定制化字体在企业形象设计中的应用》等文献。通过对案例的整理分析，将定制化字体与企业品牌字体、一般的字体设计作出概念上的划分，运用字体设计的研究方法对现有的企业定制化字体进行分析。在国内，部分企业尝试通过品牌定制化字体彰显企业个性，如腾讯、阿里巴巴等企业，逐步开始使用定制化字体。通过对国内外定制化字体设计案例的分析发现，相对于英文与阿拉伯文，中文定制化字体依旧处于建立与发展的初步阶段。定制化字体客户类型单一，主要集中在电子产品行业，没有形成不同行业共同发展的局面。企业对品牌定制化字体重要性的认知还需要一段时间的累积，大众对于字体的审美意识也需要持续不断地引导。同时，中文字符集的庞大也是定制化字体设计所面临的一个难题，如何通过新技术提高设计效率，成为定制化字体设计未来发展的路径之一。

7.1.2 品牌形象构建中的字体设计

国外学者针对字体在品牌形象中的设计应用研究，主要集中于字体对受众的情感刺激以及对企业文化的宣传效应等相关方面。特里尔·奇尔德斯（Terry L. Childers）和杰弗里·贾斯（Jeffrey Jass）在论文《遣词造句：字体语义联想对品牌认知和消费者记忆的影响》（All Dressed up With Something to Say: Effects of Typeface Semantic Associations on Brand Perceptions And Consumer Memory）中提出利用字体造型联想企业的品牌形象，加强二者之间的关联性，深化受众对于企业及产品形象的印记。克里斯蒂安·罗尔沙乌（Kristian Rolschau）、王倩（Qian Janice Wang）、托比亚斯·奥特布林（Tobias Otterbring）的论文《视觉感知与选择：类型面孔对消费者视觉感知的补偿效应》（Seeings weet and choosings our: Compensatory effects of type face on consumers'choicebehavior）中探讨了字体造型引发受众对产品味觉的主观感知，推动了受众对品牌视觉形象的认知与认同，加深企业品牌识别性的发展。

国内学者对企业品牌设计的研究大多集中于对企业制定设计方案、提高品牌价值、增强视觉形象三个方面。关于将字体设计结合到品牌形象构建中的相关研究较为丰富，涉及范围较广。朱健强在《品牌形象识别与传播》一书中提出关于品牌标准字设计与规范的要求，为品牌字体设计提供了理论上的支撑。王威在《品牌形象设计中的字体设计》一文中认为字体设计作为品牌形象设计的基础，对其形象构建产生较大影响，甚至影响品牌传播的有效性。张金香、李中扬在《蒙文字形态在品牌设计中的应用研究》中探寻蒙古族文字形态与现代品牌设计相融合的路径，通过有效的设计方式，加强传统文化与现代文化的融合，为民族品牌设计提供区域意识与创新思维。综上所述，如何设计与品牌定位和特征相匹配的字体对于品牌形象的设计和传达显得至关重要。

7.2 品牌维度下的定制化字体

7.2.1 定制化字体的概念

"定制化"一词最早用于服装设计，意为对个别客户量身剪裁、单独制作。

定制化设计迎合了人们追求品质和个性的心理，在美国预测的"改变未来的十大技术"中，"个性定制化"被排在首位。随着当代经济的快速发展，定制化在设计领域应用愈加广泛，特别是在品牌形象构建中，成为品牌差异化的有效路径。定制化字体是品牌字体的衍生发展，是企业为自己的品牌打造的专属字体形象，彰显其企业文化附加值，具有商业性质，不允许未经授权进行使用。

定制化字体的功能作用。定制化字体统一品牌形象。对内定制化字体作为企业文化的外部表征，促进其品牌形象定位；对外定制化字体实现企业形象构建，彰显其品牌特性。定制化字体在一定程度上可以避免因字体侵权带来的风险，降低在使用付费字体时产生的相关费用。隶属某个企业品牌的定制化字体，在未经授权时禁止他人使用。现阶段，字体设计领域常见的现象是直接使用现成的字库字体，这种方式可能会引起版权纠纷，也不利于品牌形象的有效传达。西方国家的许多企业最初采用的字体可能只适用于单一文字，但随着业务和用户群的全球化发展，企业需要面对使用多种语言兼容字体的问题。为了解决这个问题，一些已经推出品牌字体的企业选择了向字体公司支付版权费用，从而使用兼容目标语言的相关字体来克服这一障碍。然而字体的授权费用逐渐提升，产生更多的成本。这一问题可以通过定制化字体解决，例如IBM国际商业机器公司在推出了自己的专属定制化字体IBM Plex（是IBM打造的一款非常适合阅读的电脑字体）后，放弃了原先使用的字体Helvetica，本字体是1957年由瑞士字体设计师爱德华·霍夫曼（Eduard Hoffmann）和马克思·米耶丁格（Max Miedinger）设计，是目前应用最广泛的英文衬线字体，该字体字形端正，结构严谨，易读性强，适合机械科技等应用主题），这一举措为IBM公司减少了每年上百万美元的版权费用支出。

定制化字体的应用领域。随着信息化时代的来临，定制化字体的应用领域从传统的纸质媒介跨越到电子媒介中，现有的品牌定制化字体主要应用领域可分为三个领域。其一，平面设计领域。品牌定制化字体在平面设计中有着重要作用，包装设计、招贴海报设计及企业系统字体都涉及定制化字体服务，是企业文化内涵的外显表征。其二，空间设计领域。品牌定制化字体在空间设计中也有应用。在展示空间设计、建筑设计空间以及产品设计空间中都发挥着不可替代的重要作用。其三，数字媒介领域。数字媒介领域是实现品牌定制化字体应用最为重要的途径之一。在网页数字媒介设计过程中，品牌定制化字体影响网页的美观性和可读性，构建使用者与品牌网页的互动关系，增加使用者的参与感与归属感，促进品牌形象的传播与品牌精神的传达。在影视媒介中，品牌定制化字体对影视效果的展现产生作用。品牌定制化字体设计按照典型工作项目可以归纳为三个领域，即为平面设计中的品牌定制化字体、空间设计中的品牌定制化字体、数字媒介设计中的品牌定制化字体三种情境。每个情境中分别具有多个项目（表7-1）。

表7-1　品牌定制化字体三大情境

情境一	平面设计中的品牌定制化字体
项目	标志字体 企业VI标准字体　包装设计　招贴海报字体　企业系统　正文字体
情境二	空间设计中的品牌定制化字体
项目	展示设计空间　建筑设计空间　产品设计空间
情境三	数字媒介设计中的品牌定制化字体
项目	网页媒介　影视媒介

7.2.2　定制化字体的特殊性

定制化字体作为品牌形象的新兴视觉元素，是基于市场发展需求和字体设计发展两方面原因推动产生的，可以说定制化字体是由企业品牌字体发展而来，但二者在设计目的、数量和应用场景上均有不同。其一，定制化字体与企业品牌字体的设计出发点不同。后者强调对字体的创意化处理，多用于辅助品牌Logo、强化品牌形象，因此企业品牌字体要强化字体的结构特性以突出个性化特征。而前者则更加侧重设计方法，不但要凸显品牌调性，还要强调文字排版的规范性，不能因为设计过度降低文字的识别性和阅读感。例如将定制化字体作为正文使用时，文字总体视觉观感要体现出秩序性。其二，定制化字体与企业品牌字体在设计文字数量上也有所不同，企业品牌字体狭义地讲单指企业品牌名称，一般为1~5个字符，而定制化字体需要设计的文字数量远超企业品牌字体，而且根据应用的需要，可能会同时涉及多种文字。其三，在应用场景上，相较于主要作为品牌Logo的企业品牌字体，定制化字体还可以更加广泛地应用于企业宣传海报、企业文件、官方网页界面、移动设备、产品说明等多个领域。例如，2018年可口可乐公司推出的品牌定制化字体TCCCUnity，可以跨越承载媒体，既可以在手机屏幕、平板电脑屏幕等便携式电子设备上使用，也可以在现实中大幅的户外展示中使用，如户外印刷海报、电子广告屏等。

定制化字体与字库字体也有区别。字库字体是由字体公司设计出品的，以授权商业使用为主，只要支付使用费，字库字体可以为任意一个品牌使用。不同的是定制化字体是企业为自己品牌定制的专属字体，更能体现其文化附加值。定制化字体与其他字体设计最大的区别在于要按照企业理念进行设计，深入品牌文化内部，体现其企业精神。

7.2.3　定制化字体设计案例研究

7.2.3.1　定制化字体与品牌塑造

品牌发展需求促成定制化字体。对于企业品牌而言，最重要的是要建立统一集成且易于识别的企业形象，字体实际上在无形中成为传播品牌经营理念、增强品牌知名度和塑造品牌形象的一种手段。定制化字体是企业品牌形象塑造不断完善行为过程中的产物，品牌以定制化字体作为载体为自己发声，创造竞争优势。设计师需要准确提取企业的视觉特征，对文字进行统一处理，以便更清晰、更易懂地将产品信息以及品牌个性特征传达给受众。

定制化字体塑造品牌形象。现代意义上的塑造品牌，不仅是简单的品牌翻新。如今科学技术发展日新月异，客户的期望值也随之不断增高，企业必须紧跟不断发展的形式，从根本上重塑其与客户互动的方式。蒙纳公司（Monotype）资深创意总监詹姆斯·福克斯·贝尔（James Fooks-Bale）说："我们从没有遭遇过如此持续不断的成长阶段，品牌必须持续高速演进，以迎合新的技术变化、受众群体、细分区间、市场和本地化等。"品牌根据新形势调整好定位，打造品牌形象字体是塑造品牌形象的要素之一，是响应客户期望的一个良好的切入点。无论品牌是已经有了完整的字库，还是需要从零开始，字体始终贯穿全部客户的接触点，并串联品牌所有的视觉识别元素。在不允许或不能使用颜色、图案等元素的情况下，字体是唯一可以品牌定制化的营销资产。风格高度统一的品牌定制化字体可以分担其他品牌营销宣传的压力，让品牌设计语言更加灵动。每一款为品牌特别定制的字体，不仅代表了该公司的品牌形象，也能体现出其所在行业的特点。

7.2.3.2 定制化字体设计发展趋势

家族化发展。字体家族化意味着在设计定制化字体的过程中，企业品牌将会根据需要设计出不同线条粗细、不同磅值、繁简体和多种语言的定制化字体，来满足任意设备和不同国家用户的使用需求。国内的定制化字体在国际化的趋势下发展，企业品牌对定制化字体的要求也不再局限于中文字符集，支持多种语言字符集的定制化字体能够保证企业品牌在全球范围发展。正如腾讯的"斜体字库"，除了汉字，同时有日文、拉丁文、英文等多种文字，是品牌定制化字体设计家族化的良好示范。家族化是品牌定制化字体的发展趋势之一，可以不断提升定制化字体设计在品牌形象塑造中的作用。品牌形象中的定制化字体在未来的发展方向不单纯是设计一款品牌专属字体，而是依据企业发展需求，不断提供满足不同功能、场景需求的新字体，逐渐形成体系，向家族化字体发展。

国际化与风格化结合。企业品牌形象系统的构建也需要随着全球化进程不断发展。为了能够让企业的产品或服务远销海外，首先要解决语言文字的问题。定制化字体设计并不受文字类型的限制，虽然汉字、英文、拉丁文、日文、韩文等构成字体的形态特征不同，但是经过调整和改变是可以达到视觉形象的风格趋同化。只要提取出品牌特有的元素特征，使这些视觉元素图形化、统一化，做好整体风格的细节上的把握，就可以使品牌形象变得有识别性并深入人心。每个企业、每个品牌都有属于自己的独特风格，以腾讯公司的品牌定制化字体风格特征为例进行分析，可以发现腾讯是一个积极进取，强调科技感、现代感的公司，所以整体的字体风格很简洁，斜体的形式给人一种奔跑向上的感觉。在未来的发展中，定制化字体需要从风格、字形、字重、斜度、语言以及搭配上探索字体更丰富的表现形式，为企业创造出极具辨识度和认知度的品牌字体。内蒙古地区品牌定制化字体设计就可以将国际化与风格化融合，做到既有国际共性又有民族特性。

7.3　内蒙古地区品牌中的字体设计现状

7.3.1　内蒙古地区品牌字体设计及使用现状

本文所探讨的品牌为内蒙古地区本土品牌，按照企业规模来划分，可以分为大型企业品牌与中小型企业品牌。经过调查后发现，大多数企业的关注度在于产品本身，对其品牌形象的投入没有对产品开发的投入大，但随着社会发展，消费者的需求心理产生变化，除了关心产品质量本身外，开始追求品牌形象带来的附加值。消费者心理这种变化让企业逐渐意识到品牌形象的重要性，开始审视现有的品牌形象，并且进行品牌形象的改造与升级。通过对部分企业品牌相关负责人、企业内部设计师、设计工作室、独立设计师等13人进行访谈调查，调查的相关问题有："对品牌现有的形象设计是否了解""品牌字体设计的主要内容是什么""现在这些字体的使用现状，能否满足需要，是否满意"。根据访谈结果统计显示，有一半以上的人认为现有的品牌形象还有进一步发展的需要与可能，有15.4%的人表示对所在企业现有的品牌形象不太满意（图7-1）。

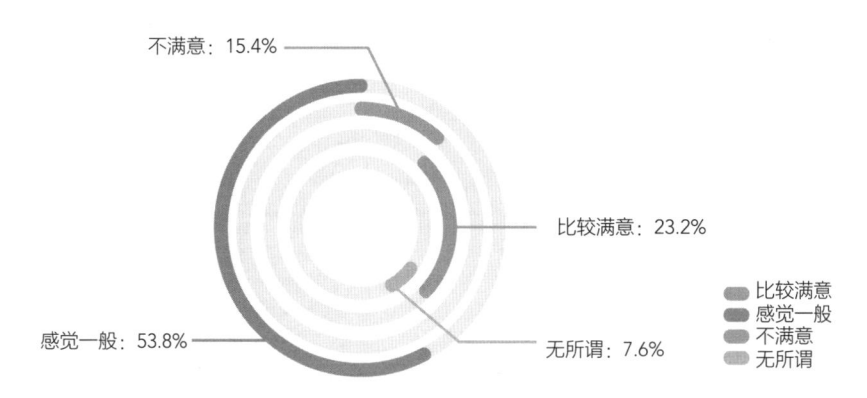

图7-1　对现有品牌形象满意程度
（来源：内蒙古师范大学设计学院511设计工作室王宇琪绘制）

定制化字体的概念较为新颖，因此对定制化字体调查的相关问题有"是否听说过品牌定制化字体""简单介绍过定制化字体之后，是否有意向将其应用在品牌设计中"。根据统计结果显示，有84.6%的相关人员对定制化字体有想要进行一步了解的意向（图7-2）。

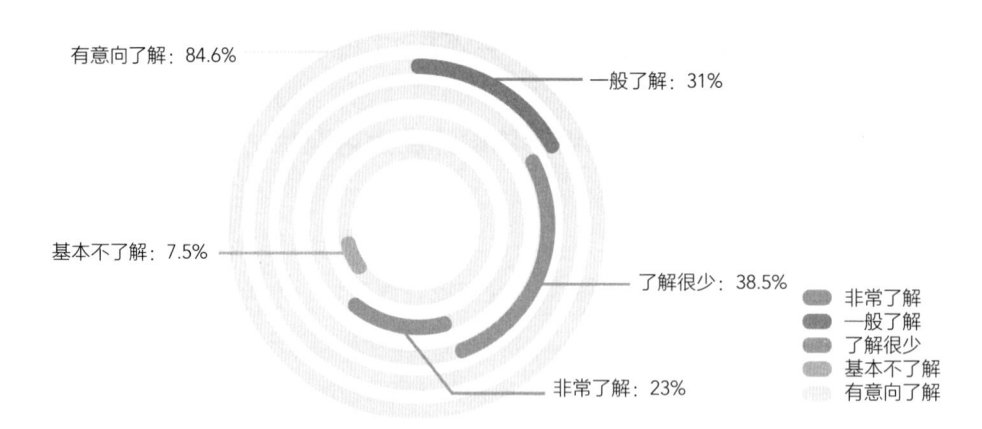

图7-2 对品牌定制化字体了解程度
（来源：内蒙古师范大学设计学院511设计工作室王宇琪绘制）

通过调查研究，发现内蒙古地区品牌字体设计与使用中存在一些问题（图7-3）。随着社会的快速发展，企业品牌的经营范围与宣传途径不断拓展，导致现有品牌形象无法满足多渠道宣传的需要。通过访谈了解到，一些大型企业在创建品牌过程中较少优先考虑设计部分，其品牌形象的构建一般是在发展过程中慢慢形成，这使得品牌形象构建产生滞后性，不利于企业品牌文化的塑造以及传播（图7-4）。

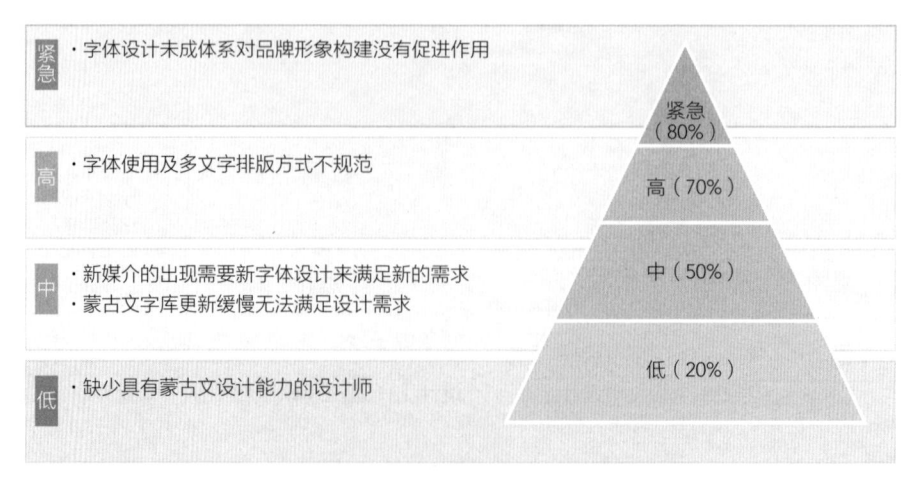

图7-3 内蒙古地区品牌字体设计与使用中存在的问题紧急程度
（来源：内蒙古师范大学设计学院511设计工作室王宇琪绘制）

待解决问题的优先层级

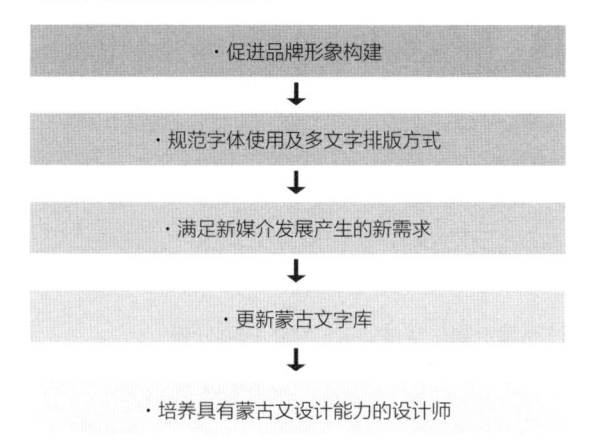

- 促进品牌形象构建
  ↓
- 规范字体使用及多文字排版方式
  ↓
- 满足新媒介发展产生的新需求
  ↓
- 更新蒙古文字库
  ↓
- 培养具有蒙古文设计能力的设计师

图7-4　待解决问题的优先层级
（来源：内蒙古师范大学设计学院511设计工作室
王宇琪绘制）

7.3.2　内蒙古地区品牌应用字体地域化特征

内蒙古地区是一个多民族聚集、多种文化融合的民族区域，对于字体的应用相较于非民族地区有所不同。《内蒙古自治区促进民族团结进步条例》中提出加大对各民族各类双语人才特别是双语教师、双语法官、双语检察官的培养、选拔力度。❶ 为促进蒙古语言文字的规范化、标准化和学习使用的制度化，根据《中华人民共和国宪法》《中华人民共和国民族区域自治法》和国家有关法律、法规，结合自治区实际制定《内蒙古自治区蒙古语言文字工作条例》。为体现内蒙古地区品牌形象的感知价值，加深与其民俗民风的融合，现将地域符号即蒙古族文字融入其中，一方面推动受众群体形成对品牌形象的认同感，另一方面促进地域文化传播与传承。品牌定制化字体与消费者认知的高度契合能够实现品牌文化、经济价值的双重提升。

7.3.3　内蒙古地区品牌定制化字体设计意识

为了满足不同使用需求，内蒙古地区部分企业逐渐形成定制化品牌意识，一款定制化字体可以解决后续企业品牌发展的诸多问题（图7-5）。

---

❶ 内蒙古自治区促进民族团结进步条例[N]. 内蒙古日报（汉），2021-02-08（4）.

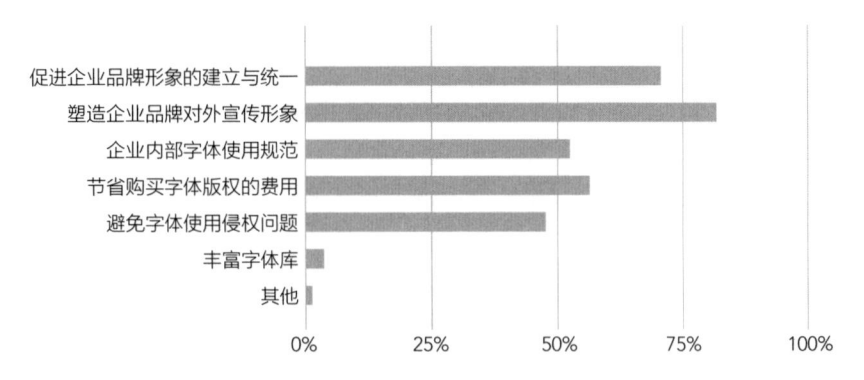

图7-5　可通过品牌定制化字体解决问题的程度分析
（来源：内蒙古师范大学设计学院511设计工作室王宇琪绘制）

品牌定制化字体如果达成风格的统一化、特征化，就能实现企业整体品牌形象的提升。企业如果没有形成个性化的风格，也就无法构建具有识别度的品牌形象，无法吸引受众群体的关注度。定制化字体直观地透过视觉感官触发受众的某种感受，使信息传递更加快捷、有效，体现出字体设计地域化特征的传播优势，成为品牌定义风格的原则和趋势之一。带有企业自身特殊魅力的定制化字体表现出明确的观赏性，兼具实用性，并从整体改善企业品牌形象。内蒙古地区部分企业在对定制化字体产生认知后，逐渐认识到其设计的重要性，开始投入相关资源来打造品牌定制化字体。在调查中发现，不论是大型企业品牌还是中小型企业品牌，对定制化字体设计的需求随着品牌形象的不断发展而逐渐增长（图7-6）。

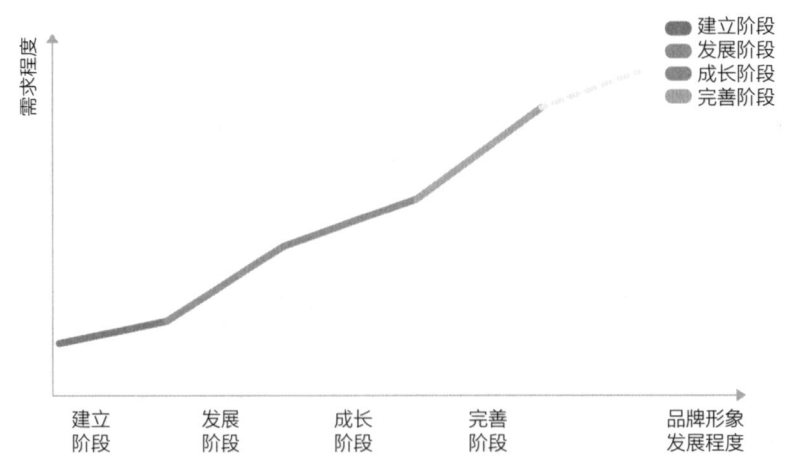

图7-6　品牌定制化字体需求程度与品牌形象发展程度关系
（来源：内蒙古师范大学设计学院511设计工作室王宇琪绘制）

7.3.4 内蒙古地区品牌定制化字体设计需求

7.3.4.1 满足品牌形象统一的需求

通过调查分析，内蒙古地区的品牌字体设计现阶段存在较大的问题是设计碎片化，只按照品牌某些特定需求设计字体，没有形成整体性，使得字体设计之间存在差异，无法构建品牌形象的统一性。以蒙牛品牌为例，旗下特仑苏、纯甄、未来星、新养道等子品牌都有自己的形象设计，未能发挥企业品牌的优势，难以为子品牌提供助力。定制化字体是发挥企业品牌整体性的最佳表现形式，统一的字体设计风格可以促进子品牌更好地融入消费市场，贴合用户已有的企业形象认知思维，以此提升子品牌视觉形象的识别性，拓展企业品牌的市场占有率。

7.3.4.2 满足品牌可持续的设计需求

随着全球化进程的不断加深，企业的发展战略也产生变化，逐渐侧重于品牌形象的系统化和地域化，开始追寻视觉形象蕴含的独特文化与个性特征，为企业未来的发展提供驱动力。定制化字体以企业文化与地域属性为依据，结合不同地区、场景的应用需求，形成具有较高独特性、辨别度的视觉形象，满足受众群体的感知价值，提升其购买意愿，以此成为企业品牌后续发展的动力支撑，拓展其可持续发展路径。

7.3.4.3 满足文化认同感需求

内蒙古自古以来就是多民族多元文化并存的地区，企业为促进品牌传播效果就需要扎根于地域，用文化启发灵感，不断为品牌形象注入活力，因此，定制化字体成为构建品牌文化与地域环境情感桥梁的最佳外显载体。为更好服务受众群体以及传播地域文化，企业在关注品牌形象塑造的同时还需关注品牌双语排版的需求，以此拉近受众与品牌形象的认知距离，形成共同的文化感知，促进品牌在不同地域的传播效应，增强其市场份额占有率。

7.3.4.4 满足新媒介下品牌形象的传播需求

随着新媒介的发展，企业品牌已不再局限于传统的宣传方式，纷纷建立自己品牌的官方网站、公众号等线上宣传平台，扩大其品牌传播途径。科技的进步促进电子媒介的发展，字体设计的应用问题开始显露。早在20世纪后期，就有印刷商开始注意，适用于当时流行的排版技术（如铸字排版和照相排版）的字体，并不适用于电脑屏幕。这些早期制作的适用于非数字技术的字体，在基于像素的屏幕上显示效果并不理想，如果不进行设计优化，传统的轮廓字体就无法很好地呈现（图7-7）。

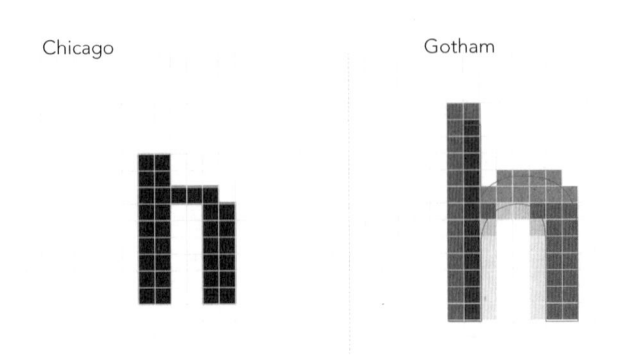

图7-7　新旧字体应用效果对比
（来源：内蒙古师范大学设计学院511设计工作室王宇琪绘制）

字体是作为整体设计系统的一部分开发的，当我们在研究移动屏幕所带来的品牌识别程度时，字体的需求逐渐彰显。在小型屏幕中，内容主宰一切，可识别的品牌元素被大幅度削弱，字体成为了关键的设计元素之一。随着移动设备的广泛使用，字体设计在媒介载体中逐渐体现出不兼容性，而定制化字体的发展成为解决此问题的途径之一。以英特尔为例，公司一直使用同一款字体宣传其品牌形象，但随着业务全球化以及数字媒体的崛起，字体的应用问题开始凸显，其设计的初衷源于印刷，所以当媒介发生变化后，便产生了兼容性问题，即显示与清晰度问题。基于此原因，英特尔公司使用全新定制化字体——Intel Clear来塑造其品牌形象。

7.4　内蒙古地区品牌定制化字体设计可行性

7.4.1　优势及必要性

7.4.1.1　完善品牌视觉形象，提升品牌价值内涵

品牌形象的构成是多维度的，其中视觉系统最为直观，定制化字体设计

是视觉系统的重要内容，具有一定的可发展性和可依赖性，对品牌的长期建设有重要意义。❶当今竞争激烈的市场环境中品牌辨识度对于各个品牌而言至关重要，各项设计资产都需要让品牌在市场中更加具有辨识度。字体作为用户最常接触的视觉元素，承载了更多的品牌价值传播功能，如语言一样，在被广泛使用的过程中自然而然影响到人们的认知思维，加深消费者对其品牌形象的印记。正如五角星设计联盟（Pentagram）的设计师埃迪·奥帕拉（Eddie Opara）所言："品牌定制化字体与其说是大势所趋不如说是大势所需。成功的品牌会用独特的视觉语言和文字来塑造属于自己的形象，并合理包装信息，让品牌形象和精神触动消费者的内心。"❷

关于定制化字体与品牌之间的联系，可以说文字本身就是一个视觉符号，字形的精神气质可以与一个品牌的文化和精神融合在一起，是一种多维度的关系。人们获取的信息绝大部分都是来自视觉，而在品牌视觉形象的所有内容中，定制化字体是整个视觉形象的核心之一。汉字字库发展迅速，成百上千的字体可以供品牌选择，但都缺乏与其文化内涵与价值的高度契合，而定制化字体可以实现品牌文化隐形基因物质化，促进其形象的构建，传达企业文化的精神与价值。

7.4.1.2 凸显地域民族文化，增强品牌竞争优势

民族文化是我国多元文化的重要组成部分。彰显地域特色文化元素，可以提高品牌竞争力。运用传统的元素进行再设计，一方面增加品牌形象的吸引力，另一方面增强民族品牌竞争力。在对民族文化进行挖掘和保护的基础上，使之更符合当代人的审美倾向，并且让更多的人了解和喜爱本民族的传统文化。定制化字体设计是品牌策略中的一部分，其设计与品牌个性密切相关，是品牌差异化战略的重要环节，能为其提高品牌形象服务，增强其竞争优势。

7.4.2 设计原则

在国家大力倡导品牌新型构建的大背景下，许多物质与非物质文化遗产中的元素完全可以用来进行产业化的挖掘与开发。从保护的客观角度来分析，这

---

❶ 日本G社编辑部. 国际品牌设计2[M]. 北京：中国青年出版社，2006.
❷ 马克·高贝. 品牌大设计：情感设计创造人性品牌[M]. 北京：中央编译出版社，2014.

种开发并不是直接应用于其本身，所以不会对其造成危害。相反，如果对已有的传统文化进行构建和再设计，可以对地域性文化提供传承与帮助。

目前，有关于内蒙古地区的品牌定制化字体设计还未形成较有影响力的规模，更多的只是小范围的使用。因此，以呼和浩特地区为基点，需要对整个内蒙古地区进行品牌定制化字体设计需求进行充分挖掘，打造富有创意和具有地域性的品牌定制化字体。以符合现代人审美认知和审美情趣为前提，为内蒙古地区品牌增加市场竞争力。

7.4.2.1 本土化品牌定制之入乡随俗

本土化，指共同地域的人在历史上形成的共同语言、共同经济生活以及表现于共同文化上的、共同心理素质的人的稳定的共同体。若品牌视觉识别的特征标准与本土化产生冲突，品牌则应在充分尊重本土文化的前提下调整策略。内蒙古地区本土文化相对庞杂，其中囊括信仰观念、风俗习惯、民族特征等。本土文化环境不仅潜移默化地影响着该地区市场受众的思维方式与思维习惯，也构成了该地区市场受众的心态与购买动机的意向形式。因此，在保持品牌文化与特性的同时，应充分尊重本土的文化。在设计发展多元化格局下，本土化是一个重要发展方向，品牌应在充分尊重本土文化的前提下调整定制化字体策略，本土文化的国际化顺应了时代的发展需求。在内蒙古地区品牌定制化字体设计中，只有做到本土化和国际化的统一、历史性和时代性的统一，才能实现具有自己本民族特色的设计思想和语言文字形式，也才能使内蒙古品牌设计具有持续的创新能力和对世界的衍射力。

7.4.2.2 个性化品牌塑造之和而不同

随着传统文化元素融入日常生活中，带有浓郁地方特色和民间文化的设计越来越受到人们的追捧，民众渴望从这些带有本民族特色的设计中找到一种久违的归属感和认同感。同时，代表一部分人对于民族文化的热爱与认同。在关于民族、国家及文化之间如何共处共存的思考中，费孝通晚年提出"多元一体""天下大同""和而不同"等思想与命题。早在1990年时，他就提出和描绘了"各美其美，美人之美，美美与共，天下大同"这一人类和谐共处的理想蓝图。到20世纪80年代末期，他开始以高度的文化自觉意识，思考中国乃至世界人类的新时代问题——民族之间、文化之间和国家之间如何共同相处的问题。❶因此，民族文化与品牌定制化相结合符合如今市场发展规律。定制化字体通过设计手段提取企业品牌文化特征进行图形化、组合化处理，通过排版设计实现整体风格一致，为品牌提供个性化外观。在设计定制化字体的过程中，信息传达性是保证企业的正文内容及宣传语能够简单易看地呈现给受众的一个重要环节。❷在瞬息万变的市场环境中，简洁、清晰、易于识别的品牌形象更利于其传播效应。

"字体即品牌"，字体创造品牌与受众间的联系。在品牌信息传达的时候，某品牌反复出现，人们就很容易将其认出。在品牌形象塑造的过程中，品牌的识别性是必不可少的。❸品牌识别是消费者对其产生的第一印象，为了设计出成功的品牌形象，需要从行业特征、用户习惯、产品特性、区域文化等方面入手，提取可以代表企业的独特文化符号。品牌差异化可以更加凸显用户与品牌之间的关联性，所以需要通过提升品牌定位、增强品牌创造性、树立良好的品牌形象实现差异化的提升。

7.5 内蒙古地区品牌定制化字体设计方法

7.5.1 品牌特色与民族文化相结合

我们处于民族文化丰富的地区，有着独特的地理优势，可以充分利用民族文化打造品牌特色。民族品牌正在不断衍生发展，虽然关于品牌的蒙古族文字字体设计尚处在起步阶段，但在未来必将成为内蒙古地区品牌设计热点。将蒙古族文字融入品牌设计中较为容易被当地消费者识别和记忆，易于理解和接受，它给消费者的视觉刺激及意识里本能拥有的文化背景和视觉符号相吻合，从而使消费者产生亲切感，能够唤起受众大脑潜意识里与品牌形象上的共鸣。❹

品牌设计的民族化绝非追求表面形式，更重要的是要使理念与地区的实

---

❶ 奂平清. 费孝通的"和而不同"与"天下大同"思想——兼论民族研究的文化自觉与理论自觉[J]. 学海，2014（4）：24-32.
❷ 李娟. 从企业换标看品牌标志及视觉形象的设计趋势[J]. 包装工程，2012，33（14）：31-35.
❸ 黄佳妮. 标准字在CIS设计中的应用研究[J]. 艺术科技，2014，27（1）：287.
❹ 卫亚娜. 中国传统图案在民族品牌视觉形象设计中的应用研究[D]. 长春：东北师范大学，2015.

际情况结合。❶民族可以理解为在一定的历史阶段形成的具有共同语言与生活地域等，以及具有一致的文化特质与民族心理的稳定共同体。当然，这种共同性一般是针对本民族的成员而言的，任何民族都有其独特的精神特质与文化传统。民族性具有不可替代的艺术特质与文化意义，同时它又与世界性紧密相关。

7.5.2　品牌字体共性与个性相平衡

7.5.2.1　蒙古族文字与汉字设计共性与个性

考虑到定制化字体设计家族制发展，会出现多种文字的定制化设计，因此，提出对蒙古文与汉字设计共性与个性的设计方法。蒙古族文字与汉字的形态不尽相同，蒙古族文字的字形结构相对来说更加统一、笔画特征鲜明，以中间的直线为基准，旁边字母笔画是设计元素提取的重点。将蒙古文结构简单概括为：上下结构、独立结构，这与汉字结构组合上有共通之处。其字体结构像站立的人，由字头、字牙、长牙、字腹、字干、字尾、点构成。点类似汉字的标点符号"，""。"的使用，点的出现在读音上会给音阶不同的音阶韵律，书写中也因为点的出现有了节奏感。蒙古文一般分为5条线进行结构分化，线与线的间距并不均等，需要设计者自己把控。文字书写一般不会超出左右两边的边线，中间直线垂直变化小，点、字头、字牙、长牙等永远依附于中间直线，所以不论怎样变换书写方式，蒙古文的文字造型相对来说都较为工整，基本形态也比较相似。❷

在定制化字体设计时可以根据需要进行笔画的转换，汉字中的部分造型结构可以为蒙古族文字中的中间笔画所借鉴，其他汉字笔画可以配合蒙古族文字其他字母造型进行设计，利用蒙古族文字形态特点，提取个别典型的笔画元素，与汉字造型结构借鉴融合，使得不同语言文字的品牌定制化设计统一，同时彰显实用价值和个性化。还可以保留蒙古族文字的重要元素，反映蒙古族文化特色，设计出具有蒙古族文字特色的定制化字体，易于蒙古语用户接受和推广内蒙古地区品牌文化（图7-8）。

---

❶ 刘志宏.释法自然、以人为本理念下的品牌设计探析[J].包装工程，2012，33（6）：78-80.
❷ 张金香，李中扬.蒙文字形态在品牌设计中的应用研究[J].包装工程，2019，40（14）：68-73.

图7-8 汉字与蒙古族文字形态借鉴设计
（来源：内蒙古师范大学设计学院511设计工作室作品）

7.5.2.2 品牌设计共性与个性定制化的平衡

对于共性与个性从哲学角度来说存在已久，任何事物都是共性与个性混合产生的，共性反映了矛盾的普遍性，而个性反映了矛盾的特殊性与典型性。无论是普遍性还是特殊性，仅是其中的各因素所占比例不同而体现出不同的差异性，从品牌设计角度来说，就是要平衡这种差异性。品牌设计共性与个性换言之就是品牌定制化字体设计要兼具国际化字体设计共性与内蒙古地区品牌个性度的把握。其共性包含的内容是技术的规范、设计的普遍规律、文字功能的基本要求和大众普遍的审美情趣等，简单来说就是设计师们共同遵循、约定俗成的设计规则。而为品牌专属制作的定制化字体设计体现了设计的个性化，这种个性化具有时代性。

7.6 内蒙古地区品牌定制化字体设计应用实践

7.6.1 内蒙古彼得耐体育赛事有限公司品牌文化

内蒙古彼得耐体育赛事有限公司是一家举办及直播蒙古族体育赛事的公司，于2019年底正式成立，是一家刚刚起步的全新公司。内蒙古彼得耐体育赛事有限公司App于2020年1月10日正式发布。彼得耐一词是蒙语的音译，翻译成中文的意思是"咱们的"，公司选用这一词作为品牌名称使用的含义，就是想体现体育文化的大众性，体现"体育文化不分你我，是大家的"这一理念。"传承民族传统"是贯穿公司文化的主线。

在对内蒙古彼得耐体育赛事有限公司负责人进行访谈调查后，对公司的基本情况与发展目标有了一定的了解。内蒙古彼得耐体育赛事有限公司品牌文化关键词提取：传承、发展、多赢。

7.6.2 内蒙古彼得耐品牌定制字体设计需求

在设计品牌定制化字体之前需要先为品牌设计标准字体。包括标准中文名称与标准蒙古文名称。内蒙古彼得耐体育赛事有限公司通过手机 App 进行赛事的直播，这款 App 支持蒙汉双语界面，但在蒙古文界面中，现有的蒙古族文字字体无法同时满足品牌形象宣传需求与小屏幕使用需求，导致 App 缺乏企业品牌内涵。

7.6.2.1 蒙古族文化品牌风格需求

可以将蒙古族元素特征结合品牌的风格与特性，使彼得耐品牌定制化字体变得具有识别性。设计品牌中蒙文 Logo 字体时，提取蒙古族传统博克比赛中，博克手佩戴的博克环作为设计元素，与字体设计结合，制作品牌定制化汉字标志字体，使其符合公司的经营方向（图7-9）。

图7-9　品牌标志汉字字体设计
（来源：内蒙古师范大学设计学院511设计工作室王宇琪设计作品）

在进行彼得耐品牌定制化蒙古文标志字体的设计时，借鉴汉字设计中的基本笔划与结构造型这两种主要设计因素展开设计创意。将蒙古文"彼得耐"根据蒙古文音节相对应的字母拆分，对每一笔画分别进行细致的刻画。为保证字体的识别性，造型不能随意改变中线的位置与结构。以中线作为基础，对字首、字中、字尾的笔画进行设计。

标志、标准字、标志组合是企业品牌形象识别系统中最常见的基本元素，在使用时为了避免出现歧义，对标志、标准字及标志组合以标准制图的方式进行了数值化处理。在实际应用时需严格按照标准使用。标准色是传达企业特质的重要视觉元素，在品牌定制化标志字体标准色的选择上，延续彼得耐标志的蓝色。蓝色在蒙古族的传统文化里，代表着永恒、忠诚，符合彼得耐关于传承与文化的品牌内涵。

7.6.2.2　适合小屏幕媒介终端的品牌定制化正文字体

在App中使用的蒙古族文字字体，需适用于手机屏幕、平板电脑、笔记本电脑屏幕，考虑到文字的识别性、排版、小屏幕应用的可视性，笔画设计不能复杂化。与品牌手机App中使用的现有蒙古族文字字体相比，彼得耐定制化蒙古族文字字体的识别性更强，更加适合长时间的阅读，将其命名为BIDNAI体。除了对彼得耐品牌定制化蒙古文正文字体的设计，还对阿拉伯数字进行了相应的设计，数字结构符合BIDNAI体的比例结构，体现出其整体性（图7-10）。

图7-10　彼得耐品牌定制化字体设计图
（来源：内蒙古师范大学设计学院511设计工作室王宇琪设计作品）

考虑BIDNAI体在企业品牌推广过程中会因为媒介及传播环境的改变而出现基础用字不足的情况，因此，项目后期还制作了包含蒙古族文字字母的词首形、词中形、词尾形和独立形的蒙古族文字字母表（图7-11）。蒙古族文字作为黏着形拼音文字，完整全面的字母表，可以为后期应对批量制作文字内容的复杂情况提供便捷的组合服务，但需要注意的是，字母位置的变化会对字形的美观程度造成影响，因此，作为负责企业定制化字体设计的设计师有责任对每一个文字在拼写组合的过程中的可视性、可读性、视觉舒适度等进行调试，为企业全方位提供结构严谨、造型美观的蒙古族文字字体，从而发挥商业用字定制化服务的优势，为塑造企业独一无二的品牌形象而努力。后期，在新技术手段的支撑下，会逐步实现BIDNAI字体在电脑端输入的可能，提高BIDNAI字体在今后使用中的方便和快捷性，方便用户在App中通过输入法直接使用彼得耐品牌定制化字体，加深品牌与用户之间的情感沟通，升华其使用感受，提高品牌在用户心中的情感位置。

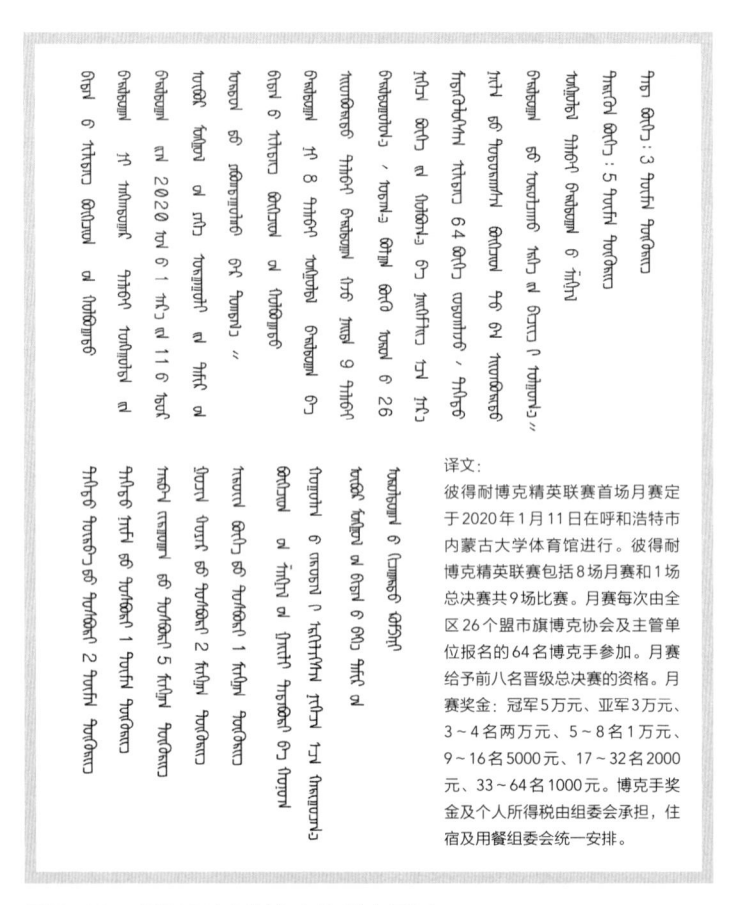

图7-11　BIDNAI定制化字体样本展示
（来源：内蒙古师范大学设计学院511设计工作室王宇琪设计作品）

当下内蒙古地区品牌进入高速发展时期，经营范围已从国内辗转到国际市场，向世界展示内蒙古地区的优质产品。但目前能够成功打开国际市场的内蒙古地区品牌还是屈指可数，如何在品牌国际化进程中提升品牌形象从而增加消费者关注度，是地区品牌未来发展的趋势之一。

文化背景是内蒙古地区品牌走向世界的特殊名片。全球化减少了文化之间的差异，但不同品牌的定制化字体彰显不同的文化内涵，品牌之间的独特性与辨别度需要其进行分割。结合民族特色的内蒙古地区品牌定制化字体将带给品牌新的活力和动力，在适应新环境和新趋势的同时，可以保持品牌风格的统一性，形成可持续性发展，让消费者易于领会品牌所传达的信息，产生更进一步的认知思维。

本章小结

品牌定制化字体设计在内蒙古地区处在初始阶段。作为一种新的设计模式，目前大部分品牌只能实现适用于广告宣传以及标志部分字体的定制化，对于完整的品牌定制化字体设计存在一定的不足，更多的是一种设计趋势。但随着我国各项科学技术的飞速发展和高端人才的引进，以及对本国设计师的不断培养，国内品牌必定会设计出更多日常适用于正文使用的品牌定制化字体，丰富其应用领域。

第 8 章

基于文化转译视角下的蒙象汉体创新设计研究

中国汉字、民族文字是渗透着中华优秀传统文化的重要载体，更是中华优秀传统文化的重要组成部分，是中华民族的活化石，蕴含着浓厚的文化意蕴、独特的文化魅力和深厚的民族情结。基于文化转译视角的蒙象汉体创新设计研究既是民族文字造型文化内涵的深度挖掘与传承尝试，也是汉字设计创新的路径探索。中国是统一的多民族国家，在国家通用的汉语和规范汉字之外，56个民族绝大多数都有自己的传统语言文字。通常认为，我国境内正在使用的少数民族语言在100种以上，正在使用的少数民族文字大约在30种。❶与国家通用语言文字相配合，广泛应用于各民族地区的政治、经济、文化和社会生活当中，是我国文化多元一体格局特征之一。语言文字的多样性造就了丰富多彩的民族文化，融民族文字造型于汉字字体设计中，使民族语言文字资源在更大的范围内得以共享❷，服务于民族地方经济文化的建设，促进全国各族人民对文化的相互理解与交流，是民族地区经济文化建设的战略性需求。

8.1 相关研究

国内外有关中国文字的研究一直以来都是文字学、语言学、历史学、人类

---

❶ 孙宏开，胡增益，黄行. 中国的语言[M]. 北京：商务印书馆，2007.
❷ 赵生辉，胡莹. 中国少数民族语言数字图书馆顶层设计研究[J]. 图书馆建设，2019（4）：41-49.

学、设计学等学科研究的重要领域。❶有关中国文字的设计学研究主要集中在三个方面：其一，中国汉字的设计学研究。20世纪80年代初，靳埭强在汉字设计实践中首次提出中西融合的设计理念，主张将中国传统文化精髓融入西方现代设计思想。2001年吕胜中在《意匠文字》中阐述了中国传统审美哲学对中国文字意象之美的塑造。2015年徐冰在《我的真文字》中借助多媒体手段展现艺术家对字体的主观感受，促进了字体设计与新技术的结合，对汉字设计的理论研究开辟了新的领域。2021年陈楠《中国汉字设计史》出版，是首部从设计学的维度研究中国汉字设计史的专业著作，标志着汉字从纯粹的美术学和文字学中独立出来，从侧重于文字设计方法的习得与设计实践经验的总结升级至对文字设计传统文化内涵的探讨与汉字设计思维、方法论的理论建构，在设计学的维度下形成了相对独立的研究体系。其二，中国民族文字的设计学研究。截至2022年，已经有藏文、女书、东巴文、蒙古文、彝文五种民族文字被纳入艺术设计学研究范畴，如2015年龙飞《彝族文字的创新性设计研究》、2021年彭学晶《女书文字的造型艺术探究》等文章，均是对民族文字造型文化与创新应用的研究，但成果较少，深度与广度还在探索阶段。其三，民族文字特征的汉字设计研究。孟衍等人2013年在"民族化的汉字字体设计"一文中最早提出字体民族化设计的观点。杨新忠2014年在《汉字字体的仿藏文风格设计》一文中论述了藏文造型特征融入汉字设计的价值与意义。2017年高秦艳在博士论文《文字设计的身份转换与图形语言建构研究》中首次提出汉字字体设计在数量、方法与特性方面与西文字体存在显著区别，因此无法直接套用西文字体的设计理论，进而指出本国的深厚文化与历史积淀是字体设计持续生命力的核心源泉，在全球化的时代背景下，探索具有鲜明本土地域特征的字体设计手法与思维尤为重要。2017年原瑞琴在《本草类汉字的实验性设计与应用》一文中，从实证研究的角度，对将中草药运用于汉字设计的实验过程进行了深入探索；2017年孙萌在《'绣色'创意字体设计应用研究》一文中通过将民族传统图案与字体设计相结合的实践，为研究传统文化在字体设计方面的应用提供了参考。2017年闫丹丹在《基于女书形态特征的汉字字体设计探究》一文中从文化的视角分析了女书的历史演变和发展脉络，并通过创新设计将女书运用到汉字字体设计中。2022年向云波在《字在云南——基于民族文字的

---

❶ 周志. 研究型设计与设计型研究—读《汉字的诱惑》有感[J]. 装饰，2014（4）：47-49.

字体设计应用研究》一文中以较少的篇幅对云南民族文字造型融入汉字设计的可行性进行了实践探索等。虽然相关研究极其有限，成熟的理论体系研究还未全面展开，但却为汉字设计创新开辟了新的路径。

综上所述，设计学领域的汉字研究在设计方法、历史、理论、实践等领域已经初具规模，然而有关民族文字的设计学研究还处在初级阶段。因此，基于文化转译视角的蒙象汉体创新设计研究突破民族文字本体研究的局限，拓展至各民族间文字交融互鉴的可能性探索，借助语言学文化转译理论与方法、历史学史料、设计学方法、设计心理学认知理论、民族学审美文化等构建汉字民族化设计理论体系，丰富汉字设计的创新路径，深植国家通用语言文字的民族文化内涵，促进铸牢中华民族共同体意识，此研究具有重要的现实意义与理论价值。

8.2　蒙象汉体文化转译思路

8.2.1　文化转译的概念

"转译"是语言学范畴的词汇，指一种文字通过媒介被翻译为另一种文字的特殊翻译行为。❶ "转译"所具备的生成性为两种文化派生新的意义做出贡献，并为两种文化间的跨界活动创造新的主体能动性。由此可见，转译本体已经超越纯粹的语言学范畴，具备了方法论的外延与价值，在建筑景观、美学理论、艺术设计和生物科学等专业领域得以发展与应用。至此，"转译"理论在概念层级中已经被刻意地延伸为"一套表意系统以一定规律对另一套表意系统的生成产生影响的过程"。❷

在设计学领域中，普遍认为文化转译理论在应用过程中被分为理论、实践、路径研究三个层次。理论研究侧重于转译方法与过程的探讨，实践研究则关注基于理论研究的前提所进行的设计应用与转化，路径研究则是在文化层级归类、分级的基础上建构转译过程模型。从多维的视角完善和丰富了设计学领

---

❶ 张灏. 文化转译在中国当代艺术语境中的应用[J]. 艺术教育，2013（10）：28-29.
❷ 卢鹏，周若祁，刘燕辉. 以"原型"从事"转译"——解析建筑节能技术影响建筑形态生成的机制[J]. 建筑学报，2007（3）：72-74.

域应用文化转译理论的实践方法。在设计学中应用文化转译理论要依据研究目的的不同对研究内容做出选择，当下现有研究主要集中在两个方面：其一，以某一地域文化的保护与传承为核心；其二，以探索某一具体的中华优秀传统文化在当代社会的传承与创新为核心。在设计学领域中引入文化转译理论为设计的实践研究提供了方法论价值，为普遍缺少交叉学科研究方法助力的建筑设计、景观规划、地域品牌塑造、文化创意产品设计、融媒体互联网设计等奠定了方法论基础。

本文所界定的文化转译，是基于转译理论对蒙古族文字造型特征进行的设计提取、表达、创新的汉字字体设计过程。蒙古族文字与汉字的融合创新实验，为汉字设计创新探寻新的设计灵感，也为蒙古族文字的再设计提供了新的平台，充分发挥民族文化间的交融与互鉴，对中华优秀传统文化中文字的传承与发展有着积极的促进作用。

8.2.2 蒙象汉体文化转译思路推演

随着文化全球化的深入和大众传媒的迅猛发展，文化消费现象为设计学领域的研究带来了新的设计议题：设计如何植入文化，设计如何为文化服务。基于文化转译视角的蒙象汉体创新设计研究即在民族文字与汉字之间运用文化转译理论，在字体设计中实现文化交融的视觉意象表达。然而蒙古族文字与汉字分属于不同的语系，历史发展、文化根源、生态习性差异性较大，单一的"象"的转译会使蒙象汉体沦落为流行式样的简单更迭，在唤醒人类文化记忆与审思层面的力量非常有限。基于此，蒙象汉体的文化转译借助文化学三层次理论中的物质文化层、行为文化层、精神文化层三个层次，筛选回鹘式蒙古文、八思巴蒙古文、索永布蒙古文为样本，展开研究与探讨。

物质文化是指可触知的文化物质实体。物质文化层，是文字具体的外在表现和显性存在，围绕蒙古族文字与汉字在"象"的层次，以文字字形、部首、笔画的造型转译为核心，以蒙汉字形置换为设计方法，主要作用于用户的视知觉系统，实现用户对文字的识读与辨别的认知过程。同时，我们还要看到随着时代的发展，"象"的转译是变化的、动态的，随着"行"的优化和"意"的深化而改变。

行为文化层，是文字在初创期与成熟期由于受生活环境的影响、生产工具的制约、技术条件的限制等因素而形成的对文字使用规范的界定，包括书写规范、阅读习惯、排版规则等，在对比蒙古族文字与汉字"行"的规律与原则后，保留共性作为蒙象汉字"行"的转译结果，对应用户的行为认知系统，为用户顺利完成对文字的解读与使用确立规范。

精神文化是指在人长时间社会实践和意识活动中蕴含的心理特征和心理特质。精神文化层，是文字在人类长期的社会生活实践和思维意识活动中所承载的价值观念、思维方式、审美趣味等，是文化结构无形的内在本质，转译围绕蒙古族文字与汉字在"意"的层次以凝练文字"意"的外显基因与汉字的视觉意象表达，作用于用户的反思认知系统，引发用户对文化产生品位、体会与审思的认知过程，从而完成蒙象汉体"象、行、意"三位一体的文化转译理论建构与实验。

最后，通过设计实践实现赋能内蒙古文化事业的传播与创作，将蒙象汉体应用于内蒙古民族品牌的提升与文创产品的设计与开发（图8-1）。

基因提取	转译层次构建			转译路径	设计实践	
蒙古文字样本	文化层次	转译层次	情感认知层次	设计方法	设计赋能	
回鹘式蒙古文	物质文化层	象：字型、部首、笔画	本能层	蒙汉字型置换	民族品牌提升	文创产品设计
八思巴蒙古文	行为文化层	行：书写、阅读、排版	行为层	应用实施规范		
索永布蒙古文	精神文化层	意：审美、文化、风格	反思层	视觉意象表达		
资料收集	理论研究			实践研究	研究验证	

图8-1 蒙象汉体文化转译思路推演
（来源：内蒙古师范大学设计学院511工作室寇迪一绘制）

8.3 蒙象汉体的转译路径与方法

蒙象汉体的文化转译层次根据《文化学概论》中文化层次理论的物质文化层、行为文化层、精神文化层这三个层次来划分，此种划分方式也符合认知心理学理论即对事物的认知过程在由形到意、由表面到本质、由本能到反思的阶层。❶

---

❶ 李辉，何人可，肖狄虎.面向设计的地域文化数字资源库研究[J].包装工程，2016，37（18）：86-91.

8.3.1 蒙象汉体"象"的文化转译

"象"是表"意"的载体。《周易》:"子曰:书不尽言,言不尽意。然则,圣人之意其不可见乎?子曰:圣人立象以尽意,设卦以尽情伪……"可见,"象"弥补了言不能尽意的缺陷,"象"的达意功能为字体设计"意"的抒发提供可能。此处的"象"包含表意、形象、造像、模仿之意,属于蒙象汉体文化转译物质文化层级的范畴,主要作用于视知觉,唤起用户识读、辨别、理解的本能认知。"象"的文化转译要依赖于对原始字形"象"的解读与归纳,既要对文字廓形、笔形与结构特征进行分析,又要对文字创制源起与初始功用进行追溯,以此来保证最大限度的对于"象"的把握。

本次转译以回鹘式蒙古文标题体、八思巴文标准体、索永布文经刻体为样本。造型提取的过程既是对典型字形的归纳和整理,也是对能够匹配汉字的结构与造型的筛选与重组。通过对样本字母的拆解,提取较为典型的造型特征,筛选汉字相似的笔画进行匹配,再通过笔形置换及整体字形的象形调适来保障转译的流畅程度,最终将蒙象汉体字形输出,完成物质文化层"象"的转译(表8-1)。可以看到,"象"的文化转译在没有设计者个人经验以及对字形足够了解的情况下是无法实现的,既要避免过于追求字体样本造型而导致字形的烦琐与无法辨识,又要关注被转译样本的笔画细节在汉字造型上的表现,取"象"的尺度与"象"的表达对于设计者而言都是巨大的挑战。

表8-1 蒙象汉体"象"的文化转译

蒙古族文字	文字字体样本	文字字母样本	蒙古族文字造型提取	汉字相似笔画匹配	象的转译笔形置换	字形输出
回鹘式蒙古文	呼和浩特					

续表

蒙古族文字	文字字体样本	文字字母样本	蒙古族文字造型提取	汉字相似笔画匹配	象的转译笔形置换	字形输出
八思巴蒙古文	力量	k k' g ŋ tš tš'/č dž ǰ / t t' d n p p' b m ts ts' / dz w ž z / j/y r / š₁ / š h / ž i u e/ė o G ɣ		日口目	朝思想	朝思想
索永布蒙古文	永	a i e ü u o ö / ā ī ē ū ō ȫ / ai au ga/ɣa ka/qa ŋa ǰa ča / ga/ɣa ka/qa ŋa ǰa ča ña da		丆丁	不永弃	不永弃

通过对三种蒙古族文字的造型文化探究"象"的转译实验，蒙象汉体"象"的文化转译跨越了字体设计笔画替代的常规路径，将文字的"意"与"行"外化于"象"的塑造，使字形跳脱流行式样的命运，作为凝练历史文化的符号，可持续地对文化传承与发展发挥作用。

8.3.2 蒙象汉体"行"的文化转译

"行"即举止活动、风俗习性。文字的"行"是文字的使用规范与应用习惯，凝结着文字自创制以来所奉行的适用标准。属于蒙象汉体文化转译行为文化层级的范畴，"行"支撑"象"与"意"在符合用户认知与使用习惯的范围内进行转译。汉字与蒙古族文字在"行"的文化层方面古今异同之处较多，变化也趋于复杂，但也有一定文化转译的可行性。

"行"的文化转译是行为文化层的转译，是指通过梳理四种文字的发展历史，分析文字的使用、信息传达行为、书写场域、书写规范与阅读习惯。对比四种文字"行"的异同：在字体使用层面，汉字、回鹘式蒙古文、八思巴蒙古文、索永布蒙古文都以交流、记录、传承为主。在信息传达行为层面，情感表达是四种文字共有的特点，而汉字和回鹘式蒙古文由于日常使用率较高，因此在生活方式、风俗习惯方面表现突出，八思巴蒙古文则更多地服务于官方文书、印章为主，索永布蒙古文则以经书转写为主。在书写场域与书写规范层面，蒙古族文字和汉字存在巨大差异。从汉字的发展历史来看，最早的金文与甲骨文是铸刻文字，排版形式多为从左到右、由上而下。之后出现的由长条木板串联而成的简牍，是从左至右、由上而下的阅读方式，这种书写方式与阅读习惯一直延续到整个封建社会时期。汉字本体的书写规范必须遵循一定的笔画顺序，如"先撇后捺、先上后下、从左到右、先外后里"等。在汉字的识别方面，汉字不受排版顺序的限制，因此在日常使用中阅读顺序也更加灵活多变，如古代钱币自上而下，从右至左的四字交叉阅读顺序，再如匾额、招牌、对联横批等从左至右的编排形式等。1955年1月1日，《光明日报》首次采用从左至右横向排版的形式。自此，从过去的竖式及从右向左的阅读习惯逐渐改变成为横式及从左向右的方式，一直沿用至今。❶从蒙古族文字的发展历史来看，回鹘式蒙古文在借用回鹘文造型的同时也继承了回鹘文的书写形式与阅读习惯，其纵向书写排列的方式与古代汉字相类似，保留竖写输入与排版的习惯。八思巴蒙古文除在书写上追求方形块状结构与回鹘式蒙古文强调腰线的书写习惯完全不同以外，其他情况基本与回鹘式蒙古文相似。索永布蒙古文的书写形式与阅读习惯与此两者均不相同，由于借源于梵文，因此书写形式与阅读习惯与梵文基本一致，而从左至右的横向排版又与当今的汉字相同。通过排除书写场域与书写规范的差异，对比得出蒙古族文字与汉字在阅读习惯的共通性，遵循从左至右横向排列，或从右至左、从上到下竖向排列形式，进行蒙象汉体的编排设计，从而完成行为文化层字体书写排版的设计转译（表8-2）。

表8-2 蒙象汉体"行"的文化转译

文字	字体的使用	信息传达行为	书写场域	书写规范	阅读习惯	形态列举	转译性
汉字	交流 记录 传承	生活方式 风俗习惯 情感表达	永	永	永结同心	千陈爽 八回送 主田母	可转译

---

❶ 陈楠. 中国汉字设计史[M]. 武汉：湖北美术出版社，2021.

续表

文字	字体的使用	信息传达行为	书写场域	书写规范	阅读习惯	形态列举	转译性
回鹘式蒙古文	交流 记录 传承	生活方式 风俗习惯 情感表达			内蒙古自治区呼和浩特	内蒙古呼和浩特	可转译
八思巴蒙古文	交流 记录 传承	官方文书 官方印章 情感表达			大元通宝	平安 力量	可转译
索永布蒙古文	交流 记录 传承	经书转写 情感表达				索永布	可转译

通过对以上四种文字的行为文化探究与"行"的转译实验，将蒙象汉体的"象"与"意"构建于"行"的支撑，使字体在设计、应用及传播过程中对设计者及用户的认知行为起到指导作用。在遵循蒙象汉体汉字书写形式的基础上，将蒙汉文字"行"的相似部分保留，从而实现蒙象汉体行为文化层的转译。

8.3.3 蒙象汉体"意"的文化转译

意是情与景的统一，境是形与神的统一，"象外之意"是情景交融内心深处的认知感触，即为"意象"。❶ 在字体设计中"意象"是加强字体设计文化内涵和审美意趣的重要手段，在审美情境中"意象"同样适用。"意"的文化转译需要解读蒙古族文字的审美文化、观念与风格的形成，将抽象的"意"进行"象"的转化，结合"行"的应用与实践，共同构成蒙象汉体"意"的表达。

---

❶ 张学军. 莫言小说中的意象叙事[J]. 文史哲，2021（6）：77-85，163.

从人类认知心理学的学理视角来看，主体可以最大限度地获得对"意"的感知，而取舍对"象"的依赖，但审美过程却始终不能脱离"象"所呈现的感性形态。此处的"意"包含意境、意象之意，属于蒙象汉体文化转译精神文化层级的范畴，主要作用于用户的情感，带给用户持续的情感投射，继而引发认知上的反思，即文化的记忆与回响。

　　汉字与蒙古族文字在历史发展的进程中皆积累了自身独有的、宝贵的文化意蕴。在特定的历史条件、地理环境、宗教信仰、生产生活方式等种种因素的影响下，文化深植于文字形态之中。汉字作为自源性象形文字具有很强的象形意味，这与我国"以农立国，兴至神农之世"的农耕文明息息相关，"在漫长的历史发展中逐渐形成了以形表意、以意传情的字体构成，几乎可以说，汉字是物象符号化、语言图像化的典范"。❶ 而蒙古族文字作为借源性拼音文字则带有很强的游牧文化烙印，这种从特定的历史条件下和文化传统中阔步而来的审美观念和审美意识，总体可称为"刚性之美"。❷ 这种具有刚性之美的审美意识的形成，是游牧民族在长期对抗恶劣的自然生态环境中所形成的，在蒙古族文字的造型中得到了很深刻的体现。在"意"的转译过程中，文字样本应用功能的整理与归纳是文字审美分析的前提。回鹘式蒙古文具备易于拼读与转写的特点，因此在应用功能的表现上更广泛，其审美特征趋于迅疾、坚忍与更具生命力，以此为据，提取回鹘式蒙古文的瘦长廓形、顶端上升、尾部回折下沉、腰线垂直的外显基因特征，进行"牧与禾""意"的转译，赋予蒙象汉体回鹘式蒙古文自由奔放的游牧特质；而作为"国字"被创制的八思巴蒙古文主要应用于官方文书与公用印契，因此在审美表现上更趋端庄、肃穆与规范，提取其方块字形、笔画回转、刀口装饰的外显基因，对"民族商场"进行"意"的转译，赋予蒙象汉体八思巴蒙古文安定团结的审美理想。索永布蒙古文为宗教经文转写而创制，因此审美具有浓厚的象征性、符号化、神秘感特征，提取其瘦长廓形、首部装饰、日月火元素作为外显基因，对"永不放弃"进行"意"的转译，赋予蒙象汉体索永布蒙古文誓死捍卫家园、全民团结的精神境界（表8-3）。

---

❶ 潘鲁生. 传统汉字图形装饰[J]. 文艺研究，2006（8）：104-110，168.
❷ 杨晶. 刚性之美：蒙古族审美观念研究[M]. 哈尔滨：黑龙江人民出版社，2013：13-93.

表8-3 蒙象汉体"意"的文化转译

蒙古族文字	蒙古族文字样本	应用功能	蒙古族文字审美	外线基因提取	意的转译	转译性
回鹘式蒙古文	(字样) 内蒙古呼和浩特	生活日用 官方文书 公私印契 匾额题写 宗教经卷	迅疾坚忍 生命力	瘦长廓形 顶端上升 尾部回折下沉 腰线垂直	(字样)	可转译
八思巴蒙古文	(字样) 力量 广博 欢乐	官方文书 公用印契 宗教经卷	端庄肃穆 规范	方块字形 笔画回转 刀口装饰	民族商场	可转译
索永布蒙古文	(字样) 索永布	宗教经卷 寺庙匾额 宗教壁刻	象征性 符号化 神秘感	瘦长廓形 首部装饰日、月、火元素	永不放弃	可转译

通过对以上三种蒙古族文字精神文化探究到"意"的转译实验,升华了蒙象汉体中"象"与"行"的文化层次,厚植文字的民族文化内涵与民族精神品格。因此,在蒙象汉体"意"的层面所进行的文化转译实质是两种文字精神文化层的碰撞。至此,蒙象汉体通过"象""行""意"的三层次文化转译完成了汉字民族化风格的塑造,为民族文字赋能汉字创新设计提供了可借鉴、可操作、可习得的可能。

8.4 蒙象汉体文化转译设计与实践

文字是民族文化、民族艺术浓缩的体现,在传达民族艺术之美上具有巨大的潜力与发展空间。[1]当下,中华民族文化自觉意识的觉醒在席卷全国的国潮

---

[1] 张云峰. 民族艺术与文字设计的关联与影响[J]. 民族艺术,2012(3):109-111.

风的引领下，文化自信的大旗已经迎风招展，蓬勃发展的文化创意产业为文旅、文博事业带来巨大收益的同时，正在以更具创造力的方式引发着人们对中华优秀传统文化的持续关注与深度反思，进而对当代国人文化观念的转变产生着积极的影响。蒙象汉体继承了蒙古族民族文化的基因记忆，在民族品牌塑造之路上赋予民族企业独特的视觉印象，对民族企业突破同质化冲击、强化民族企业品牌个性、提升品牌竞争力具有重大意义。因此，研究团队筛选了内蒙古鄂托克前旗"牧与禾"文旅品牌、内蒙古文创产品设计开发作为研究范本，展开基于文化转译视角的蒙象汉体创新设计实践。

8.4.1 蒙象汉体赋能民族品牌

"十四五"规划纲要提出"开展中国品牌创建行动"，品牌建设正式提升到国家战略层面。民族品牌就是中国力量，是经济强国的重要标志。民族文化是民族品牌的核心生产力，将文化力转化为生产力，是民族品牌实现突围的有力支撑点。蒙象汉体赋能内蒙古民族品牌是提升民族企业核心竞争力，强化企业文化标识与地域标签，借助民族地区的自然资源优势、产业形态优势和民族文化优势拓展目标市场和对标市场用户的战略力量。

内蒙古鄂托克前旗"牧与禾"文旅品牌依托巴彦希泊日嘎查独特的自然资源和厚重的人文遗存，把开放包容、多元交融的本土文化价值融入企业文化中，打造"牧与禾"田园创意综合体品牌，在乡村振兴实践中走出了一条新路。依据品牌文化价值分析，半农半牧的产业形态与蒙汉文化的多元交融是本地较为突出的地域特征，选择以文化转译方法设计蒙象汉体作为品牌塑造的着力点符合企业对品牌定位的诉求。以当地蒙古族日常使用的回鹘式蒙古文为造型借源，在"象"的转译思路上，提取蒙古文拆分后的牙、肚、腰线、辫、尾等笔形与汉字"牧与禾"进行造型上的匹配与融合。由于企业主营文化旅游与文旅产品开发，因此品牌"象"的包容性、稳定性与创新性至关重要，既要充分展现蒙汉字体的高度融合，又要把握文字在"意"的表达中所传递的企业理念。在"行"的转译思路上，在保证文字识别性的前提下，对汉字书写融合回鹘式蒙古文的竖写场域与规范，增加笔形竖向的动态轨迹，突破汉字边框的限定，增强文字在"象"的转译层次中表达游牧的特质。品牌文字组合遵循汉字的使用规则，采用三角形构图完成整体品牌形象向上伸展的悬浮感，在增强"象"的视觉动感方面有更好的表现。在"意"的转译思路上,"牧与禾"半农半牧的文化特性致使品牌在"意"的表达中要带有农牧交融的审美意趣,农耕文明传达的"意"即"平和与自足",游牧文明传达的"意"即"征服与匮乏",外显基因前者静穆恬淡,后者躁动刚硬,二者对立统一的局面为品牌个性化塑造提供了可能。通过蒙象汉体文化转译赋予民族品牌文化内涵,提升品牌文化价值的同时亦促进了多民族多元文化间的理解、交流、交往与交融。对维护各民族地区语言生态的和谐和各民族文化的多元与统一具有重要意义(图8-2)。

图8-2　内蒙古鄂托克前旗"牧与禾"文旅品牌设计实践作品
(来源:内蒙古师范大学设计学院511设计工作室高尚设计作品)

8.4.2　蒙象汉体赋能文创产品设计

2014年以来,《国务院关于推进文化创意和设计服务与相关产业融合发展的若干意见》等一系列旨在推动文化创意产业发展的政策意见密集出台,为助力我国文化创意产业的发展提供了诸多保障,指明了发展路径。在"一带一路"倡议下积极推动民族文化走出去,民族文字作为对外文化传播的重要载体,是民族文化的积极表达方式,深入挖掘蒙古族文字在文创产品设计中的文化内涵,在民族文化传播过程中嵌入文字的独特元素,是提升民族文化传播力的重要途径。

蒙象汉体"囍"字文创饰品设计,选用蒙古族文字双"喜"与汉字双"喜"进行文化转译实验,并融合象征"爱"的心形符号共同构型,开发了一套以"新婚"为主题的饰品文创套件。在"象"的转译思路上,运用蒙汉吉祥文字双"喜"的配对结构进行造型上的处理,蒙古族文字笔型的迂回婉转与汉字的方正齐整在"象"的转译过程中既是对比关系,亦是互补关系,在造型上避免过于刻意的融合处理,保留结构上的对立与统一,隐喻婚姻、象征美好。在"行"的转译思路上，以保留文字在应用过程中的相对独立性，结合民间"喜"字的使用习俗，强化喜事的仪式感与沉浸感，避免繁复与冗长，采用简约、精巧的设计方案与材料，尽可能地保证佩戴过程中的舒适与低调。在"意"的转译思路上，把握当代用户的审美理想，将文化内涵的表达通过蒙象汉体的设计转译使其呈现出更具哲学意味的设计形式，传达"和而不同""各美其美""美美与共"的视觉意象之美，让用户获得更好的审美体验和文化体验（图8-3）。

图8-3 蒙象汉体"囍"字文创饰品设计
（来源：内蒙古师范大学设计学院吴海茹设计作品）

本章小结

基于文化转译视角的蒙象汉体创新设计研究，验证了以文化转译理论为方法对汉字字体进行创造性设计的可行性。文化因素的提取以及"象、行、意"的多层次转译保证了蒙古族文字造型特征在汉字字体设计创新过程中对于文化层次结构最大限度的保留与重建。在铸牢中华民族共同体意识、大力推广国家通用语言的时代语境下，以设计学视角研究蒙古族文字与汉字文化设计转译的可能，在促进少数民族文字设计学研究的探索和深入、丰富和发展蒙古族文字的研究成果、保护传承蒙古族文字的造型文化、拓展我国汉字传承与设计创新路径、助力中华优秀传统文化的创造性转化与创新性发展研究具有重要的现实意义与学术研究价值。

第 9 章

蒙古族文字文创产品设计

在经济全球化背景下，文化创意产业作为兴起不久的新业态，已经日益成为世界各国的支柱型产业和战略型产业。随着信息技术的飞速发展、媒体环境的日渐泛化、大众审美观念的深刻变革等，为民族文化传播提供了全新的语境。在此背景下，在作品中呼唤厚植民族文化的情况层出不穷。而这需要以国家政策为导向，民众需求为基础，共同构筑民族文化繁荣发展的环境。少数民族文字在自身民族文化特色的体现中承载着举重若轻的作用。在中国现有的56个民族的文化艺术里，仅有22个民族传承着承载本民族特有文化的文字。❶ 以蒙古族为例，内蒙古自治区在2018年公示的文件中强调，要提高蒙古族文字使用、加强文化传播项目工作的实施，推动蒙古族文字的传承和发扬。本研究基于卡诺模型建构方法，深入洞察用户对于蒙古族文字类文创产品的需求，以用户需求为创新路径，突破传统基于本体的单向研究，既可实现蒙古族文字的传承与创新，又可实现蒙古族文字赋能地方文化产业的创新性发展。

文字文创设计必须有充足的学理基础和设计经验。现有少数民族文字文创设计在理论方面缺乏对少数民族文字文创用户需求关系分析，实践方面缺乏文化内涵及情感支撑等问题。通过对少数民族文字的研究，提取其中独特的造字方法和图形化构成方法，经由具体的设计实践，对少数民

---

❶ 李宇明. 语言是文化的鸿沟与桥梁[J]. 天津师范大学学报（社会科学版），2023（6）：34-42.

族文字文创产品设计应用进行探索，并为民族化设计方法的研究提供一种思路。一方面，本研究以蒙古族文字形态特征为例，通过对蒙古族文字的字形分析，了解蒙古族文字的造字方法，结合其形态特征来总结造型美感，以此满足蒙古族用户的情感需求，产生情感共鸣；另一方面，以最低的认知成本让非蒙古族用户了解蒙古族文字，利用跨文化用户对非母语文字的猎奇心理，进而吸引更多的人关注并投身于中国少数民族文字领域的研究与保护中来。

文化的传承创新与语言之间的关系紧密相关。语言不仅是文化的重要组成部分，还是文化最重要的负载者、建构者和阐释者，并常常发挥着文化社团的"图腾"作用❶。这也体现出文字是一个时代发展的印记，因时代而发展，随时代而变迁。在中国特色社会主义的新时代，推动蒙古族文字的创造性转化和创新性发展既有其必要性，又有其必然性。习近平总书记指出："文化自信是一个国家、一个民族发展中更基本、更深沉、更持久的力量。"❷有了文化自信，人民才会有信心，社会发展才会有希望。因此，结合社会主义现代化建设的需要，挖掘蒙古族文字蕴含的文化资源进行文创产品的设计研究是必要的，也是蒙古族民族文化在面临文化全球化的必然性选择。少数民族文字文创产品设计更容易与受众产生情感共鸣，能给人耳目一新的感觉，满足受众的审美需求和情感需要，有利于获得蒙古族地区受众的文化认同感，这种文创产品对于打造民族品牌文化独特性具有得天独厚的优势；另外，经过系统化、规范化研究设计出的蒙古族文字文创设计在丰富民族文创设计的表现形式的同时，也为其他民族文字的文创产品设计提供一定的启示。

9.1 相关研究

9.1.1 少数民族文字文创研究

通过中国知网对相关文献跟踪数据，以"文字文创"为主题进行检索，得出25条结果，其中2017年有明显增长，2020年有8篇相关研究；以"少数民

---

❶ 李宇明. 语言是文化的鸿沟与桥梁[J]. 天津师范大学学报（社会科学版），2023（6）：34-42.
❷ 本刊评论员. 文化自信是更基本更深沉更持久的力量[J]. 中国纪检监察，2023（15）：1.

族文字"为主题，文献分类限定为"美术书法雕塑与摄影"进行检索，得出23条结果。虽然2001—2022年对于少数民族文字的研究有所波动，但整体研究呈增长的态势。通过对相关少数民族文字文创研究的梳理（表9-1），可以看出这些研究大多是从文化传承、文化产业抑或是文化设计等角度探讨少数民族文字文创产品的设计开发问题。同时，大多数现有的研究都倾向于定性分析，缺乏定量调查和用户分析来确定文化和创意产品的研究和发展。

表9-1　少数民族文字文创产品相关研究梳理

研究视角	基本观点	研究问题
传承民族文化	少数民族文字具有很强的装饰艺术性，用文字元素设计出多样化的文创产品，可以保护和传承民族文化	匠心独运——析蒙文在内蒙古文创产品设计中的应用（郁涯，2017） 蒙古族文字在文创产品中的设计开发研究（刘向龙，2020） 基于中国少数民族文字特征的汉字字体设计研究——以中国新疆地区为例（杜帆，2020）
文创产品设计	通过用户与产品定位分析对文字文创产品展开系统设计与实践制作，实现文化的传播、发展与保护	岳麓书院文字陶瓷产品设计（李伟幸，2017） 《吉祥花开》——女书文创产品设计系列作品（周旭婷，2020）
文创产业发展	基于市场文创产品的需求，将文字应用于文创产品设计中，拓宽实际应用的新路径。探寻民族传统元素在现代视觉大环境中的价值转换方式	纳西象形文字形变语言在文创产品中的应用（朱倩倩，2020） 江永女书文字在文创产品中的应用设计（赵鑫彤，2019）

9.1.2　蒙古族文字文创研究

蒙古族文字属于音素文字，就其独特性而言与包括英语和俄语在内的西方文字非常近似，传统蒙古族文字有96个字母，81合体字，其中70个为强制性合体字。时至今日，众多背景迥异的外国人士均对蒙古族文字表现出浓厚的兴趣和热情，并对其进行了有关历史学、语言学、人类学、文化学、艺术学等相关领域的研究，他们的研究成果为少数民族文字的发展作出了卓越的贡献，为后人对蒙古族文字的探索奠定了基础，同时也提供了更多维度的思考方式。

但是目前学术界对蒙古族文字的设计学研究更多地集中在对文字结构和文字形态的研究，以及对文字的艺术审美和设计方法等方面的探索。蒙古族文字介入文创产品设计的研究本就少见，而对蒙古族文字的设计学分析就显得更加稀有。蒙古族文字与其他少数民族文字一样，都存在着缺乏对文字本体艺术学、美学系统的研究与挖掘问题。经市场调查发现，目前有蒙古族文字介入的文创产品设计存在以下几个方面的问题：其一，对介入文字的设计风格开发存在明显不足，字体样式匮乏，字体设计风格与产品属性不相契合的现象较为普遍；其二，从设计方法上看，由于缺少对文字本体文化内涵的探讨，致使研究大多停留在对文字造型设计式样的简单更迭，系统性的研究更属罕见，而有关文字的个性与地域性研究匮乏也致使表现手法趋于单一和刻板。

针对以上不足，本次研究预计在蒙古族文字文创产品设计中使用KJ法及卡诺模型，首先运用KJ法进行问卷调查，旨在从错综复杂的现象中全面收集获取文创产品在初始功能方面的需求；其次在建立完成卡诺模型后，再次采用问卷调查方法，获取蒙古族文字类文创产品的用户需求类型、用户对文创产品的核心特征及其审美偏好等具体表现，继而为后续蒙古族文字介入文化创意产品设计与开发提供理论支持和方法论依据。

9.2 内蒙古民族文化创意产品设计现状

9.2.1 民族元素凸显，设计概念直白

通过对内蒙古部分文创产品设计与开发的相关文献与田野调研考察，梳理总结出文创产品发展呈现民族元素凸显，设计概念直白的现象，如内蒙古博物院开发的龙纹金花银盘、金银器、马到成功琉璃工艺品、千秋福鼎文创产品系列等，只是简单地对馆藏文物按比例的复刻。还有通过提取内蒙古博物院馆藏文物的器型、民族纹饰及文化内涵等，转移至大众日常生活用品中，如使用马头琴的U盘、打马印的文具产品、装饰有蒙古族文字的笔记本系列等，镶有蒙古族服饰元素的金属书签、签字笔、胶带、便利贴、软磁书签等，小宋自造香炉拼插杯垫、蒙古族奶酪创意茶杯、色土云壶茶具组等。这些文创产品的

开发与设计还停留在对现有文化符号进行简单复刻的层面，虽然民族元素得以凸显，但设计趋于直白浅显，对于文化内涵与设计概念的挖掘基本是缺失的状态。

9.2.2 设计创意平淡，忽视用户需求

文化创意产品，作为当前时尚潮流的文化衍生品，在文化传播和情感交流方面扮演着重要角色。通过对内蒙古相关文创产品设计研究的梳理，可以发现这些研究大多聚焦于文化传承、文化产业抑或是文化生产等维度探讨民族文创产品的设计与开发问题。然而，这些研究均是基于决策者、开发者、设计者的视角，基于用户需求视角研究民族文创产品设计与开发的文献甚少。侧重于民族元素的识别性和符号性占比较大，而关于用户对文创产品功能属性的需求延伸及审美偏好的改变未被受到重视，致使研究严重缺乏对大众，特别是年轻用户的关照。众所周知，用户需求是用户产生购买行为的诱因。只有精准定位用户需求，民族文创产品的设计模型才能更接近用户的心理模型预期，从而实现产品较高的被购买频率，产品才能有机会更好地厚植文化内涵，最终实现文化价值和经济价值的双赢局面。

9.2.3 设计品类丰富，销售渠道混乱

在深入调研内蒙古文创产品设计现状的过程中发现，旅游景区文创产品的发展呈现不平衡状态。其中，文创产品在设计、开发、生产、营销一系列环节中没有形成有计划、系统性的策略布局是最突出的问题，即缺乏对销售渠道的提前规划，加之产品式样的开发忽略用户调研致使创新性匮乏，难以吸引消费者做出购买决策，价格与品质不符，性价比远远低于目标用户的期望等。负责营销的人员对于融媒体时代下的新兴销售方式缺少重视，如抖音直播、微信公众号推送、小红书软文等方式的综合应用。传统的营销模式和方法也致使内蒙古旅游文创产品市场发展滞后。对于旅游型城市而言，这些问题既无法满足游客用户的消费心理预期，又由于产品设计缺乏吸引力而无法博得游客的青睐，从而对地方文化产业的蓬勃发展带来巨大的负面影响。值得注意的是，还有相当一部分以旅游业为核心竞争力的地区、城市还没有充分意识到文创产品在促

进当地特色产业发展所带来巨大经济效益的重要意义，这也是当下各地区文创产业发展不平衡、设计开发良莠不齐的主要原因。因此，内蒙古地区文创产业发展要想改变现状，提升文化产业的经济效益和社会效益，就必须从转变观念、提升认知开始。高度重视地域性多民族传统文化的本体研究与交融研究，加大各旅游核心区域、城市对文创产品的研究与开发力度，深入挖掘民族文化底蕴，厚植传统中华民族文化精神，精准锚定市场目标人群，从而在根源上获得改进，消弭滞后带来的不利因素，紧跟时代步伐，为实现内蒙古文化产业的整体跃迁而努力。

9.3 基于卡诺模型的蒙古族文字文创产品设计研究

9.3.1 卡诺模型原理及应用

卡诺模型是东京理工大学教授狩野纪昭（Noriaki Kano）创建的针对消费市场用户需求分类和优先排序的特殊工具。卡诺模型通过将用户需求要素分为五种类型，以此来分析不同类型的需求要素与消费者满意度之间的非线性关系。卡诺模型被应用于电子设备研发等大量研究领域。卡诺模型在蒙古族文字文创产品用户需求研究中的应用可以厘清许多用户模糊的需求所拥有的品质类型，同时能够得到用户群体对蒙古族文字和文化创意产品的诸多要求。

9.3.2 基于卡诺模型的用户需求分析方法

基于卡诺模型的用户需求分析过程如下为：首先，基于KJ方法，获取用户对现有蒙古族文字文创产品初始功能需求，提取用户对于文字文创产品的需求要素；其次，设计双向问卷，建立卡诺模型，用以分析用户对蒙古族文字文创产品功能需求度；再次，基于卡诺仿真模型研究方式，确立同所有用户需求因子相匹配的质量类型；最后，通过需求要素的质量类型，研究用户的偏好，将消费者的所需转变成所设计的产品要素（图9-1）。

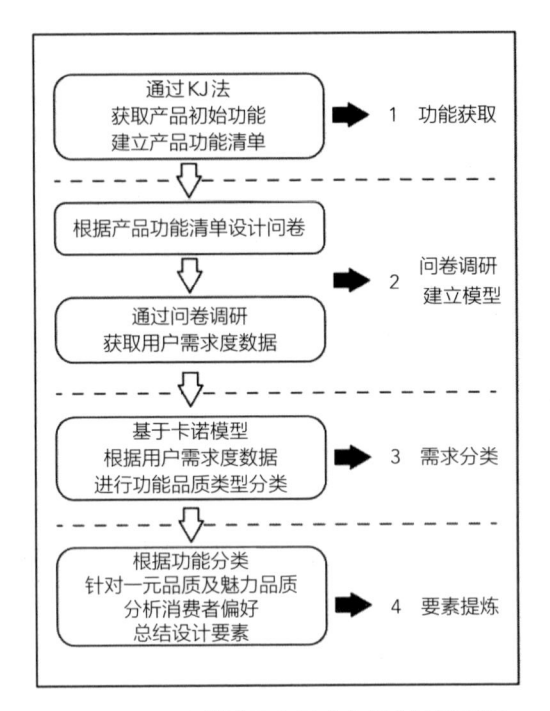

```
┌─────────────────────────────────────────┐
│  ┌──────────────────┐                   │
│  │   通过KJ法       │                   │
│  │ 获取产品初始功能 │ ➔  1  功能获取    │
│  │ 建立产品功能清单 │                   │
│  └──────────────────┘                   │
│           ⇩                             │
│  ┌──────────────────┐                   │
│  │根据产品功能清单设计问卷│             │
│  └──────────────────┘                   │
│           ⇩               2  问卷调研   │
│  ┌──────────────────┐ ➔      建立模型   │
│  │   通过问卷调研   │                   │
│  │ 获取用户需求度数据│                  │
│  └──────────────────┘                   │
│           ⇩                             │
│  ┌──────────────────┐                   │
│  │   基于卡诺模型   │                   │
│  │根据用户需求度数据│ ➔  3  需求分类    │
│  │进行功能品质类型分类│                 │
│  └──────────────────┘                   │
│           ⇩                             │
│  ┌──────────────────┐                   │
│  │   根据功能分类   │                   │
│  │针对一元品质及魅力品质│               │
│  │ 分析消费者偏好   │ ➔  4  要素提炼    │
│  │   总结设计要素   │                   │
│  └──────────────────┘                   │
└─────────────────────────────────────────┘
```

图9-1　KANO模型用户需求分析方法流程图
（来源：内蒙古师范大学设计学院511设计工作室
侍秉颂绘制）

9.3.2.1　功能获取

获得初级功能的主要目标是侧重于产品的目的，利用KJ方法开发新的功能，以满足用户新的或潜在的需求，并整合现有功能。KJ法，别称亲和图法，是一种质量管理工具，由日本川喜田二郎（Jiro Kawakita）创立。[1]其主要流程为：

（1）数据来源确认，被调查者中包括使用蒙古族文字相关产品的用户，以及具有开发创新性产品创意和技术的用户。

（2）受访者对"您认为蒙古族文字文化创意产品应该具备什么作用"这一主题进行深思和联系，获取蒙古族文字文创的初始功能需求信息。

（3）按优先功能需求排列并加以筛选，而后形成"3级功能标题卡片"。

（4）基于卡片存在的信息内容之间的相互关系，重置卡片的先后顺序，向上排列，建立"2级功能标题卡片"。在整个自下而上的排序分类活动中，基于卡片存在的信息内容之间的客观关系展开分组。

---

[1] 郑妍，阿伦娜. 基于KANO模型的鄂尔多斯青铜器文创产品设计研究[J]. 轻纺工业与技术，2021，50（4）：73-74，136.

（5）重复步骤4，"第2级功能标题卡片"独立展示，进而获得"第1级功能标题卡片"。

（6）为确保获取数据的其他功能的定义和准确性，将删除不包含第2级或第3级子功能的第1级分类表。

（7）整理卡片，形成初始需求清单。

通过KJ法对产品功能展开分类，一方面，在全过程中明确新的功能，完成客户新的或潜在的需求，推动产品功能实现自主创新；另一方面，对目前的功能进行组织和分类，从而建立了明确的等级关系（表9-2）。

表9-2　功能层次归纳梳理表

1级需求指标	2级需求指标	3级需求指标
实用功能	文字识别性	配套汉字翻译
	产品互动性	使用过程参互动感强
传播功能	文化传播	民族文化，民族文字
审美功能	设计感	简化
	装饰性	蒙古民族装饰
	趣味性	设计风格潮酷
	差异化	具有民族特色
教育功能	文字教育科普	儿童文字教育科普
情感功能	民族认同感	具有代表性内蒙古特色

9.3.2.2　问卷调研，建立模型

为了更好地掌握用户对各个功能指标值的需求，需要收集各个功能指标值的总体目标消费者的市场需求水平的数据信息。❶在需求水平分析环节，关键是基于问卷调查法获取初级数据信息。受访者大多是目标用户，他们了解产品，会更容易获取更符合消费者需求的信息内容。通过产品功能列表形成问卷，针对2级需求指标值调整问题。基于产品功能列表设置问卷，并对第2级需求指标提出相关问题并实施问卷调查。研究用户对每个职能的不同观点，提出问题的方式有两种：当某产品具有特定作用时，和不存在这个作用时消费者的态度产生何种变化。将满意度等级划分为：很满意、理所应当、无所谓、能忍受和不喜欢。向整体目标消费群体推送问卷调查，收集、统计分析数据信

---

❶ 李雯，张焘. 基于KANO模型的博物馆文创产品消费者偏好研究[J]. 设计，2019，32（17）：76-79.

息，以获取整体目标消费者对二级功能指标的市场需求水平的主动性和抑制性水平的初始信息。

（1）问卷设计

针对蒙古族文字文创这一产品，首先通过查阅相关文献以及KJ法等方法，初步得到用户对产品的所有需求，对需求进行分类，概况归纳出19个需求关键词，同时通过产品作用、外观设计、互动体验三个角度展开梳理和阐述，进行序号标注（表9-3）。基于需求关键词设置卡诺调查问卷，所有需求均通过正反两个角度展开问题的提问，比如"若蒙古族文字文创产品具备科普蒙古族文字的功能，您的满意度是""若蒙古族文字文创产品不具备科普蒙古族文字的功能，您的满意度是"，所有问题均有5个可选答案，分别是满意、理所应当、无所谓、能忍受和不喜欢（表9-4），接着参照卡诺模型分析结果分类对照表完成分类。

表9-3　蒙古族文字文创需求关键词汇总表

范围	需求	详细描述	编号
产品作用	汉字翻译	出现蒙古族文字的地方有配套翻译	1
	科普文字	科普蒙古族文字的造字方法	2
	文化传播	蒙古族文字背后蕴含的民族文化	3
	益智教育	儿童文字教育互动	4
	互动性	具备娱乐功能，趣味性	5
	差异化	与市面文字文创具有差异性	6
	具有审美	符合大众审美标准	7
	民族情感	通过蒙古族文字产生民族认同感	8
	潮流感	与当下流行的设计风格契合	9
	凸显文字特征	蒙古族文字特征明显	10
	文字保护	濒危文字保护	11
	收藏价值	具有一定的收藏传承的价值	12
	专属性	用户的专属体验	13
外观设计	标识醒目	识别度高	14
	造型风格年轻	造型简约，风格潮酷	15
	材料经久耐用		16
	色彩搭配合理		17
互动体验	配件位置合理	配件大小、放置位置	18
	包装使用合理	包装功能分区的位置、高度	19

表9-4　蒙古族文字文创产品KANO模型双向问卷示例表

若蒙古族文字文创产品具备科普蒙古族文字的功能，您的满意度是？				
□满意	□理所应当	□无所谓	□能忍受	□不喜欢
若蒙古族文字文创产品不具备科普蒙古族文字的功能，您的满意度是？				
□满意	□理所应当	□无所谓	□能忍受	□不喜欢

此次问卷调查通过互联网展开问卷调查的方法，共分发调查问卷210份。通过信息的采集和筛查，去掉有悖于逻辑的调查问卷，最终得200份有效调查问卷。通过SPSSAU信度效度检测，信度系数值为0.804，Cronbach α 系数为0.797，效度检测KMO值为0.620。分析数据的信度合理性高，所提取的信息内容具有较高的科学性。

（2）蒙古族文字文创产品用户需求卡诺模型的建立

在蒙古族文字文创产品用户需求科学分析中，基于卡诺模型将用户需求因素分成以下五类：①魅力属性（A）：实现功能方面需求后，用户的满意度会表现出持续上升的态势；当未能实现功能需求时，用户的满意度并未减少。②期待属性（O）：实现功能需求后，用户的满意度会表现出线性上升状态；反之亦然。③必备属性（M）：实现功能需求后，用户的满意度并未增加；然而功能需求未实现的情况下，用户的满意度呈现迅速下降的态势。④无差异属性（I）：不管此功能需求能否实现，用户的满意度不发生变化。⑤反向属性（R）：实现该功能需求后，用户的满意度出现等比例下降情况；反之亦然（图9-2）。在特定的情况下，若用户对"该项功能需求满足和该需求不满足"都选择"很满意"或"不喜欢"，这类结果就称为可疑属性（Q）。

卡诺模型的双向问卷调查是基于消费群体的基本要求展开分析的。双向问卷设计方法为：对每个组的需求因素展开简要的介绍，通过正反两个角度设置问题，两个重点问题是"当该产品拥有此需求品质时，消费者的满意度"，以及"当该产品不存在此需求品质时，消费者的满意度"，所给出的参考选项为由很满意到理所应当、无所谓、能忍受以及不喜欢五阶不同的满意度。

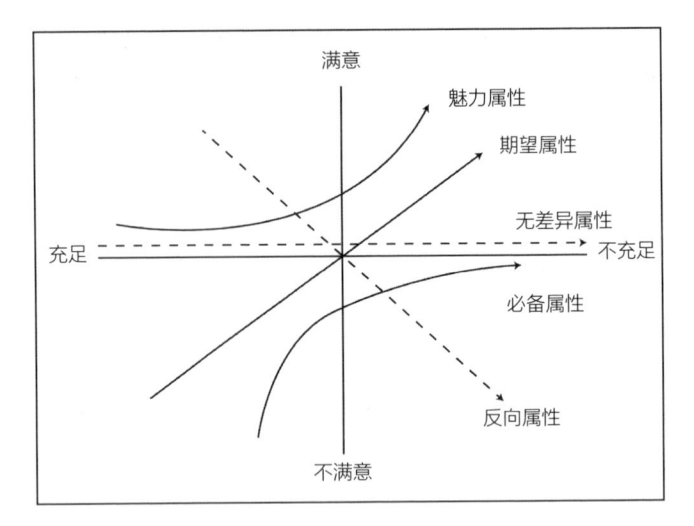

图9-2　卡诺模型
（来源：内蒙古师范大学设计学院511设计工作室侍秉颂绘制）

（3）基于卡诺模型的用户需求要素品质确定

根据双向卡诺模型问卷的结果，确定了蒙古族文字产品用户需求要素的质量分类（表9-5）。受访者对蒙古族文字文创产品需求的品质排名以频率统计的形式呈现，品质类别以人数表示。

表9-5　卡诺模型评价结果分类对照表

卡诺模型评价结果分类对照表						
功能/服务		负向题				
		不喜欢（1分）	能忍受（2分）	无所谓（3分）	理所应当（4分）	满意（5分）
正向题	不喜欢（1分）	Q	R	R	R	R
	能忍受（2分）	M	I	I	I	R
	无所谓（3分）	M	I	I	I	R
	理应如此（4分）	M	I	I	I	R
	满意（5分）	O	A	A	A	Q

A：魅力属性，O：期望属性，M：必备属性，I：无差异属性，R：反向属性，Q：可疑属性

经过统计，得到期望（M）、魅力（A）、必备（I）、无差异（O）、反向（R）的质量的占比，分别为SM、SA、SI、SO。接着基于将以上运算获取的

数据信息通过卡诺模型需求类型展开分类。基于Better-Worse系数分析法完成运算，能够得到满意度系数值（Better）和不满意度系数值（Worse），统计分析用户对不同的需求的态度。

计算公式为：SI=（SA+SO）/（SA+SO+SM+S）

DSI=-（SM+SO）/（SA+SO+SM+S）

9.3.2.3 需求分类

结合卡诺问卷调查获得的信息，SPSSAU对获取的信息展开差异分析，得到卡诺仿真模型评审结果的分类列表。在18个需求指标的卡诺属性中，有2个期望属性的需求（表9-6）。根据最终定义的蒙古族文字文创产品的用户需求质量类型，未发现反向属性量。重点研究魅力型和期待型属性，分析蒙古文产品的用户需求偏好度。

表9-6 蒙古族文字文创卡诺模型分析结果汇总

卡诺模型分析结果汇总									
功能/服务	A	O	M	I	R	Q	分类结果	Better	Worse
配套汉字说明翻译	9.23%	53.85%	1.54%	32.82%	1.03%	1.54%	期望属性	64.74%	-56.84%
传播民族文化	10.77%	35.90%	0.51%	50.77%	0.51%	1.54%	无差异属性	47.64%	-37.17%
关联性强，有互动感	8.72%	30.26%	0.00%	59.49%	0.00%	1.54%	无差异属性	39.58%	-30.73%
科普蒙古文字	12.77%	39.74%	7.73%	39.25%	0.00%	0.51%	期望属性	50.77%	-47.71%
益智教育	10.77%	27.18%	0.51%	57.44%	3.59%	0.51%	无差异属性	39.57%	-28.88%
具备蒙古族特色	9.23%	13.85%	1.54%	74.36%	0.00%	1.03%	无差异属性	23.32%	-15.54%
具有收藏价值	12.31%	29.74%	2.05%	55.38%	0.00%	0.51%	无差异属性	42.27%	-31.96%
凸显文字特征	9.74%	31.28%	2.05%	56.41%	0.00%	0.51%	无差异属性	41.24%	-33.51%
具备娱乐功能	11.28%	32.31%	0.51%	54.87%	0.51%	0.51%	无差异属性	44.04%	-33.16%
体现蒙古族文化习俗	11.28%	27.69%	1.54%	58.46%	0.51%	0.51%	无差异属性	39.38%	-29.53%
设计风格年轻潮酷	8.21%	29.74%	0.00%	53.85%	3.08%	5.13%	无差异属性	41.34%	-32.40%

续表

功能/服务	A	O	M	I	R	Q	分类结果	Better	Worse
外观造型上标识醒目	9.23%	31.79%	1.54%	55.90%	0.00%	1.54%	无差异属性	41.67%	−33.85%
材料应用经久耐用	10.26%	28.21%	3.08%	57.95%	0.00%	0.51%	无差异属性	38.66%	−31.44%
色彩搭配丰富	11.28%	30.26%	1.03%	56.41%	0.00%	1.03%	无差异属性	41.97%	−31.61%
配件大小合理	8.21%	34.87%	1.54%	53.33%	0.51%	1.54%	无差异属性	43.98%	−37.17%
包装设计有功能分区	10.26%	31.28%	1.03%	56.41%	0.51%	0.51%	无差异属性	41.97%	−32.64%
产品设计具备专属性	10.26%	33.85%	0.51%	53.33%	0.51%	1.54%	无差异属性	45.03%	−35.08%
蒙古文的识别性高	9.74%	29.23%	1.03%	58.46%	0.00%	1.54%	无差异属性	39.58%	−30.73%

A: 魅力属性，O: 期望属性，M: 必备属性，I: 无差异属性，R: 反向属性，Q: 可疑属性

9.3.2.4 要素提炼

从结果中可以看出用户对配套汉字说明翻译，科普蒙古族文字等有所期望，在蒙古族文字文创产品设计中增加这些要素，用户会更加满意，通过二次访谈，用户反馈目前市面上蒙古族文字文创产品较少，在外观造型设计上缺乏审美，导致一些年轻用户望而却步，丧失购买欲望。期望蒙古族文字文创产品能够彰显蒙古族文字特色，更具时尚感。因此在设计实践中也考虑了这一需求。

9.4 蒙古族文字文创产品设计实践

9.4.1 用户需求与设计关键点对应关系分析

在进行功能优先级排序时，根据卡诺模型理论进行功能优先级排序，按照"必备＞期望＞魅力＞无差异"的顺序进行排序，总结出蒙古族文字文创产品的设计要素为配套汉语翻译以及科普蒙古文两点要素。

将用户需求与蒙古族文字文创产品设计关键点进行对应分析，根据用户使用产品的流程进行思考，总结出在使用蒙古族文字文创产品前，对于非蒙古文

用户要有配套的汉字说明翻译，设计的关键点在于产品使用说明的双语设计。且蒙古族文字文创产品应具有一定的科普蒙古族文字的作用，对于无法识别蒙古族文字的用户来说，识别新的语种之前要有基础知识的科普，来增加文创产品的使用度，针对这一项需求的设计关键点在于为产品增设蒙古族文字基础知识科普手册。❶ 对于二次访谈后增加的期望彰显蒙古族文字特色以及外观设计具有时尚感的需求，设计关键点在于创作时要保留蒙古族文字的特征，在产品包装设计中，选用扁平化设计元素，赋予一定程度的潮流感。

9.4.2 蒙古族文字文创产品设计方案

根据卡诺模型分析和满意度系数值与不满意度系数值系数分析定位蒙古族文字文创产品的功能设计要素，最终得出蒙古族文字文创产品的设计方案（图9-3）。对比现有的少数民族文字文创的功能，依照需求优先级，重点针对魅力型和期待型品质进行蒙古族文字文创产品的功能设计，通过增加了配套汉语翻译说明书、基础蒙古族文字知识科普手册来满足用户的期待型需求；并且结合了年轻化的设计风格，采用活字印章传统工艺形式增加产品的互动体验。

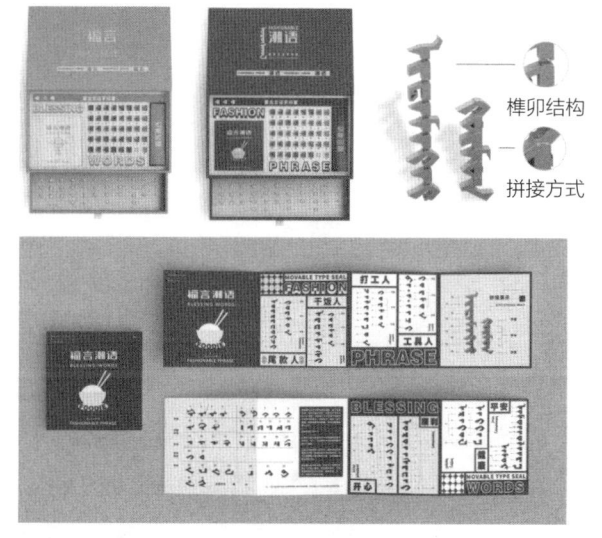

图9-3　福言潮语蒙古族文字文创设计
（来源：内蒙古师范大学设计学院511设计工作室侍秉颂绘制）

---

❶ 马秉辉. 基于Kano模型的校园安全报警柱设计研究[J]. 机电产品开发与创新，2021，34（4）：48-50，57.

9.4.3 蒙古族文字文创产品设计要点总结

蒙古族文字独特的书写方式和造型美感，使它成为兼具蒙古族民族特征和地域文化的符号。本次调查研究的目标用户为蒙古语用户与非蒙古语用户，结合数据结果分析，用户对于蒙古族文字文创产品的需求主要有配套汉语翻译、科普蒙古族文字、外观设计时尚，其分别反映了用户对于蒙古族文字文创产品及其使用过程在外观感知、信息传递和文化情感三个方面的主观感受，并以此作为解决设计创意平淡，忽视用户需求的问题。

9.4.3.1 外观感知

具有民族文字特征的文字文创产品外观开发有利于民族文化的保护和传承，对基于用户需求下的蒙古族文字文创产品外观设计，运用卡诺模型分析法和改变设计方法等手段，将蒙古族文字文创产品外观结合需求点进行重新分析后，提取设计元素，以及合理地将蒙古族文字特征及简约、时尚的需求特征融入蒙古族文字文创产品外观设计中。

在"福言潮语"文创产品的外观设计中，作者一方面将蒙古族文字字素造型结合传统活字印章中雕刻的手法进行创新设计，形成一种具有简约又不乏识别性的蒙古族文字印章字体风格；另一方面选择饱和度极高的色彩包装和金属材质的印章形成对比，以此来提供强烈丰富的体验。灵活的字素印章之间可以产生数种搭配，再配合使用说明书的范例增加用户的体验技能，可以提升用户对这些丰富的交互进行学习和思考的兴趣。

9.4.3.2 信息传递

蒙古族文字文创产品设计不仅是一种艺术创作，它作为文字的同时具备向用户传递信息的基本功能。对于蒙古语用户而言，蒙古族文字设计有补充说明的作用，从而拓宽产品的受众面。对非蒙古语用户而言，蒙古族文字造型的字干粗壮、字形修长，有着明显的刚性之美。❶将其应用在文创产品设计中，可以增加产品的信息含量，可以帮助用户营造出浓烈的文化气氛，带来愉悦体验。

虽然蒙古族文字对非蒙古语用户来说是非常陌生的，但在"福言潮语"蒙

---

❶ 刘向龙. 蒙古文字在文创产品中的设计开发研究[J]. 设计，2020，33（3）：18-19.

古族文字文创设计中，通过字素分析将蒙古族文字字母与印章创造性地结合起来，使产品具有灵活性、趣味性，一方面满足了非蒙古语用户对蒙古族文字文化科普的需求，另一方面实现了产品形式与功能相统一。在产品说明书部分印有"干饭人""打工人""尾款人""工具人"等潮流词语，以及"平安""开心""健康""平安""顺利"等祝福词语的拼写方式，既与"福言潮语"的主题相呼应，又与科普蒙古族文字文化的功能相对应，摆脱了生搬硬套的弊端。在应用蒙古族文字进行文字文创产品创新设计时，要考虑文字本身所具备的信息传递功能，同时也要思考文字形状与产品造型的关联。

9.4.3.3 文化情感

在少数民族文字文创产品开发过程中，提取文字元素，要注重提取文字文化的内涵。数据结果表明，用户更属意具备"科普蒙古族文字文化"属性的文创产品，其增加后的满意系数（SI）与消除后的不满意系数（DSI）的绝对值均显示为期望型需求，对用户满意度的影响程度很大。用户购买行为的结束是文创产品传播文化功能延伸的开始，文字文创产品的设计要使少数民族文字文化、产品、用户之间的关联紧密，提取具有民族文化特征的文字元素能够刺激用户对于蒙古族的记忆，使蒙古族文字文化产生持久性影响。

"福言潮语"蒙古族文字文创设计，在文字文化元素提取时，选择按照字素拆分法将蒙古族文字拆分为39个字素作为活字的单个字符，说明书上印有使用说明与蒙古族文字科普。在体现蒙古族文字文化元素的同时，也体现了典型的地域特色，使用户在欣赏、使用产品时能产生属于内蒙古的独特记忆，能够有兴趣持续了解内蒙古民族文化，在潜移默化中传播了民族文化。

本章小结

本文利用KJ法和卡诺模型，深入分析了基于用户需求的蒙古族文字文创产品设计方法。明确了用户期望的蒙古族文字文创产品类型和他们的总体偏好。研究发现蒙古族文字文创产品的客户的需求集中在期望型需求中。在蒙古族文字文创产品的创作时需注意的特征中，科普蒙古族文字基础知识和有配套的汉语翻译等关键元素是需要被注重的。而在这背后反映出的是用户在对文字文创产品及其使用过程在信息传递、文化情感和外观感知三个方面的主观感受。笔者认为，对基于用户需求的蒙古族文字文创产品设计方法可以应用于其他少数民族文字或其他国家文字文创开发中，因为它是一种以用户需求开始的设计，本质就是以用户为中心的设计研究。蒙古族文字文创产品设计在满足了文化传承和传播的基础上，注重用户需求将成为民族文字文创设计开发的未来发展的必然趋势之一。如何充分利用少数民族文字文创产品的媒介，更好地体现少数民族文化，发扬中华民族共同体精神，还需要各方共同努力。

第10章

基于蒙古族文字特征的民族化风格饰品创新设计

在当前我国经济蓬勃发展的背景下,消费者的购物观念已发生深刻变革,他们不再单纯追求商品的实际使用效能,而是更加注重商品所能承载的个人品位与展现的社会文化价值。鉴于此,在深入融合的过程中,文化产业与文旅产业展现出巨大的互补性与发展潜力,为双方的共同进步和繁荣开辟了广袤的领域。对于少数民族地区的文旅饰品设计而言,这种趋势既是前所未有的机遇,也是充满挑战的新局面。民族化风格饰品设计是在民族的特定社会结构、自然环境、风俗习惯、审美文化以及民族心理等因素中产生的。❶蒙古族风格化饰品,作为一种民族文化符号,其设计深植于蒙古族丰富的文化内涵之中,是对其独特文化的一种具象化表现。作为内蒙古民族文化的重要载体,不仅以其独特的造型和工艺展现了蒙古族的传统风俗、价值追求、宗教信仰及审美偏好,还承载着重要的社会功能。然而,在现代文明的冲击下,加之传统手工匠人的逐渐流失,这种充满民族韵味的饰品在市场中日渐稀少。在今日的民族化风格饰品设计中,设计师们不仅致力于提炼和传承民族元素,更着力于传递深厚的民族情感,以及表达民族精神和文化精髓。这一转变不仅是对传统工艺的保护,更是对内蒙古民族文化的一种深度挖掘和传承。

---

❶ 杜杰,周晓辉,王家民. 中国民族化风格包装设计研究[J]. 包装工程,2010,31(12):80-83.

10.1 相关研究

10.1.1 民族化风格饰品发展现状

随着我国居民收入水平的持续增长，以及国家对文化产业繁荣发展的持续助力，情感价值、审美理念以及个性化追求逐渐融入民族风格饰品的设计之中，为其开辟了一个更为辽阔且富有创意的发展空间。当前，中国已成为全球重要的珠宝首饰生产和消费大国，不仅稳固了其作为世界第二大钻石加工中心的地位，更在玉石和翡翠消费市场上占据了全球主导地位，同时也是世界第一大黄金生产国。根据中国珠宝首饰协会的最新统计数据，我国珠宝首饰行业的总体市场规模已经迈过了5000亿元的重要关口，过去五年内的复合增长率高达约13.00%，成为消费品市场中增长最为迅猛的领域之一。从市场结构的角度审视，黄金首饰占比50.00%，其他为铂金K金、钻石珠宝镶嵌、翡翠玉石、珍珠等其他饰品占比50.00%。

近年来民族化风格饰品市场持续升温，一些本土饰品品牌率先开始现代化的蒙古族风格饰品创作，依靠成熟的工艺及完整的产业链，这类产品率先占据了高端产品市场。传统民族饰品的手工艺匠人也陆续加入现代化的民族化风格饰品的创作中。他们以其扎实的手工基础和构图艺术，使其产品的品质在业内广受好评。从国内市场来看，内蒙古本土的民族饰品设计多以艺人工作室的形式进行创作、宣传、销售，没有形成完整的产业链。但21世纪以来民族化风格饰品迎来了一个重要的历史机遇期，随着社会经济的发展和人民生活水平的提高，包括饰品在内的民族艺术品逐渐进入大众消费市场，民族化风格饰品的文化消费价值开始凸显。

整体来看，民族化风格饰品发展将呈现如下趋势：民族化风格饰品市场竞争进一步加剧，产品向品质化品牌化转型；产业规模持续增大，消费市场向大众化、年轻化扩展；结合当下文化产业与旅游业的深度融合，促使民族化风格饰品产业迸发新动能，为民族地区经济发展提供新思路和新导向。

10.1.2 文字类饰品发展现状

中国文明是延续至今而未曾断绝的原生文明，汉字是目前罕有的仍然保持旺盛生命力的自源性文字。❶中国文明的连续性与包容性，很大程度上得益于汉字的延续性、统一性与兼容性。与其他文明的拼音文字不同，汉字是形、音、义的统一体，形呈于目，音入于耳，意达（感）于心，三者通感互利，共同作用，成就了汉字独具的意象之美。它并没有出现像欧洲文明那样文字因语言的分化而分化的现象，而是很好地兼容方言的分歧、时代的变迁以及地域文化的差异，成为承载中华文化的重要载体。汉字的民族性，深刻影响了中国人的思维方式，甚至中国文化的总体特征。

在当代社会，文字的应用日益集中于互联网和手机等点对点的交流渠道，其形式已从传统的"书写"逐渐转变为"阅读"。然而，随着文字的发展，它不再仅仅是被"阅读"的对象，而是承载着深厚的文化内涵，可以被视为文化的"呼唤"。通过文字的图形化设计，汉字被赋予了为文化"发声"的使命。当代的文字类饰品设计与生活紧密相连，将文字与图形、文化与生活巧妙地结合在一起，使设计方式更为多元且富有创意。中国汉字的方块形结构为设计师提供了丰富的可能性和创新空间，他们运用这一特点，在汉字构型的基础上，巧妙地融入了富有吉祥寓意的图像和纹样，进而创造出了一个全新的符号系统。这不仅丰富了饰品设计的内涵，也进一步凸显了文字的文化价值。

在全球饰品设计领域日趋多元化的今天，众多国际风格各异的饰品及品牌层出不穷，这对我国饰品设计行业的进步起到了显著的推动作用。消费者的需求已不仅限于外观的美感，而是更多地追求产品背后的文化附加价值。随着现代消费观念的升级，饰品所承载的象征意义愈发凸显其重要性。文字类饰品以其独特的文化内涵和情感力量，引发了目标消费群体的深度共鸣，进一步提升了饰品的整体价值。

设计师许二建的"龙""凤""寿"汉字及书法首饰设计作品，将中国书法草书与吉祥纹样结合的设计手法，从新的视角诠释了文字所蕴含的传统文化。叶志华在汉字首饰设计"吉"系列中将"吉"字进行解构结合甲骨文的书写形式，创造"吉"字系列作品。中国工艺美术协会金属艺术专业委员会副秘书长吴二强在"家训"系列饰品中通过以中国传统家训"四海为家、善为本、任笔所之、天道酬勤"为主题，诠释当今时代背景之下中国传统文化传承的新途径。

---

❶ 党圣元.《文心雕龙》文字发展观与美学观探微[J]. 文艺研究，2020（12）：48-58.

网红品牌"她是个女孩"（She's Girl）将霓虹灯牌造型与文字结合，希望通过构建艺术、趣味的配饰语言，以多元的设计元素、玩味材质的混搭、活力张扬的色彩运用，来解读新时代女性追求精致生活的细节美，展现她们的独立与自信。专属定制文字项链将中国百家姓汉字元素进行组合专属项链，"以你之姓，冠我之名"，代表对爱情的承诺和相约白首的约定，深受年轻消费者青睐。

可以看出当前消费市场中以文字为题材的饰品正处于初步发展阶段，许多设计师已经注意到文字的魅力，深入剖析了文字与饰品设计之间的关联性，基于理解和方法的不同，通过文字和传统图形的结合呈现出不同风格的饰品作品，针对文字本身的意义以及文字背后的美好寓意进行再创作。把握文字饰品不同的表现形式所体现出来的艺术美感，有利于文字作为饰品设计元素的选取和再设计，有利于探索文字与饰品设计结合的艺术价值和经济价值。

10.2　内蒙古民族化饰品设计现状

早期民族化风格饰品的产生是源自最基本的生理本能，随着社会的分化渐渐有了明晰的象征意义，与阶级、宗教、种族、性别有了更密切的联系，民族饰品常被研究学者视为重要的民族文化符号。全球化的大背景下，时尚潮流对民族地区饰品设计的冲击以及对消费者审美的影响已成事实。如今，人们更倾向于根据个人审美和喜好来选择饰品的材质，依据时尚流行分辨款式，审美愈发着重于塑造自我、表达自我。

少数民族服饰文化一直以来都是饰品设计的一大灵感源，这一现象一方面证明了民族服饰文化的蓬勃生命力及其无可替代的价值，另一方面凸显了全面理解民族服饰的重要性，以避免对其深刻内涵的片面或狭隘解读。在民族化风格饰品的设计过程中，现代设计师往往倾向于以西方时尚潮流为导向来构思整体设计框架，对于民族服饰元素的借鉴常采用提取、解构，并不都能完整表达其内涵；为了达到民族感强烈的目的，将几个民族的元素符号糅合在一起使用也司空见惯。但就民族化风格饰品而言，设计应更多满足大众消费者的审美需要，在尊重其民族本真的情况下，辅以时尚元素做出变化且适当调整，而非本末倒置，一味用西方时尚去冲击当地市场。

10.2.1 造型繁复，产品普适性差

由于政治、经济、文化、社会的影响，民族地区的文化信息传递和知识能力发展较为缓慢，民族化风格饰品当前存在着观念相对滞后的现象，这种滞后性导致饰品的设计、制作以及后续的加工生产常常停留在较为粗放的初级阶段，缺乏精细化和深层次的探索与发展。内蒙古民族化风格饰品市场不能紧跟时尚潮流，出现设计落后于生产、落后于消费需求、落后于时代发展的情况。长期以来，为减少成本，"拿来主义"成为内蒙古民族化风格饰品设计中的普遍现象，形成了市场上普遍存在的"模具"饰品，导致用户黏性不够持久，并且逐渐与当下消费市场脱节。从文化传承的角度看，传统的内蒙古民族化风格饰品工艺造型繁复、普适性较差，无法满足消费者日益提高的审美和感官需求，应借助现代的形式，呈现给更广大的消费市场。

10.2.2 迎合潮流，忽视文化价值

当下内蒙古民族化风格饰品原创设计师开始意识到文化价值的重要性，正努力探索内蒙古民族化风格饰品创新的途径，但部分设计师缺乏对蒙古族文化的深刻解读，虽然在设计中追求创新，但由于设计方法不够成熟，消费者对其作品认可度较低。内蒙古民族化风格饰品设计创新是基于传承和弘扬传统文化的前提，在基于消费市场的流行趋势下进行探究，二者互为前提，不仅要追求创新，同时不能忽略民族化风格饰品设计中文化内涵的表达。内蒙古民族化风格饰品设计借鉴西方饰品设计中简约时尚的表达方式，但形式大多附着于内容之上。民族化风格饰品的创新不是全盘接受西方饰品的表现形式从而否定传统文化，也不是完全颠覆传统，而应该是在能传承传统文化的基础上发现民族化风格饰品设计现存的问题并去解决，这样才能更好地适应当下消费市场，与现代消费者的生活方式产生联系，从而传承民族传统文化。

10.2.3 品类丰富，产品定位模糊

随着"坚定文化自信、建设文化强国"的大力提倡，从国家层面到地方社会，再到个体层面，均对民族文化的发掘、保护以及再设计给予了高度重视。

不仅如此，人们对于民族化风格产品的需求愈发强烈。这种需求不仅体现在物质层面，更体现在对民族文化的精神追求与认同上。但民族饰品设计和制作在相当长的一段时间内受其他现代科技文明、时尚元素、快餐消费文化的影响而处于缓慢发展甚至停滞的状态。一些从业人员和机构未能深刻认识到民族饰品设计和制作所遭遇的严峻挑战和巨大困难，盲目开发饰品设计和制作项目。虽然产品品类丰富，但无法消化文化热潮背后的价值，致使设计制作定位模糊，丧失了民族化风格饰品的独特性、艺术性等。只有抓住新时代背景下发展的良机，将民族化风格饰品的设计精准地定位在本民族文化的深厚底蕴之中，才能逐步开拓出一条独具匠心、民族特色鲜明且富有创新精神的发展道路。

10.3 蒙古族文字在民族化饰品设计中的价值分析

由于近年来消费水平的升级，消费者的精神需求也日益凸显，设计师应该聚焦于产品设计本体考虑问题，研究产品价值的多元化。蒙古族风格饰品设计师在创作过程中，会精心提取并运用蒙古族文字元素，通过融入现代设计理念和手法，有机地融入饰品设计中，展现蒙古族文化丰富内涵的同时提升现代饰品本身的文化底蕴，强调商品的附加价值。随着内蒙古旅游业的蓬勃发展，该地区年接待游客总量屡创新高，这无疑为具备蒙古族文化特色的现代饰品提供了崭露头角的契机。

10.3.1 文化价值：满足消费者对传统文化的情感需求

文化价值作为现代消费者购买产品的因素之一，对其消费行为具有十分重要的作用。现代饰品设计受到西方时尚潮流的影响，各个国家的消费者都热衷于追求国际流行的设计风格，在这种快时尚和快文化的重压之下，传统文化又重新走入消费者视野。蒙古族风格的饰品设计需要设计师把抽象的民族文化转换为具象的符号，通过对文化符号的选取引起消费者情感共鸣，实现设计师与消费者之间进行跨时空式的交流，让内蒙古民族化风格饰品在传承文化与发展的基础之上满足消费者对于传统文化的情感需求。蒙古族长期以来便在我国北方的辽阔草原繁衍生息，作为这片土地上的主体民族，他们承载着丰富的游牧文明，在历史的演进中，蒙古族汲取了匈奴、鲜卑、突厥等民族的文明精华，孕育出了独具特色的文字系统。基于此，蒙古族文字对于为蒙古族风格系列饰品的设计大有裨益。

10.3.2 市场价值：促进民族化风格饰品创新性发展

推动民族化风格饰品创新性发展有利于提升蒙古族风格饰品文化影响力，促进内蒙古地区经济发展。目前许多民族化风格饰品关注象征含义和吉祥寓意，试图通过装饰语言将自然生态、原始风情展现出来。在工艺技术上也朝着现代化的生产方式迈进，在造型设计方面追求现代的简约美，内容多以表达文化内涵或象征性含义为主。但文化的语义性是民族化风格饰品设计传达的本源，视觉中形式主义的表现手法无法对文化内涵进行准确的解读，因此，关注造物信息的"本元文化"是促进民族饰品创新发展的一个重要研究方向。

基于蒙古族文字的民族化风格饰品设计是传统与现代、民族与世界整合所产生的多元化形式，也是促进民族化风格饰品设计创新发展的有效途径，将蒙古族文字元素以民族化风格饰品的形式融入市场，能够使饰品的内涵得到深化。蒙古族文字所具备的文化属性与文字本身的独特性，一方面让人们更加容易接受文化所传递的信息，为现代消费者搭建与传统文化之间的沟通方式，让文化更加深入地融入大众的生活，让现实生活与历史文化保持着传承的联系；另一方面，蒙古族文字的神秘感与独特性也能满足当下消费者追求个性的需要，使传统民族文化在现代语境中传达其自身独特的魅力。

10.3.3 审美价值：通过差异化表现饰品民族文化价值

审美价值作为商品竞争的重要因素，是一个地区对历史、文化的积淀，是通过审美升级不断创造出来的。民族化风格饰品作为将民族文化传递给现代消费者的桥梁，通常在造型和纹样之间或造型和含义之间形成同构关系。饰品形态的价值在于象征含义的体现，利用蒙古族传统文化与饰品设计相结合，可以形成视觉形式上的文化传递。当今世界信息技术的发展和旅游业的繁荣使得全世界范围内的文化交流较为频繁，消费者随时随可以获取大量的信息，为民族化风格饰品的发展提供了更广阔的空间。

就整个时代发展趋势而言，差异性已然成为促成饰品设计重构与创生的重要途径。蒙古族文化的深厚底蕴对现代蒙古族风格饰品的呈现元素产生了显著的影响。蒙古族文字包含回鹘式蒙古文、八思巴文、索永布蒙古文等丰富的文字资源，为蒙古族风格饰品提供充沛的设计元素，在现代艺术蓬勃发展的浪潮中，饰品艺术设计的现代化革命亦在蓬勃发展，信息时代下的蒙古族文字饰品设计与传统饰品相比，饰品的文化价值和造型艺术已经发生了巨大的变化，文化的差异性和多元化在创作表现方面赋予了民族饰品更为宽广的舞台。在这种环境下，消费者对饰品的审美观念已经产生改变，促使蒙古族文字饰品在设计上、在创意上相比普通饰品，更加讲究展示出与众不同的寓意和内涵。

10.4 购买民族化风格饰品的消费者分析

10.4.1 消费者购买饰品行为分析

10.4.1.1 强调个性化行为体现

让·鲍德里亚（Jean Baudrillard）在《消费社会》一书中指出："化作符号的物品并不以两个客体间的具体联系来表现它的意义。它通过与其他符号的差异性而获得意义。这就好似利维·斯特劳斯（Levi Strauss）的神话，即符号与物质在其中互换。因此，唯独在物能够自动变作具备差异性的个性符号且因此被喜欢时，我们才可以探讨消费和消费的物。"❶简言之，消费者通过产品符号意义的差异化来表达个体之间的差异。就像蒙古族文字本身具备的民族符号象征性一样，随着消费市场在快速发展中激发大众的消费欲望，产品开始响应并积极追求消费者的个性化，利用消费者的求异消费心理，通过大众媒体将它们用作卖点。民族化风格饰品所带来的差异化特征，本质原因是现代社会中消费者对个性化的追求。

---

❶ 让·鲍德里亚. 消费社会[M]. 刘成富，全志刚，译，南京：南京大学出版社，2014: 67.

随着人们消费水平的提高,社会文明的发展,特别是习惯性消费行为逐渐向文化消费过渡,通过仔细的分析和筛选实现了对个性的追求。购买民族化风格饰品是对自我的表达以及个性化的体现,从某种意义上说与追求时尚并主张自我的特征一致。过去相当长的一段历史时期,工商业都是将消费者作为单独个体进行服务的,在过去漫长的历史时期中,工商业普遍将消费者视为独立个体进行服务,个性消费因此占据主导地位,随着近现代工业化浪潮的推进和标准化生产模式的盛行,市场上涌现出大量低成本、同质化的产品,导致消费者的个性化需求逐渐被忽视和淹没,个人特色难以凸显。然而,随着消费品市场的不断演进,如今市场提供的商品数量与品种已相当丰富,消费者具备根据个人心理诉求和独特偏好来精心挑选和购买商品或服务的能力,在消费者作出购买选择时,他们不仅聚焦于商品的实际效用,还极为看重商品背后的"附加价值",心理上的认同感已成为消费者做出购买某一品牌的产品决策时的先决条件,个性化消费正在成为也必将成为消费的主流[1]。如以运用蒙古族文字制成饰品(图10-1),采用夸张的形式,将蒙古族文字艺术化,表现消费者对"酷、拽、潮"的向往和民族文化自豪感,彰显着消费者对个性化的追求,使饰品具有独特性。

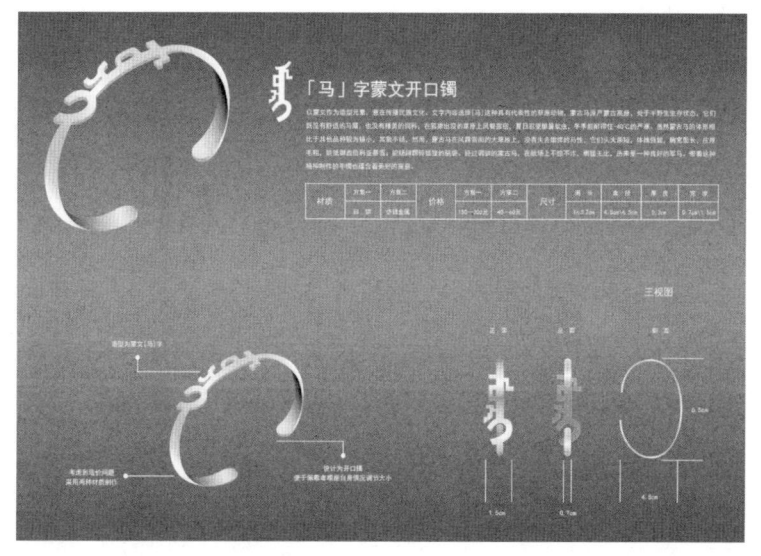

图10-1 蒙古族文字饰品设计
(来源:内蒙古师范大学设计学院511设计工作室王宇琪设计作品)

[1] 范超. 消费者行为研究[J]. 中国市场, 2014(38): 54-55, 68.

10.4.1.2 重视象征性行为表达

消费市场中把消费行为分为物质性消费（Material consumption）与象征性消费（Symbolic consumption），象征性行为是指通过物品来表达某种抽象概念或消费者的思想感情。❶鲍德里亚在其书中指出："要想达到被消费的目的，物品必然要求变为符号，即在它本体之外的一种只当成意义象征的联系——由此它与该具体关联当中，存在的是一种任意偶然的和不一致的关系，而它的合理一致性，也就是它的意义，来自它和所有其他的符号—物之间，抽象而系统性的关系。"❷换言之，符号消费理论中的象征性就是商品所想要传达的文化内涵，消费者购买物品不仅追求功能性的满足，同时物品所带来的符号价值也尤为重要，是消费者身份、个性和地位表达的重要途径。象征性是消费者在进行消费行为时赋予的，并且主动渗透到产品的功能层面，挖掘产品使用价值。随着时代的不断进步，消费者自我身份的表达要根据产生消费行为时差异性与象征性来进行识别。在当下社会中，象征性对于消费行为有着较为深刻的影响，消费实质发生了改变。符号消费就是"作为生产体系的必然结果和逻辑延伸，其本身成为生产体系的替代体系，它不仅支配着商品的生产、流通、交换和消费活动，而且支配着人们的生活和交往行为，体现着人与人之间的关系，表达着人的存在方式。❸"简言之，消费者并不是从字面意义上遵循产品的价值，而是专注于产品所带来的附加价值，以此来表达一种身份认同。当代对于饰品的定义可以宽泛到与身体有关的一切物品，甚至可以抛开身体本身去探寻一个空间或时空内的饰品的概念。相对于饰品的使用功能与装饰行为来说，象征性是分离于功能与装饰之上的意识形态，功能是一种生存活动，装饰则是物质之上的精神产物❹。装饰之所以属于人的精神领域，是因为人类早期在功能之上运用装饰所具有的对人类动物性的感官刺激来满足内心的缺失，而带有仪式感的象征性正是这种缺失的补偿。

基于此，饰品的使用性不再是消费者进行消费最重要的标准，所能代表文化内涵、个性品位的象征含义成为关键的评价标准。在蒙古族文字饰品的消费过程中，饰品本身被看成是具有传达蒙古族文字信息，代表着蒙古族文化内涵

---

❶ 郑晓莹，彭泗清. 补偿性消费行为：概念、类型与心理机制[J]. 心理科学进展，2014，22（9）：1513-1520.

❷ 让·鲍德里亚. 消费社会[M]. 刘成富，全志刚，译. 南京：南京大学出版社，2014：55.

❸ 让·鲍德里亚. 消费社会[M]. 刘成富，全志刚，译. 南京：南京大学出版社，2014：28.

❹ 魏子欣."非首饰"——探寻首饰象征性的历史根源[J]. 大众文艺，2017（16）：282.

的符号，消费者的消费偏好也开始向这些具备象征性的饰品转变，此时消费成为一种社会识别系统，帮助消费者找到与其相适应的地位身份认同。

10.4.1.3　突出炫耀性行为展示

"炫耀性消费"是美国经济学家托斯丹·邦德·凡勃伦（Thorstein B Veblen）在1899年发表著述《有闲阶级论》首次提出的观点。炫耀性消费是指消费者通过商品的消费来展示自身的金钱财力和社会地位，以及这种消费所带来的荣耀、声望和名誉。2019年中国消费趋势指数报告中，我国消费趋势指数呈现整体上升的态势，可以看出消费者的消费已经从实际产品向概念化转变，从功能需求上升到符号价值。消费者不再是简单的消费商品，而是在消费商品的象征意义。消费者通过炫耀性消费行为来获取上述的象征意义并实现自己的社会价值。

在当今的消费社会中，消费者的购买行为已远远超越了基本物质需求的范畴，他们更倾向于通过选购商品来实现对内心快乐和梦想的满足与追求。这种追求体现了消费者对于生活品质和精神满足的更高诉求，从本质上讲就是对自我实现需要的满足。在日常消费中，消费者已经不能单纯地满足于消费品的物质特性，而是更加注重消费品所蕴含的符号意义，他们倾向于通过消费品所承载的符号价值来彰显个人的独特性与优越性，进而实现自我表达和身份认同。在这一心理背景下，消费行为不仅成为消费者自我实现的一种方式，更成为他们展示自我价值和能力的平台,消费者倾向于通过炫耀性消费来吸引他人的目光，从而彰显其独特的价值观念和成就，这成为满足自我实现需求的重要外在表现。

综上所述，炫耀性消费的目的就是将个人价值通过消费行为进行物化，其中也包含对名誉、地位等象征性的追求，是从普通象征寓意到人为操作象征性的转变，这种转变可以有诸多表达途径，但饰品消费是炫耀性消费中一种优于其他途径的消费方式，消费者通过满足自身的消费欲望可以有效、直观地与他获得他人尊敬和认可，这样的消费行为从本质上满足了炫耀性行为的属性。

10.4.2　消费者购买饰品需求的转变

10.4.2.1　从功能需求到形式需求的改变

经济学家尹世杰认为"消费是一种有目的、有意义的行为和过程，直接支配和调节这一行为的观念、意识，就称为消费观念和消费意识"。即消费观念和消费意识指导消费行为的产生，并引导消费行为的价值取向和目标，即消费行为中的核心——消费文化。

从时代发展的角度对消费观念进行分类，可以分为：第一阶段是以实用性为主的消费。在过去生活物资匮乏的年代，消费者将满足最低生存标准作为消费准则，在商品的选择上以理性消费为主，会衡量商品的性价比；第二阶段是重视形式美感的消费，在这个时代，随着社会的发展与进步，消费水平提高，消费者首要关注的并不是性价比，而是关注产品的设计与便利性；第三阶段是注重文化性消费，由于科学技术的发展和社会的进步，消费者的生活水平得到了极大的改善。消费者越来越关注精神与心灵上的满足，对产品的需求已经从最初的物美价廉转变成对品牌的消费，现在上升到对精神文化和具有高附加值产品的消费，更加关注在消费行为产生过程中的用户体验和情感满足。

美国社会心理学家亚伯拉罕·哈罗德·马斯洛（Abraham Harold Maslow，1908—1970）提出了"需求层次理论"，将人类的需求由低到高划分为五个层次：生理需求、安全需求、社交需求、尊重需求以及自我实现需求。基于这一理论，人类的需求排序呈现出在满足了基础的生理需求后，会追求更高层次的需求，这是从物质层面逐步上升到精神层面的过程。同样，消费观念的发展与马斯洛需求层次理论的发展都遵循着类似的逻辑。当消费者的消费水平主要围绕实用性展开时，已经开始向更高层次的精神需求迈进，需求层次同时也处于安全需求和生理需求的层级；随着经济水平的逐渐提高，消费者物质生活丰裕，需求层次也随之提高，上升到社交需求和被尊重的需求，其消费观念也从以实用性为主转入了重视形式美感与审美趣味，而对于饰品则呈现出美化与装饰的诉求，以满足精神层面审美体验升级的爱美的心理；社会进一步发展，消费者的经济水平明显提升，这一阶段消费者的需求层次达到了最高的自我实现的需要，消费者更多开始关注身心的综合体验感和自我价值的实现，容易产生强烈的自我意识与表达需求，从而表现出对文化的极度渴望和对个人感受的极度关注，热衷于文化性消费以及对个人精神世界的投资，这个阶段的饰品消费已经不再是出于对美化和装饰的需求，而是升级到能够体现文化修养、社会身份、审美素养等更深层次、更多元化的需求层面。

在此背景下，人们将目光从生活必需投向精神满足，民族化风格饰品设计需要在保障饰品基本功能的基础上，赋予商品特定的符号含义。外形设计是第一层符号，地位象征是第二层符号❶，蒙古族文字蕴含的民族文化精神注入可以带动满足消费者对象征性消费的需求，并增强消费者的文化辨识力，促使消费者形成稳定的文化自信与身份认同，完成民族地区饰品消费拉动生产的使命。

10.4.2.2　从使用价值到符号价值的转化

在由生产社会向消费社会升级转型的进程中，随着经济发展和消费者生活水平的提升，消费者对商品的需求呈现出日益增长的趋势，由过去生产带动经济到现在消费行为成为推动社会进步的根本动因，商品背后文化价值的探索也受到更多关注，在没有特定的社会语境和消费背景作为支撑的情况下，任何商品都难以独立展现其独特的符号意义。换言之，要使商品的符号意义得以显现，必须将其置身于某一符号价值体系的框架之内，为其赋予独特的文化内涵和象征意义。

首先，符号消费促使置身于消费社会中的商品，迫切地需要找到与自身相匹配的符号意义与符号价值，因为"只有成为了符号的物，才能够被消费"；其次，符号消费加剧了人们对商品需求的增长，由于人们需求的差异与膨胀，消费者越来越多地关注商品背后所带来的附加值，而不仅是传统的使用价值。

由于符号消费观念的影响，消费者在购买蒙古族文字饰品时，更加注重饰品所代表的精神层面的象征含义，通过消费行为占有这种象征含义成为消费者对自身社会身份的构建，完成了从购物需求到生活需求的扩张。

10.4.2.3　从视觉美观的形式主义到体现文化内涵的提升

当社会处于以消费为主导的阶段时，所有产品都需要在精神层面上找到一种象征性的回应，以便有机会被消费，诸如对造型之类的外在形式美则位列其次。在当下以文化消费为主导时，科技发展和经济进步推动了消费者消费观念的升级，消费心理也随之变化。信息技术的高速发展在经济生活中所占的比重明显提升，消费观念开始由物质领域向精神领域转移，消费者将消费的重点放

---

❶ 朱强，张寒.符号消费：代购热潮下青年消费行为透视[J].中国青年研究，2019（1）：4-11.

在用户情感体验和精神感受，在饰品的艺术性上有了更深刻的要求，不单单是外观的形式美，更希望在内涵方面有文化属性的表达。

除了向文化价值升级外，消费者对产品提出了深层次的需求，不仅要符合购物需求带来的愉悦更要加深由消费行为衍生出精神方面的需求。纵观饰品行业，从最初对美观的形式主义的追随不断升级到对文化、精神内涵追求的历史沿革，可以看到，饰品升级换代的标志往往是通过增加产品附加值来体现的。

10.5　蒙古族文字类饰品设计原则

10.5.1　饰品造型简洁性原则——主流审美

德国建筑设计师路德维希·密斯·凡德罗（Ludwig Mies van der Rohe）提出："少即是多（Less Is More）。"他所谓的"少"不是空白而是精简。自现代主义时期开始，消费者对于饰品的需求已经不再是繁重华丽为主，所以对于饰品造型的简约性显得尤为重要。任何文化都不尽完美，包含精华与糟粕，基于蒙古族文字的民族化风格饰品设计需重视设计的简洁性。饰品造型的简约性并不仅仅指当前语境下的"极简主义"，而是将传统文化与饰品造型在进行有机结合后的简约形态。例如，传统手工艺饰品乡恋情荷花项链与中国国家博物院开发的出水芙蓉荷花项链进行对比，在整体形态上国家博物院出水芙蓉荷花项链更符合饰品造型的简洁性原则，同时赋予荷花装饰性元素加以点缀，以满足文化与情感、装饰与搭配的多种需求，更容易受到年轻消费者青睐。

蒙古族风格饰品进行设计的时候通常会陷入复杂烦琐的恶性循环，以前烦琐的图样和看似精致优雅的花纹似乎成了蒙古族传统文化的象征。而蒙古族文字类饰品在设计过程中也应避免陷入蒙古族文字本身的语义表达，应从消费者的心理需求出发，以符合现代消费者对饰品造型简洁性需求为目标，结合现代饰品用户的消费需求，将蒙古族文字符号化、简洁化，设计出既能体现民族文化精髓，又具有现代设计的简洁性饰品成为需要遵守的原则。

10.5.2　文化内涵可读性原则——文化传承

文化内涵可读性原则是指设计师在进行饰品设计时所选取的设计元素是否可以通过消费者自身理解或他人讲解能有效阅读其象征性，决定着饰品是否能清楚地表达其含义，形成文化的传承与传播，因此，在蒙古族文字元素的选取时就要避免千篇一律的纹样和难以识别的字形，避免受众因缺乏文化储备而对难以理解的民族文化失去购买兴趣，这一点对于民族饰品设计尤为重要。设计师设计的产品首先要被消费者所认同，才有被消费的可能，通过消费才能展现产品自身的价值。

美国设计心理学家唐纳德·诺曼（Donald Arthur Norman）在其著作《设计心理学3：情感设计》中指出承载着回忆或联想的特殊事物能有唤醒持有者情感的作用。当消费者在浏览购买蒙古族文字饰品时，其内心深处的情感已经与其所展现的文化内涵和承载的文化记忆产生了共鸣。不同风格种类的饰品都有自己的目标受众群体，即使蒙古族文字饰品拥有的只是小众消费群体，也有必要让消费者轻松地接受并理解设计师想传达的精神或者象征寓意，将蒙古族文字作为与消费者沟通的桥梁，不但要从专业角度了解形式美法则，还要遵循让消费者能够读懂设计师的意图和文化内涵的原则，这样设计出来的饰品才是兼具蒙古族文化精神和文化内涵的产品。

10.5.3　饰品设计时代性原则——可持续

饰品的时代性是消费者产生购买行为的先决条件，它包含在产品之中，是饰品设计的基本原则，有利于使用功能的完善和形式的表现。时代性是指饰品需要满足消费者的精神享受的同时满足其审美需求，并且所蕴含的文化内涵可持续发展，既能体现消费者审美情趣，在心理上得到愉悦，同时能保持所佩戴的饰品不会"过时"，具有长久生命力。在当今时代的发展变化中，对优秀传统文化的传承与发展是设计师的历史使命。其中，在饰品设计中对蒙古族文字元素进行个性化应用，是民族化风格表达的突出代表。这既让人感受到了强烈的民族文化的特色，又不失时代感。因此，在蒙古族文字饰品设计中，时代性原则相较实用性原则而言，往往被更加重视。

10.6 蒙古族文字类饰品设计方法

蒙古族文字作为我国民族文化的一块瑰宝,其构字方法是基于阿尔泰语系文字的造字理念,具有很强烈的"拼音文字"特点。蒙古族文字在现代饰品设计中的应用,并非追求形式上的盲目创新,而是基于对其造字特点的理解与分析,结合美学视角,遵循特定的设计规律,在准确把握蒙古族文字的基本特征与语义内涵的前提下,运用多元化的艺术处理手法,赋予其现代设计理念,从而彰显蒙古族文字的独特魅力与民族文化象征性。

10.6.1 文字元素的选取与解读

民族文字作为民族文化元素融入饰品设计中,不仅需要满足其最基本的实用功能,还需要传递或寄托民族精神与情感。将带有美好祝愿的词汇融入饰品设计中,则更便于人们内心情感的流露与抒发❶。因此,本研究选用八思巴文为主要核心元素,筛选"平安"一词,借助其在更广泛的群体中被解读的吉祥寓意作为饰品装饰的主要造型符号,赋予现代饰品一定的精神寄托。本设计结合八思巴文廓形方正、简洁流畅的笔画特征,根据思路框架图生成设计,具体内容将围绕首饰套件(手镯、戒指、耳环)分别进行探讨与实践。本设计试图借助八思巴文的独特造型特征提升民族饰品的识别性和吸引力,尝试将这一独特的文化意蕴以立体化的、生活化的方式呈现于设计中,进而收获消费者对八思巴文的接受和认可,从而实现民族文化的传承和保护(图10-2、图10-3)。

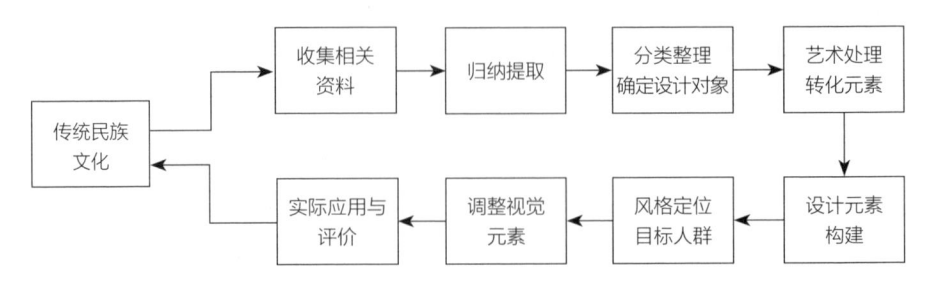

图10-2 设计思路框架图
(来源:内蒙古师范大学设计学院511设计工作室张婧瑶绘制)

---

❶ 朱上上,吴俊骞.基于诗歌意象的文创产品设计[J].包装工程,2018,39(6):109-113.

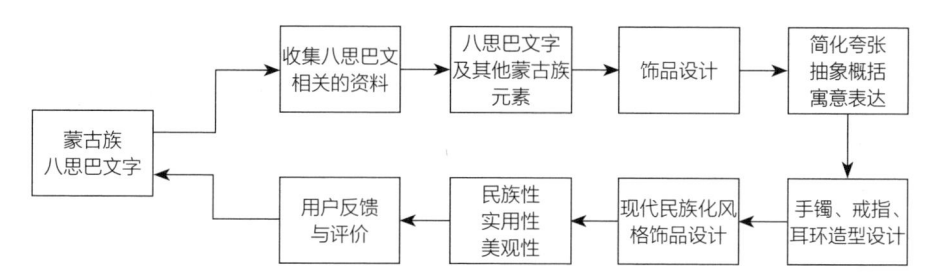

图10-3　蒙古族文字饰品设计思路框架图
（来源：内蒙古师范大学设计学院511设计工作室张婧瑶绘制）

10.6.2　元素的艺术处理与转化

蒙古族文字作为蒙古族特有的文化标志，是民族文化对外传播的重要载体，为民族化风格饰品设计提供了不竭的文化灵感。饰品兼具文化符号与消费功能的双重身份，若将蒙古族文字从视觉元素转为消费对象，变为能够传递地域文化、展示民族形象的物质性实体，首先在元素的艺术处理上，将八思巴文进行二维图案的设计转化，以初步构建饰品的独特造型元素。然后将八思巴文以浮雕的形式展现，通过矢量化处理部分笔画，突出八思巴文元素的轮廓感，并保留其文字本身的独特韵味（图10-4）。转化后的文字饰品设计更具民族特

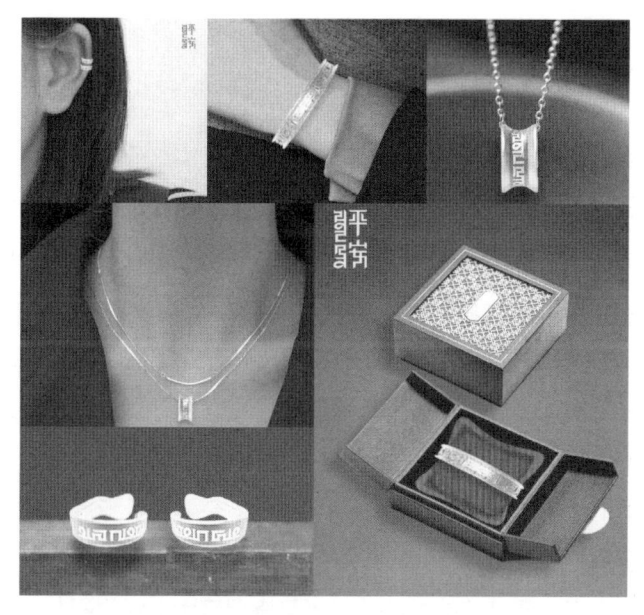

图10-4　八思巴蒙古族文字饰品设计作品
（来源：内蒙古师范大学设计学院511设计工作室钟佳泃设计作品）

色，且二维文字的图案设计赋予其较强的视觉质感和鲜明的符号特征。这种民族风格的文字元素在手镯设计中具有双重作用，既是装饰元素，也是塑造整体造型和结构的关键元素。然而，在实现这一转化的过程中，设计师需要具备对设计元素的灵活应用能力，并需要理解文字所传达的视觉美感和心理意境，有效传达八思巴文字的造型特征和文化内涵。使饰品兼具实用与美感，既打破了文字在传统传播方式中的局限性，又给民族化风格饰品带来了源源不断的新意。

10.6.3　蒙古族文字饰品形态的设计

在将二维图案转化为三维造型的过程中，设计师的设计能力与思维的灵活性至关重要。在设计构建初期，设计师需要紧密围绕设计风格和主题，精准把握文字造型的核心特征，对其进行取舍；或者跳脱文字原始字形框架的限制，筛选出具有典型特征和表现力的造型元素，在不影响文字意蕴的前提下进行抽象化的概括与造型的融合。把八思巴文元素融入民族化的风格饰品设计中，让饰品受众在佩戴时充分感受到其传达的文化意蕴，进一步实现文化传递、交流、共享的目的。

10.6.4　整体调整与评价

通过以上阶段，八思巴文实现了二维平面到三维"体"在现代饰品设计中的转化，下一步是对饰品氛围营造的调适和完善。哈木尔纹是蒙古族传统纹样中的典型代表，民族特色鲜明，是蒙古族纹样的重要组成部分，在民间寓意吉祥、幸福和美好，在蒙古族悠远的游牧历史长河中代表"生生不息""万事顺利""幸福绵长"等含义。在此次设计中为匹配八思巴文饰品作为辅助图形来塑造包装中的文化氛围，使其更贴合蒙古族的审美理想。饰品的材质选择则依托于蒙古族尚银的传统，提取蒙银作为主要材料，以少量的金作为点缀，整体风格符合刚性之美的诉求，体现蒙古族的人文精神。整体设计形意相生，无论是质感、造型、意境均做到了和谐统一，很好地展现了民族间"和而不同"的设计理念。其既迎合了当代简洁的主流风格，又满足了大众渴望回归文化本体的期待，借助佩戴饰品传递了民族文字独特的审美意趣和文化价值。

本章小结

蒙古族文字作为蒙古族文化的重要表征，历经时代变迁、历史淘炼，形成了独树一帜的文字造型与书写风格，既凝结着蒙古族先民的智慧，也见证着民族间交融的历史，这就是蒙古族文字美的根源，它需要被解读、被接受、被接纳，融入时代，融入生活，这即是传承。本文通过设计学方法对蒙古族文字造型元素进行归纳和提取，通过解构与分析蒙古族文字造型特征、审美偏好、文化内涵，以高度符号化的形式融入民族化风格饰品设计中，提升用户对饰品中蒙古族文字符号的深度理解与精神共鸣。同时，饰品工艺和材料的选择对作品的设计表达也至关重要，实用性兼美观性的考量必不可少，敏锐洞察消费者的需求，把消费者易于理解和接纳作为设计的核心，从而实现蒙古族文字的创造性转化与创新性发展，为民族文字的传承与发展开辟新路径，为民族文化发展提供新思路，进而以此提高区域文化的影响力和竞争力，提升国家文化软实力。

第11章

蒙古族文字介入地域品牌标志设计意象偏好研究

随着全球化的日益深化，与经济发展相伴随的品牌竞争愈演愈烈。从跨国与本土的维度来看，世界级品牌对中国民族品牌带来的巨大冲击已然在所难免，产业品牌和地域品牌的迅速转型与升级是民族品牌集群提升整体竞争力的必要举措。民族品牌与地域品牌相互联系且密不可分，地域品牌集合构成规模性产业品牌，产业品牌通过不断地打造成为民族品牌，并随着影响力的逐步扩大成为代表国家形象的世界级品牌。

近年来，国家高度重视品牌发展，这不仅为民族品牌的发展提供机遇，也为品牌建设指引了方向。在地域品牌发展中，品牌标志是用户与品牌沟通的重要触点，也是树立品牌形象的首要形式。目前，如何将蒙古族文字介入品牌的更新迭代来构建具有地域特色的品牌标志，激起用户对品牌的联想与情感共鸣，为品牌培养用户忠诚度，从而提高竞争力，是需要思考的问题。因此，本章基于语义差分法，以用户偏好和用户需求为切入点，通过用户意象偏好实验及时反馈用户喜好，探索蒙古族文字介入地域品牌标志设计原则，构建具有内蒙古地域特色的品牌标志，构筑品牌与用户沟通的桥梁，提升地域品牌竞争力。

11.1 相关研究

品牌标志设计的研究依据范式主要集中在定性和定量两个方面。其中定性研究归纳为以下三个方面。

其一，品牌标志设计方法的研究。华南理工大学的门德来教授在《现代标志设计创意与表现》一书中描述和分析了标志设计中的创意和设计表现方式，总结了标志独特造型艺术语言特点和规律。美国伊万·谢梅耶夫（Ivan Chermayeff）、汤姆·盖斯玛（Tom Geismar）、萨基·哈维夫伊（Sagi Haviv）三位作者在《品牌标志设计》一书中，阐释了团队在秉承"功能服从形式"的设计理念下，为众多世界知名品牌设计标志的过程与方法。中国设计师侯文振在《品牌记忆》一书中以问答的形式对标志设计的思维模式、绘制草图、设计方法、延伸阶段等全过程进行讲解和分析。

其二，品牌标志设计的历史研究。左旭初的《中国商标史话》一书系统介绍了我国近代各个时期商标设计的历史，以史料汇总和梳理为主要内容。钱定平在《Logo的文化史》一书中从不同的文化和时代背景挖掘了数千个互联网页面，搜罗标志的文化起源和演变，探索标志在古代文明中的意义，梳理出以标志为文化符号的跨文化发展网络。侯晓盼在《方寸故事——中国近代商标艺术》一书中运用多种研究方法，依据商标风格特征对商标进行分类，论述现代商标的发展历史、图形风格、设计模式以及创作基础，对当代的标志设计具有一定的启发性。

其三，品牌标志设计中的应用研究。李辉在《民族传统文化影响下的现代标志设计》一文中探讨了现代标志设计中传统民族文化的应用，强调中国传统文化与现代标志设计元素之间的融合，适应时代需求，更好地服务于企业的品牌战略。叶俊东在《现代标志设计中地域文化元素的应用》一文中分析了标志设计的不同方法与形式，完成地域文化在标志设计中的应用。王玉红《汉字在标志设计中的创新应用》一文中以汉字为切入点，研究汉字思想与文化特征，为现代标志设计提供创意素材，帮助企业传达理念，推动品牌价值提升。

除此以外，关于品牌标志设计中采用定量研究的范式在近几年中才开始涌现。例如，程超在《感性工学在标志设计中应用探讨》一文中从形态、色彩、意义三个方面分析了感性工程理论在标志设计中的应用，鼓励后续研究能更深入地了解感性工学在标志设计中的审美价值。郑贺心在《基于感性工学的餐饮品牌标志设计与评价》一文中量化了标志设计要素与用户感性意向间的相关性。这类研究均是对品牌标志设计的定量研究，虽然成果较少，但却开辟了此领域的新范式，深度与广度还在探索阶段。

综上所述，目前关于品牌标志设计的研究侧重于实践性探索，虽成果丰富，但缺乏理论概念的界定和定量研究的介入。事实上，标志设计的评价标准是不明确且感性的，因为它们与人的主观感受密切相关，因此在品牌标志设计中需要定量的理论指导。本章节通过将语义差分法应用于品牌标志设计的研究，以内蒙古品牌为例，将蒙古族文字介入地域品牌标志设计过程中，得出用户在识别品牌过程中的意象输出效果与偏好数据，以此为进一步地域品牌的塑造提供科学客观的依据。

11.2 相关概念

11.2.1 地域品牌标志设计概念

作为大众传播的一种符号，品牌标志有着精练的形象，传达特定的信息，借助人们的思维能力来识别和联想。❶最初，品牌标志只是识别不同品牌和品牌差异化的一种方式。如今，品牌标志已经成为品牌个性和品牌价值等品牌内涵的高度浓缩。在品牌标志设计的基础上，地域品牌标志设计更具有地域性、广泛性、独特性和渗透性。品牌标志有着不同的分类研究，凯文·莱恩·凯勒（Kevin Lane Keller）将品牌标志分成抽象标志、具象标志、文字标志。托马斯·迦得（Thomas Gad）（1986）将商标分为名称文字标志、图形标志、颜色标志、形状标志等视觉知觉特征。崔生国（2010）将品牌标志分为文字标志、图形标志、文字与图形混合标志组成。可见，图形与文字是区分品牌标志分类的关键。❷本文采用崔生国（2010）的分类法，将品牌标志分为三类，为文字类标志、图形类标志、文字与图形混合类标志（表11-1）。

表11-1 品牌标志分类表

文字类标志	图形类标志	文字与图形混合类标志

---

❶ 尚晓燕，郭晓凌. 品牌也需"高颜值"：品牌标识设计的消费者反应研究述评[J]. 外国经济与管理，2020，42（1）：55-69.
❷ 郑薇. 品牌标志对品牌评价影响研究的文献综述[J]. 现代营销（下旬刊），2018（1）：39.

11.2.2 语义差分法与意象偏好

语义差分法由美国心理学家查尔斯·埃杰顿·奥斯古德（Charles Egerton Osgood）创建，可用于调查受测者产品意象的表现情况。❶语义差分法由一个概念和若干尺度组成，被认为是评估非定量数据的重要工具。在地域品牌设计中应用语义差分法，需选择合适的评价量表，拟出对比形容词进行评估。

当蒙古族文字介入地域品牌标志设计时，可以进一步深化对偏好意象的分析。标志通过自身外观的造型、色彩、结构等因素，以及环境和文化赋予的内涵和意义，产生物与人的双向沟通。用户偏好基于用户心理主观判断，有着特定的偏好，并根据满意度对标志进行偏好排序。

通过以上两种方法了解用户对地域品牌标志设计意象的基本认知规律，有助于设计师客观分析用户对不同品牌标志的喜好，进一步为地域品牌提供科学客观的依据。

11.2.3 蒙古族文字与地域品牌标志

蒙古族文字是民族文化宝库的重要组成部分，体现了蒙古族独特的语言和情感，蒙古族文字为地域品牌标志设计提供独特的造型元素，突出地域品牌标志中蕴含的民族性和地域性。内蒙古品牌标志设计缺乏蒙古族文字与地域品牌标志设计之间的深度挖掘。认知心理学是把感觉器官获得的信息进行整合、解释和赋予意义的心里活动过程。❷地域品牌标志设计遵循认知的规律，以蒙古族文字作为文字符号，力图增强地域品牌标志设计中五感的多维刺激，增强用户对地域品牌标志的认知兴趣，同时加深用户对地域品牌标志的印象。蒙古族文字介入地域品牌标志的设计，体现民族特色的同时易于大众识别，同时易于消费者识别、记忆、理解和接受。在视觉识别系统中，利用蒙古族文字介入品牌标志设计具有美观大方、便于阅读和识别、应用范围广、笔画本身有较强的感情色彩等优点。❸探索独具品牌风格、民族特色的标志让民族文化在新时代继续发挥其独特的魅力，展现出民族品牌的个性化，赋予民族品牌独特的民族审美和民族特色。

---

❶ 徐江，张锡. 基于使用者偏好意象的产品造型法则建构研究[J]. 轻工机械，2004，22（3）：4.
❷ 爱德华·E. 史密斯. 认知心理学[M]. 王乃戈，罗跃嘉，译. 北京：教育科学出版社，2017.
❸ 尹定邦. 图形与意义[M]. 长沙：湖南科学技术出版社，2001.

11.3 地域品牌标志意象偏好实验流程

11.3.1 蒙古族文字介入地域品牌标志设计意象偏好思路推演

本研究基于语义差分法对内蒙古品牌标志的用户偏好进行深入讨论，通过客观的标志样本和基于用户调查的语义形容词汇筛选机制，结合语义差分法和李克特量表进行对用户意向偏好实验调查。获得调查数据后，进行被试者分析以及意向偏好分析得出用户偏好，探讨将蒙古族文字介入地域品牌标志设计的相关性并将其关系以量化形式表现，以指导品牌标志的设计与实践。整体研究步骤与流程见图11-1。

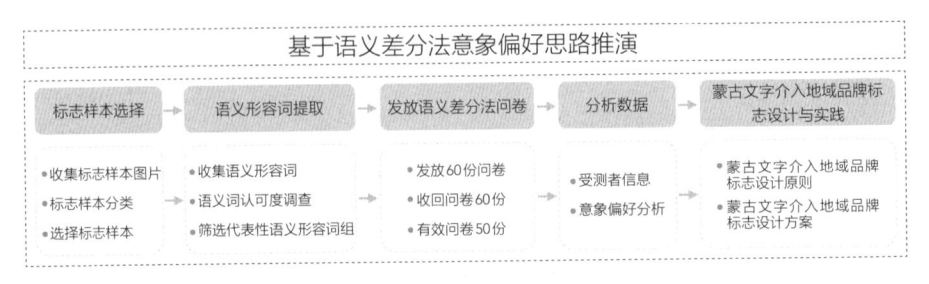

图11-1 思路推演图
（来源：内蒙古师范大学设计学院511设计工作室邹晨绘制）

11.3.2 基于语义差分法的内蒙古地域品牌标志意象偏好样本筛选

以目前内蒙古地区市面上的品牌标志为主要调研对象，样本取样时间为2022年8月。将随机抽取的100个内蒙古品牌标志通过统计分析得出，文字与图形混合类品牌标志有49个，文字类品牌标志有45个，图形类品牌标志有6个（图11-2）。

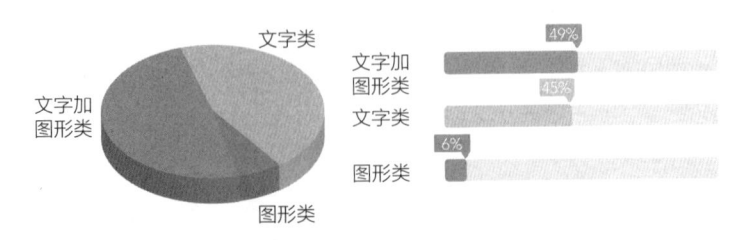

图11-2 样本筛选统计图
（来源：内蒙古师范大学设计学院511设计工作室邹晨绘制）

邀请设计专业人员对上述100个品牌标志投票，选出较为喜爱的10款品牌标志（表11-2）。选出的10款标志中有文字与图形混合类品牌标志4个，纯文字类品牌标志4个，纯图形类品牌标志2个。

表11-2 受测样本编码表

编码	样本名称	样本图片	编码	样本名称	样本图片
1	兰格格	兰格格	6	小尾羊	小尾羊
2	蒙都	蒙都	7	小肥羊	小肥羊 LITTLE SHEEP
3	羔羊部落	羔羊部落 GAO YANG BU LUO	8	额尔敦	EERDUN 额尔敦
4	特仑苏	特仑苏 有机纯牛奶	9	鄂尔多斯	ERDOS
5	青城地铁		10	内蒙古银行	

11.3.3 地域品牌标志样本语义形容词提取

面对不同类型的品牌标志用户会有不同的感知偏好，因此在对品牌标志进行设计之前，有必要充分了解用户对品牌标志的感性意象，为设计提供科学的数据支撑，从而有效地提升产品的销量和品牌竞争力。本次研究对感性意象词的提取主要分三个阶段。

第一阶段，通过专家访谈、用户调研、网络文献书籍的查阅以及自由联想法，收集并筛选出了有关内蒙古地域品牌标志意象的106个感性词。经过设计学专业相关人员对相似意象词的筛选，106个感性意象词还剩余50个（表11-3）。

表11-3 感性意象词提取统计结果

意象词	票数	意象词	票数	意象词	票数	意象词	票数	意象词	票数
民族的	71	流畅的	43	现代的	28	活泼的	13	和平的	7
简约的	69	天然的	41	经典的	28	守旧的	13	可靠的	6
创新的	69	动态的	40	国际的	28	古典的	12	正宗的	4
柔和的	62	亲近的	40	圆滑的	22	抽象的	11	精致的	4

续表

意象词	票数	意象词	票数	意象词	票数	意象词	票数	意象词	票数
稳重的	55	绿色的	40	可爱的	21	硬朗的	11	真诚的	3
丰富的	54	天然的	39	具象的	18	愉悦的	9	醒目的	3
干净的	54	特色的	39	细腻的	17	大众的	8	坚固的	3
健康的	54	粗犷的	32	平静的	17	动感的	8	梦幻的	2
自然的	51	国际的	30	高端的	17	强烈的	8	单调的	1
个性的	51	精致的	28	纯净的	14	有趣的	8	冷淡的	1

第二阶段，对筛选出来的50个意象词进行用户认可度调查，提取出与内蒙古地域品牌标志意象相符合且排名靠前的16位意象词。首先，设计一份有关内蒙古地域品牌标志的感性意象词调查问卷，总计发放50份，让消费者根据自身对内蒙古地域品牌标志的感知选出最能代表内蒙古地域品牌标志的感性意象词。最后回收有效问卷45份，根据调研结果选出排名前16位的感性意象词。

第三阶段，对上述提取出来的16个意象词进行精简分类处理，在问卷调研期间为了避免繁多的词汇造成被调研人员产生厌烦心理，影响调研质量，因此剔除个别不适当形容词后，对剩余的形容词进行语义配对，最终整理得到8组最贴切的语义形容词，分别为：具象的—抽象的、民族的—国际的、守旧的—创新的、简约的—丰富的、动感的—沉稳的、细腻的—粗犷的、柔和的—硬朗的、大众的—个性的（表11-4）。

表11-4 意象词编码表

编码	对立形容词	
1	具象的	抽象的
2	民族的	国际的
3	守旧的	创新的
4	简约的	丰富的
5	动感的	沉稳的
6	细腻的	粗犷的
7	柔和的	硬朗的
8	大众的	个性的

11.3.4 地域品牌标志样本意象偏好分析

11.3.4.1 受测者信息

本次问卷总共发放60份，回收60份，有效50份。问卷调查主要采用线上问卷和纸质问卷两种形式随机发放，用户填写后对数据进行收集整理。根据调研数据整理得出：调研受测对象主要是以设计专业相关人员为主，占96.00%；学生为主要受测对象，占70.00%；设计师占比16.00%；学历以本科及硕士为主，占比84.00%；可支配月收入分布较均匀（表11-5）。

表11-5 受测者信息

受测者属性		人数	比例
性别	男	22	44.00%
	女	28	56.00%
年龄	18~25	30	60.00%
	26~35	15	30.00%
	36~45	2	4.00%
	45以上	3	6.00%
学历	本科以下	5	10.00%
	本科	30	60.00%
	硕士	12	24.00%
	博士及以上	3	6.00%
职业	在职设计师	8	16.00%
	设计专业教师	5	10.00%
	设计专业学生	35	70.00%
	其他	2	4.00%
月收入	1000以下	2	4.00%
	1000~2999	25	50.00%
	3000~5999	8	16.00%
	6000以上	15	30.00%

11.3.4.2 偏好分析

如图11-3所示，根据数据分析，样本2蒙都是最受用户喜爱的标志，矩阵平均分为0.93。在标志设计中运用了共形的表现形式，通过蒙古族传统图形与汉字笔画相融合，图案的边缘线作了描白处理，使图案的正负形就像太极图的轮廓，浑然一体，给人一种创新奇特的感觉。此标志被评为是民族的、创新的、抽象的。

样本1兰格格是第二受用户喜爱的标志，矩阵平均分为0.90。兰格格色彩

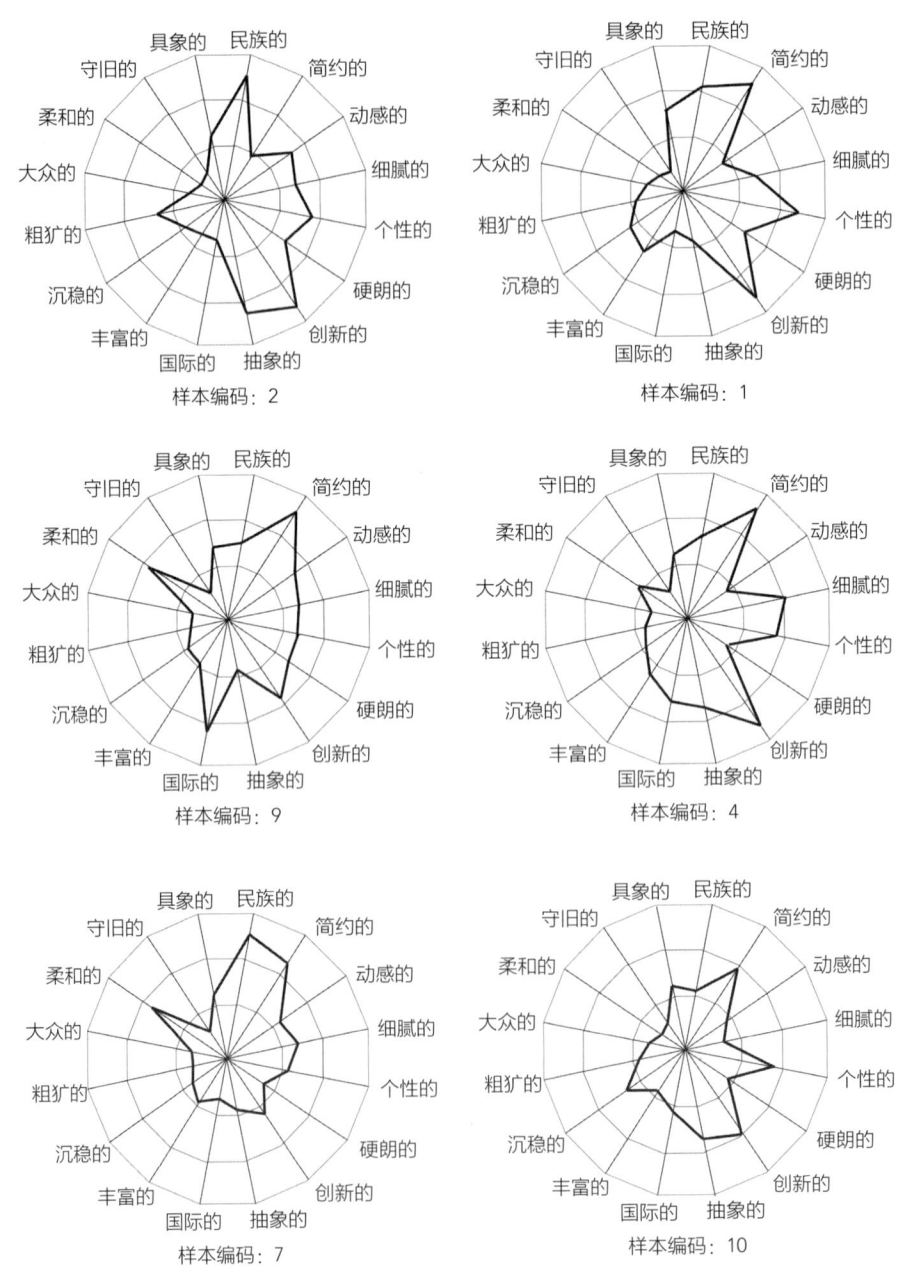

图11-3 样本评估结果
（来源：内蒙古师范大学设计学院511设计工作室邹晨绘制）

为蓝色，给用户安全、可靠的感觉。在笔画格律上形式既有细节上的变化又有整体的均齐感，形成视觉上整齐均衡的美感，把握了整体风格的统一。此标志被评为是简约的、民族的、沉稳的。

样本 6 小尾羊是第三受用户喜爱的标志，矩阵平均分为 0.88。在字体设计上更符合简约化风格；线条图形勾勒的小羊活泼灵动、栩栩如生；色彩柔和又不失活力，十分具有内蒙古特色。此标志被评为是民族的、简约的、柔和的。

样本 4 特仑苏是第四受用户喜爱的标志，矩阵平均分为 0.85。特仑苏的标志是蒙文和汉字组成的，竖排版的蒙文部分在视觉上能够让人直接联想到这款牛奶来自内蒙古大草原，具有绿色有机的特点；横排的汉字形态"特仑苏"简洁明了，能够使消费者对品牌印象深刻。此标志被评为民族的、简约的、创新的。

样本 7 小肥羊排名第五，是一个相对平淡的标志，矩阵平均分为 0.63。标志以可爱、阳光的羊的卡通形象为主视觉设计。主色调为墨绿色与白色结合，更为柔和友好；字体设计上对"羊"字作了羊角形象的创新处理，与英文排版结合更为现代、简洁。此标志被评为是民族的、简约的、柔和的。

样本 10 内蒙古银行排名第六，矩阵平均分为 0.54。内蒙古银行标志设计是银行英文首字母"B"和蒙古文英文首字母"M"的组合，整体造型像一匹马，代表了蒙古的文化符号，马和古钱币完美融合。红色也表达了蒙古人的好客和大胆。此标志被评为是创新的、简约的、个性的。

11.4　蒙古族文字介入地域品牌标志设计原则

11.4.1　遵循简约风格

依据问卷调查法进行用户调研所得数据汇总可知，在 100 张内蒙古地域品牌标志样本图片中，分为文字类标志、图形类标志、文字与图形混合类标志这三种类型。通过用户投票选出 10 款最具有代表性的标志设计，其中文字类品牌标志有 4 个，文字与图形混合类标志有 4 个，图形类品牌标志有 2 个。由此可知用户更偏好于带有文字的标志设计。

蒙古族文字由于其复杂的文字形态，在进行创新设计时，识别性是字体设计的首要特性。标志设计过于复杂影响传播力度从而背离企业形象升级的初衷，在标志设计中应以简约为第一原则。简洁的造型在信息传播过程中具有直观高效的表达效果，方便用户高效接收信息。❶ 在蒙古族文字介入地域品牌标志设计中需要把握对信息有序、清晰的梳理。统一简洁的视觉规范，是信息传播的准确性的首要保证。采用蒙象汉体的造型进行标志设计，能够降低蒙古族文字因造型烦琐、设计元素风格不统一而产生视觉识别与认知上的障碍。在标志设计中保留蒙古族文字的造型特征，使其与汉字字体相结合，既蕴含了民族文化内涵又符合现代标志设计的简约、可识别的基本准则。从而扩大标志影响力，增强地域品牌形象的传播力与竞争力。

11.4.2 传承文化内涵

蒙古族文字作为蒙古族文化符号，它兼具蒙古族的文化传承和民族属性，具有显著的内蒙古地域特征。在内蒙古地域品牌标志设计中，需要借助蒙古族文字所具有的文化符号的象征意义，利用内蒙古地域文化，发扬民族文化、民族艺术、民族审美、民族情感的独特文化优势，塑造民族品牌标志的个性化，进一步提升在品牌竞争中的差异性。标志内在的文化内涵不仅为品牌赋予深厚的文化附加价值，也为品牌的可持续发展提供丰富的精神滋养。因此，地域品牌标志设计中需要传承文化内涵，在内蒙古地域品牌形象标志设计中，通过挖掘蒙古族文字所蕴含的情感价值、文化价值，以蒙象汉体造型为基础的标志设计，能够突出标志所持有的品牌理念、文化素养、情感诉求等精神象征。使用户在心中形成一定的品牌好感与文化认同，为品牌培养用户忠诚度提供了有利支持。

11.4.3 回应时代创新

随着新时代互联网的发展及用户对文化的追求与热爱，为地域品牌形象的升级迭代提供了新的发展机遇。在此背景下，地域品牌标志设计需要强化品牌标签、精准对标消费用户、紧跟时代潮流，在传承地域文化的基础上进行设计创新。蒙象汉体造型标志设计，依托深厚的民族文化赋予了地域品牌文化的精神根基，采用创新的表现形式契合了消费者的现代审美趣味，从而吸引更多的

---

❶ 烟文雪，石建航. 浅析德日简约风格在海报设计中的不同[J]. 设计，2015（9）：52-55.

人关注传统民族文化。因此，在内蒙古地域品牌标志设计中，应以蒙象汉体为标志设计的主要表现形式，增添具有现代潮流的元素加以辅助，在造型上既易于识别，又富有时代感，使其具备现代化、国际化的特征。依托丰富的、优秀的民族文化进行创新设计，能够增强地域品牌标签属性，激活标志的生命力，为企业形象的优化升级提供积极作用，提升地域品牌竞争力，也对民族文化的发扬传承起到了可持续发展的作用。

11.5 蒙古族文字介入地域品牌标志设计方案

纳冉视觉设计工作室标志即基于以上"简约的、文化的、创新的"用户意象偏好实验数据所得，以遵循简约风格、传承文化内涵、回应时代创新为设计原则，进行设计的。

在进行标志设计时，对工作室进行调研得知，工作室项目以民族艺术与设计的传承与转化为主，弘扬民族文化艺术力量为已任。所以在标志设计中秉持文化交融的主旨思想，对汉字"纳冉"进行蒙象汉体创新设计，对蒙古族文字则依据汉字格律和太阳意象进行创新设计，最后集合英文 VISION 以多文种竖向排版的组合方式呈现，既体现文化及文化的交融，又符合简约及国际化的时代特性。在标志设计过程中把握民族间跨文化交流、交融与互鉴的可能，重视地域文化在当代的创新精神。借助蒙古族文字造型特征的汉字赋予品牌兼具多元文化交融的企业文化印象，打造具有中国特色的地域品牌，为维护我国民族文化的多样性具有重大意义（图11-4）。

以"纳冉"视觉形象设计实践为样本进行问卷调查，对"纳冉"视觉形象设计进行用户感知试验并进行设计验证。根据纳冉视觉设计工作室特性分析和定位，筛选20名19～35岁的用户作为实验样本。统计20名被试者的感知实验结果，计算被试者在品牌标志设计中对于各认知方向上的感知平均值，由图11-5可知，纳冉视觉设计工作室标志设计用户感知风格偏向为民族的、简约的、创新的。在此之后，试验者对此品牌标志设计偏好进行打分，1表示非常不喜欢；2表示一般不喜欢；3表示一般喜欢；4表示较为喜欢；5表示非常喜欢。平均分4.1分，可知用户对此标志设计偏好为较为喜欢。

图11-4 "纳冉"视觉形象标志设计
(来源：内蒙古师范大学设计学院511设计工作室吴海茹设计作品)

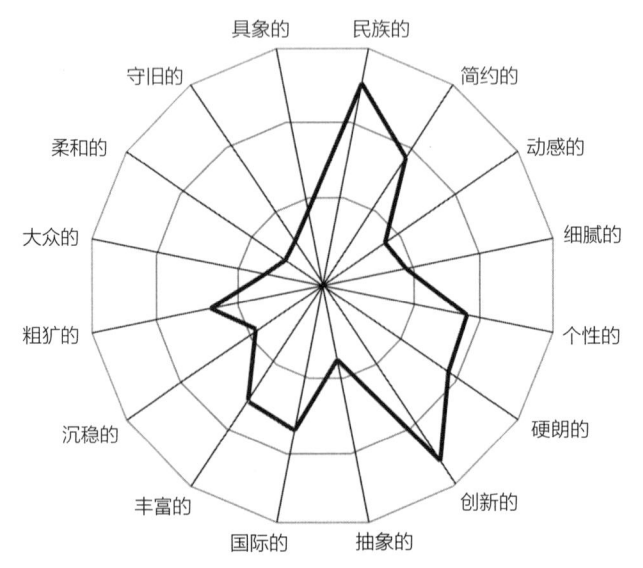

图11-5 "纳冉"视觉形象标志设计评估结果
(来源：内蒙古师范大学设计学院511设计工作室邹晨绘制)

本章小结

在世界全球化、多元化的时代语境下,着眼于民族文化符号在传承中的更新与迭代、发展与创新,以设计学中的定量研究视角探索蒙古族文字介入内蒙古地域品牌设计的可行性与有效性,深化地域品牌的文化内涵,拓展民族品牌的文脉视野,既是我国多民族多元优秀传统文化的弘扬,亦是我中华优秀传统文化创造性转化与创新性发展的有益尝试,其研究视角与研究方法势必会为地域品牌的设计赋能提供具体可行的实践路径。深植品牌的文化感召力与归属感,以本土化、民族化、多样化、个性化的多维理念实现品牌竞争力的整体提升,进而为我国民族文化的可持续性发展提供借鉴,这具有重要的现实意义与实践价值。

第12章

蒙古族文字形态特征在汉字字体设计中的应用

语言文字的多样性造就了绚烂多姿的民族文化，汉字设计融入民族文字元素，有效拓宽了民族语言文字资源的共享范围，进一步推动了民族地区经济文化的建设。在服务于多民族聚居地区发展的战略性需求的同时亦促进了全国各族人民之间的文化理解与交流。本研究旨在通过对蒙古族文字形态特征的深入挖掘与提取，以历史学、语言学、文化学、民族学、美学等学科对民族文字的研究为基础，运用设计学方法探索汉字字体设计民族化的可能性，为地区赋能，为我国多民族多元文化的交融开辟道路。首先，通过案例研究与文献研究，系统地梳理汉字设计的现状、问题与发展趋势，进而阐释汉字创新设计的深远意义和实际价值。然后，借助前期调研所得对蒙古族文字的形态特征进行挖掘整理与转化提取，以蒙古族文字特征自然融入汉字造型为目标，通过比较蒙古族文字和汉字在形态、应用和美学上的共通性与差异性，从而推导出在汉字设计中融入蒙古族文字特性的设计准则和实施策略。最后，在充分考虑字体设计趋势、跨文化用户审美偏好的前提下依据研究路径、方法、准则与策略展开设计实践。本研究致力于探索蒙古族文字与汉字在设计学视角下交融的可行性，将民族文化厚植于汉字设计中，特别是要确立清晰的设计准则和方法论，以确保研究成果的可落地、可借鉴和可习得。我们希望通过这项研究，尝试各民族间能够跨越多语言多文种障碍的其他可能性，搭建汉字与各民族文字间融通的桥梁，实现多民族语言文字的和谐共生。此举不仅可以为内蒙古地区的文化创意产业和民族品牌建设注入新的活力，还有效推动了我国民族文字研究的继续深入，更为汉字的传承与设计创新揭开了新的篇章。

12.1 相关研究

12.1.1 汉字字体设计研究

汉字作为中华民族悠久历史和文化的见证，承载着深厚的传统底蕴。在数千年的文化演进中，汉字的形态、结构和应用一直持续变化，从而衍生出丰富且多样的文字形态。国内学术界，清华大学陈楠教授所著《汉字的诱惑》一书中，全面而系统地梳理了汉字作为设计符号的历史发展脉络，并对长久以来被学界忽视的汉字设计思维与设计方法论进行了探讨；除此以外，陈楠教授还著有《中国汉字设计史》一书，首次运用历史的和设计的两种思维来解读汉字，不仅拓展了汉字在语言学和文学领域的研究视角，而且为未来汉字的相关研究提供了坚实的理论基础和设计方法的指引；清华大学周志教授在《汉字研究的设计思维与历史思维——评〈中国汉字设计史〉》一文中强调，历史思维与设计思维是解读汉字的重要工具，也是推动汉字持续发展的重要手段。由此可见，这两种思维方式对于汉字设计的研究具有显著的价值与益处。清华大学余秉楠教授在《汉字字体设计学术研讨会》一文中明确指出，汉字字体设计应该在借鉴西方文字设计理论与方法的同时，充分考虑中国的实际国情，精准提炼与中国文化语境高度匹配的设计元素，高度重视设计的本土化和创新性的融合。湖南师范大学李少波教授在《中国黑体字源流考》一文中，对黑体字的历史源起、技术诱因、商业特性以及文化属性进行了全面而系统的历史发展回顾，同时也为汉字设计的研究开拓了一种完整且系统、高效且全面的字体历史研究方法。上海大学王静艳博士在《布白均匀——汉字设计布白调整方法研究》一文中，对汉字审美中的"布白"概念进行了溯源，分析影响布白的因素，总结了布白调整的方法，是汉字设计研究中少有的方法论探讨。中央美术学院蒋华博士在博士论文《中国"美术字"研究——现代文字设计的中国路径》中，对文字设计中蕴含的"文化基因"进行了深入挖掘，这一研究为字体设计中的地域性探索提供了重要的启示。与此同时，中国美术学院高秦艳博士在博士论文《文字设计的身份转换与图形语言建构研究》中指出，由于汉字与西文字体在总体体量、造字方法及造型特征等方面存在显著差异，在汉字设计中直接套用西文字体的设计理论和方法是极不恰当的做法，中国的字体设计应该深深地扎根于本民族丰富的历史文化土壤中。故而，在这个文化交融的时代背景下，深入挖掘中国文字的本体，确立适合中国特色的文字设计理论与方法显得尤为重要和迫切。

除此以外，在字体设计的实践探索领域，字体帮创始人、字体设计师刘兵克在《自由"字"在》一书中，列举了大量成功的商业设计案例，用以阐述字体设计的核心原理和实用技巧，分享了很多字体设计方面的宝贵经验，将商业字体设计实践向前推进了一大步；格式设计创始人、字体学堂主理人刘柏坤在《字体设计进化论》一书中，详尽介绍了字体设计从初步手绘草图到电脑精细制图的创作全过程，分享了精准表达设计意图的具体方法和技巧，成功地将字体设计理论与实践操作相融合，极大地丰富了设计的内涵和表现形式，从而达成"近义异形"的设计效果，即传达相似意义的同时实现表达的多样化和差异化。

国外学术界，西方国家主要聚焦于西文字体的研究，有关中国汉字字体的研究相对有限，且主要集中在中国的周边国家，尤其同属于汉字文化圈的日本和韩国，其中日本尤为突出。进入20世纪上半叶开始，设计界涌现出众多杰出的设计师，诸如田中一光（Ikko Tanaka）、平野甲贺（Hirano Kouga）、森泽文研（Morisawa Bunken）、鸟海修（Osamu Torinoumi）等人均在其列。此外，日本在推动字体设计创新与发展方面不遗余力，持续举办各类相关设计竞赛。这些比赛包括森泽字体设计大赛（Morisawa Type Design Competition）、东京字体设计俱乐部（Tokyo TDC）大奖以及日本字体协会（Japan Typography Association）大赛等，旨在激发设计师的创作热情和创新思维。通过这些赛事，不仅成功挖掘了一系列优秀的汉字字体设计作品，更对汉字字体设计的繁荣与发展起到了积极的推动作用。

日本语言学家河野六郎（Kōno Rokurō）所著《文字论》一书中明确指出，汉字不仅极具魅力，而且在人们的日常生活中扮演着至关重要的角色，已然成为日本社会环境中不可或缺的组成部分。在日本，设计师和作家们将汉字视作一种崇高的文化象征，他们对汉字的深厚热爱体现在对汉字字体的不断创新与改革中。自1928年迄今，日本眼科学会（Japanese Ophthalmological Society）以"日本文字与眼科学"为研究课题发表多篇专业研究报告，其中涵盖诸多探讨汉字字体设计规范与方法的论文。

日本字体设计大师佐藤敬之辅（Keinosuke Sato）在20世纪60年代编著的《汉字》，是一部具有划时代意义的著作。特别值得一提的是第五卷和第六卷，被视为汉字设计研究领域内的开创性经典之作。依据历史脉络发展为主线，系统且全面地对汉字的结构和造型进行了梳理。同时，深入细致地统计和分析了汉字的线条粗细、空间均衡、尺寸比例以及重心所在，这些详尽的数据分析为汉字字体设计提供了精确的量化支撑，此研究成果昭示了汉字字体设计由"定性"阶段向"定量"阶段的重大转型。

The Type是一家专注于文字设计与视觉文化的网站，其讨论范围涉及字体、排版、平面设计、公共设计、技术乃至视觉文化等多个议题。曾邀请多位文字设计师和文字研究专家，围绕"跨文化语境下的文字设计"这一主题展开深入的交流与探讨。最终，将这些讨论与研究成果汇编成书，名为《跨文化字体设计：中文语境下的讨论》。此书立足于中文语境，对当前国际环境与全球趋势下跨文化文字设计面临的问题及其衍生现象进行了全面而深入的探讨。书中从多个视角出发，诸如审美标准的差异性、跨文化设计的必要性以及文字设计评价的量化标准等，搭建了一个多维度、广视角的讨论框架。同时，本书详细记载了多位具有不同背景的文字设计者依据个人经验提出的跨文化字体设计的创新思路与策略。这些宝贵的分享不仅为本次研究汉字与蒙古族文字的设计融合提供了借鉴，也为设计研究体现对跨文化用户的更多包容带来了诸多思考与有益的启发。

12.1.2　跨语言多文种特征的汉字字体设计研究

事实上，作为汉字字体创意设计的一种表现形式，其跨语言多文种的特性具有深厚的历史渊源。早在20世纪30年代初，中国著名画家、书法家、篆刻家以及书籍装帧设计师钱君匋先生，在设计书籍标题时就别出心裁地用罗马字母替代了汉字的某些笔画。在2018年，觅风品牌创始人侯文振在站酷平台发布了一组由各个国家的文字与汉字相融合的创意字体，文案阐述设计师本人在普吉岛度假时，被泰国的"豆芽"文字深深吸引，因此萌发了将泰文融入汉字字体设计中的想法，从而创作了别出心裁的汉化版"普吉岛"字体。至此以后又相继完成了115个国家和地区的文字与汉字字体相融合的字体设计，展现出了卓越的文化融合设计能力。

清华大学陈楠教授所著《中国汉字设计史》一书中，第三章"民族"部分详细阐述了所谓的汉字文化圈现象，也进一步解读了以东巴文为代表的各少数民族文字与汉字的关系。同时，通过全面分析这些文字在创制与应用过程中所遵循的原理、规律、现象及思维方式，揭示其背后所反映出的各民族、国家和地区之间密切交流与互动的深层关系。进而发现，各民族汉字形文字的造字思维与汉字基本相同，从而验证了汉字实则是各民族汉字形文字的源头，是民族文字的母体，从而进一步印证了地区文化与中华文化同源的事实。除此之外，陈楠教授在著作中还巧妙地运用了多种设计手法来增加东巴文的浪漫气质，如精心规范文字线条的秩序感、为图形符号增添丰富的色彩以及在保留原东巴文识别度的基础上对图形符号进行创意改造等。这种既能兼顾强化东巴文的图形性特征，又能同时增强文字信息传达效果的设计手法为本次研究的设计实践环节也提供了灵感。再者，通过对这些少数民族文字及国外所涉及的汉字设计创新与发展等方面优质案例的探讨，不仅能为汉字设计理论与实践研究提供宝贵的、积极的指导意义与启示，同时，也为拓宽汉字的创新设计思路作出了巨大的贡献。

南昌大学杨新忠教授在《汉字字体的仿藏文风格设计》一文中，对仿民族文字风格的汉字字体设计现象进行了深入阐释，并探讨了此类字体所蕴含的文化价值及其产生的深远影响。在《计算机字库方正藏意汉体设计探究》一文中，杨新忠教授对藏意汉体的形态特征、创作手法、形式构成、设计原理和美学特点进行了深入细致的剖析，总结方正藏意汉体为一种字体包含两种文字特征的字体设计开创了先河。文中指出，多民族交融地区丰富多彩的民族文化为字体设计提供了源源不断的灵感，特别是具有民族地域特色的文字，充分挖掘具有地域特色的字体设计能有效增强信息的视觉表达力，从而吸引公众视线。这一论断的提出为本次蒙古族文字在汉字字体设计中的应用研究奠定了理论及方法论的基础。

云南师范大学向云波教授在《字在云南——基于民族文字的字体设计应用研究》一书中，以全球主要文字的演变历史为背景，专注于设计学视角下少数民族地区民族文字的研究；并在第七章阐述了云南彝族、纳西族、藏族和傣族等民族的文字造型特点及其发展历史，尝试运用汉字的"六书"造字法探索云南各民族文字应用于汉字设计的可行性，系统地分析了汉字字体设计民族化的路径和方法，为建构具有中国特色的汉字设计体系开拓了新的路径，也为探索民族文字的传承与发展提供了新的视角。

12.1.3　蒙古族文字形态特征的汉字字体设计研究

12.1.3.1　基于设计学视角的蒙古族文字形态特征研究

在探讨蒙古族文字在汉字字体设计中的应用时，首要任务是准确提取蒙古族文字最具代表性的核心特征。这一提取过程不仅涉及文字形态本身，还需融入蒙古族在自然与文化生态加持下形成的独特的人文精神内涵。内蒙古农业大学郝婷副教授、范斌老师、毕力格巴图教授在《游牧文化影响下的蒙古文字造型艺术研究——挖掘蒙古文字体设计背后的民族文化规律》一文中指出，蒙古族文字的现行书写形态与结构与其长期的草原游牧生活方式紧密相连，通过比较蒙古族文字与汉字创制的文化背景的异同，揭示了蒙古族文字形态特征的形成受游牧文化的深刻影响；内蒙古农业大学杨吉雅图、毕力格巴图教授在《传统蒙古文字体设计方法研究》一文中，对蒙古族文字造型进行了分析、拆分、归纳和分类，形成一套快速设计蒙古文字字体的方法，有效提升了蒙古族文字的设计效率和字体质量；内蒙古农业大学李梦杰、毕力格巴图教授在《回鹘式蒙古文可变字体设计与方法探讨》一文中，旨在实现蒙古文字体的参数化设计，有效丰富蒙古文字体的表现形式，满足受众对多样化字体的需求，致力于回鹘式蒙古文字数字字体自动生成技术的研发；太原学院袁菁菁老师在《论传统蒙古文字体的设计方法》一文中，论述了蒙古文字体设计要遵循独特性、易读性、可读性、图形化的基本原则，提出了运用字素分析法进行蒙古文字母、合体字、标点符号的设计等。以上研究成果囊括蒙古文字的造型详解、文化内涵、设计方法、原则及数字化，将蒙古族文字的设计学研究向前推进了一大步，亦为本次蒙古族文字在汉字设计中的应用研究奠定了坚实的理论基础。

12.1.3.2　蒙古族文字形态特征的汉字字体设计研究

蒙象汉体是蒙古族文字在汉字设计中的应用研究。笔者在2013年的字体设计作品中创新性地引入了"蒙象汉字"的构想，随后于2015年发表了题为《蒙象汉字设计实践与推广》的学术论文。与此同时，课题组团队成员内蒙古大学的图雅副教授，撰写并发表了《蒙象汉字文字设计研究》的学术论文。该论文以蒙古族文字的独特形态特征和传统纹样为基石，对"蒙象汉体"进行了深入的理论阐释，这一重要成果为之后"蒙象汉体"设计实践的探索提供了坚实的理论支撑。2019年，字体设计师喻振强设计的"草原体"荣获第十届方正字体设计大奖中文专业组二等奖，次年方正推出"草原体"字库，继"藏仪汉体"之后蒙古族文字造型特征的汉字字体开始进入大众视野。2020年，内蒙古大学陈雨泽在《基于蒙古文字造型特征的汉字字体设计研究》硕士学位论文中，运用汉字"六书"的造字原理与方法将蒙古族文字造型与汉字设计相融合，是现有基于蒙古族文字造型特征的汉字设计研究中较具探索性的尝试。

归纳关于蒙古族文字的文物史料与学术著作、文献，我们不难发现蒙古族文字作为一种独特的文化象征符号在现代商业应用中具备巨大的发展潜力，将其融于汉字字体设计中，势必会是塑造企业个性、提升品牌价值的有益途径。通过设计学研究方法，系统梳理蒙古族文字的造型意蕴、民族审美、地域意象，拓展蒙古族文字的应用场域，集内涵衍生与文化凝练于汉字字体设计创作中，彰显中国传统民族文字与国家通用语言间的对话与交融，其展现出来的文化包容、文化自信、文化趣味势必成为我国文化产业发展的有力动能。

综上所述，国内外在时代进步、政策指引以及新理论和新技术的合力推动下，文字设计的研究成果不断丰富，整体水平逐步提高，理论研究与实践研究并驾齐驱，所涉及的领域也从历史的、人文的本体研究向技术的、方法论的应用研究拓展，并展现出服务设计、包容设计的研究视野。蒙古族文字形态特征在汉字字体设计中的应用探索即是属于文字设计的应用研究范畴。目前，在设计实践领域已经有众多的案例可考，但有关设计案例的深入研究在设计学领域仍不多见。在实际的字体设计过程中，民族文字的设计及介入由于缺乏科学的方法论而导致不必要的视觉信息干扰，设计现状良莠不齐，设计问题层出不穷，设计质量令人堪忧。究其原因主要集中在本体研究不足、优化路径及方法论缺失。成功案例亟待推进理论研究，低品质的设计亟待有理论指导完成优化。与此同时，有关文字设计目标受众的研究同样应该受到重视。其中，关注时代变迁对用户审美偏好的影响，关注跨文化用户需求的转变与多元化、用户选择媒介终端界面对字体设计的影响因素等均是当下文字设计领域需要继续重点研究和拓展的方面。

12.2 汉字字体设计概述

汉字的民族性，深刻影响了中国人的思维方式甚至中国文化的总体特征。[1]汉字不仅仅是文化的载体，还在增强文化影响力方面有着重要作用。为了推进汉字字体设计的发展，我们必须从文化变迁和历史演进的脉络出发，对不同历史时期的汉字字体进行深入分析。这种研究对于深入理解汉字的文化底蕴、形制成因至关重要。同时，还需积极应对字体行业的发展现状，对现象及其表现进行深入详尽的分析，以期对未来汉字设计的走向有所预期。

12.2.1 汉字字体的演变

汉字作为中华民族悠久历史的见证与文化精髓的传承。其形态与结构经过变化呈现出多姿多彩的字体样式。按照时间次序，国内可以考证的汉字形态从古老的甲骨文起始，历经金文、篆书的古朴，到隶书、楷书的规范，再到行书、草书的自由奔放，直至宋代印刷术推动下的宋体现代字体，每一阶段都饱含时代的印记。唐代雕版印刷术与北宋活字印刷术的发明，为汉字印刷体宋体的诞生奠定了基础。进入19世纪，随着西方印刷技术的引入，汉字的字体设计揭开了新的篇章。至20世纪末，信息技术的快速发展，特别是计算机技术的广泛应用，更是革命性地改变了字体设计的面貌，不仅极大地增强了字体的装饰性与多样性，还促使字体形态发生了显著变化。

从文字演进的视角来看，甲骨文标志着文字的初步形成阶段，其中，动物形象占据了主导地位。而金文则可以被视为一个过渡性的文字形式，它在继承甲骨文特色的同时，也根据当时社会的需要进行了相应的发展，并主要被铭刻在青铜器之上。而小篆则是接续甲骨文和金文的重要环节，历经形态上的优化变迁，逐步演化至隶书阶段，此过程中，其原本圆润流畅的线条转变为挺阔有力的笔触，赋予了隶书更为端正且标准化的形态。相较于小篆，隶书展现出更高的简洁度与审美价值。与此同时，草书作为一种几乎与隶书并行的书体形式初现端倪，两者初期在字形架构与书写技巧上的高度相似性，导致了辨识上的困难。然而，草书随后挣脱了隶书的束缚，展现出前所未有的灵动与不羁，其

---

[1] 党圣元.《文心雕龙》文字发展观与美学观探微[J]. 文艺研究，2020（12）：48-58.

笔画间的界限趋于模糊，字间距离显著拉开，此风格阶段的草书常被称为"章草"，以彰显其章法的特立独行。行书则以其流畅不羁、一气呵成的特性著称，它在自由度上超越了草书，同时摆脱了楷书所固有的严谨框架，呈现出行云流水般的韵律与错落有致的布局，使书法作品呈现多样化风貌。提及行书，不得不提书法大家王羲之，其代表作《兰亭序》不仅被视为书法艺术的巅峰之作，更是后世书法家竞相研习的典范，其艺术价值与文化地位在书法史上无可撼动。宋体，作为一种专为印刷工艺设计的字体类型，其历史可追溯至唐朝，彼时刻本的问世深刻影响了社会的文化、政治与宗教演进的轨迹。至北宋，随着知识普及需求的激增，民众对书籍的渴求日益高涨，传统手抄本的效率瓶颈凸显，促使雕版印刷技术备受瞩目，并于南宋时代迎来了蓬勃发展的黄金期。步入明清，为适应日益增长的刻印需求及提升效率，工匠们对字体形态进行了精心改良，旨在简化雕刻流程，使字形逐渐摆脱手工书写的随性，迈向更为标准化与规范化的道路。此过程中，横划变得纤细而优雅，竖划则趋于粗犷有力，整体视觉效果既整洁又富有秩序感，展现出一种独特的精致、正式与庄重气质，彰显出高度的严谨性。至民国时期，复古思潮涌动，一股模仿宋代版式风格雕版书的热潮蔚然成风，宋体作为这一时期印刷文化的标志性字体，其影响力进一步扩大，不仅承载了历史的厚重，也见证了印刷技术与文化传承的交融与发展。

12.2.2 西方设计思潮与汉字字体设计

1929年，《英文美术字母范本》问世，作为中国首本聚焦于字体设计领域的专著，鲜明地映射了西方字母字体对汉字设计领域的渗透与影响。回溯至清末，一种截然异趣的字体形态——无衬线黑体（时称"方头体"）悄然兴起，其根源可以追溯至日本明治时代，此时日本正处在受西方"哥特体"无衬线风格的启发创制了日文黑体的阶段，随后这款融合了东西文化的新字体跨海传入中国，对中国的字体设计产生了巨大影响。这些外来影响首先在汉字的结构构建、形态塑造及装饰技法上留下了深刻印记。鉴于宋体字在中国拥有深厚的文化底蕴与广泛的群众基础，其华丽典雅、装饰性强的特点，使中国的黑体字在设计时不可避免地汲取了宋体的精髓，于笔画特性与结构布局上展现出明显的宋体遗风。通过将中文宋体的美学理念与西方字体设计相融合，不仅赋予了汉字全新的视觉风貌，更彰显出设计者的独特匠心与创意。此外，为追求"前卫"与"时尚"的视觉效果，设计界还尝试以倾斜结构模拟西方字体特征，进一步拓宽了汉字设计的边界。同时，将汉字的立体造型与光影效果引入西文字体设计中，创造出前所未有的立体感与景深，这一跨界尝试极大地丰富了字体设计的表现手法。值得注意的是，随着全球化进程的加速，一些原本局限于西方字体设计领域的概念与技巧，如西文花体字的装饰性应用及无衬线字体的形式美学，也逐渐渗透到汉字字体设计之中，特别是"方头体"所展现出的无衬线风格，更是中西字体设计交融的生动例证。

在此阶段还涌现出多位杰出的字体设计先驱，诸如钱君匋、张光宇、陈之佛及傅德雍等，他们创作了众多引领潮流、富有创新精神的典范之作。这些设计师将中国美术字与西方设计思潮巧妙融合，是中国汉字设计的一次积极探索。

12.2.3　汉字字体设计趋势

自21世纪以来，随着传播媒介的多元化与信息环境的日益繁盛，字体设计的表达语汇与功能范畴实现了持续性的丰富与延展，其在社会生活中的作用愈发凸显，完全超越了以往传统意义上的界限。在数字化浪潮的推动下，字体设计领域在生产工具的选择与开发模式的创新上，享受到了前所未有的自由，直接促使字体设计作品的产出量迈入了高速增长的轨道。然而，技术革新的双刃剑效应亦不容忽视：一方面，它为字体设计行业提供了更多的发展机遇；另一方面，也伴随着字体设计作品数量的激增而带来同质化的问题，使高质量字体的稀缺性日益加剧。尽管如此，数字化时代也为字体设计开辟了更为广阔的应用前景，不断拓宽其设计边界，展现出无限的潜力与可能。

12.2.3.1　汉字字体设计的发展现状

20世纪90年代，字体行业正处于一个重大的转型期。❶字体行业得以从铅印时代的沉重束缚中解脱，向光电化与数字化的光明未来迈进。这一历程见证了从古老的铅字排版到激光照排技术的飞跃，并最终踏入数字化时代的大门，字体形态亦随之经历了深刻的变革。鉴于媒介与技术手段的根本性变迁，昔日

---

❶ 卢正源，朱琳慧，吴小燕. 2020中国字库行业报告[R]. 前瞻产业研究院，[2020-05-23].

铅字或较为温婉的字形直接应用于电子屏幕的显示显然已经格格不入。为适应现代电子屏显的需求，新技术的崛起促使我们探索并引入专为数字环境设计的全新字体，以确保信息的精准传达与视觉体验的优化。

随着时代的演进，字体创作数量与日俱增，字体行业的新兴力量竞相涌现，以字体为核心的文化活动如展览会、展演会、文化节、研讨会等日益多元化且充满活力，字体设计竞赛的参与热情显著高涨，众多高等教育学校或机构亦纷纷设立字体设计专业，字体设计课程也借助各类公共网络平台广泛普及至社会各界。2021年，由可口可乐中国、汉字文化推广平台"好字在"及方正字库三方携手打造的"可口可乐在乎体"在东京字体指导俱乐部年赛奖评选中脱颖而出，荣获字体设计类最高奖项"字体设计奖"（Type Design Prize）。紧随其后，众多知名企业也纷纷推出专属的定制字体，字体服务提供商也积极响应市场需求，提供个性化定制服务。方正字库在2020年为中国全球知名移动智能终端品牌vivo量身打造了vivo Type，该字体以其简约、精致、理性的笔触设计，完美诠释了手机品牌所追求的现代科技风尚。进入2022年，方正字库再度发力，为中国北京科技奇虎有限公司旗下的360品牌设计了360守护体，为广汽传祺定制了传祺体，并同年为vivo子品牌iQOO定制了iQOO Type，每一款字体均精准契合品牌特色。2023年，汉仪字库则为经典品牌大白兔的焕新升级精心创作了汉仪大白兔体，该字体巧妙融入大白兔Logo中的标志性圆点元素，不仅与品牌标识高度和谐统一，更赋予字体以动态与活力，展现出独特的品牌魅力。

在数字化浪潮的推动下，用户对字体设计的多元化需求持续攀升，促使字体设计领域向更深层次的多样性探索迈进。随着公众审美品位的提升，汉字字体设计不再仅仅局限于视觉层面的美学追求，而是更广泛地承担起传承民族传统文化、展现社会功能与文化底蕴的重任。深入分析近年来国内字体设计企业的实践案例，众多品牌愈发重视字体的独特性与品牌文化的深度融合，对字体个性化及与品牌理念的一致性提出了更为严苛的要求。汉字，这一富含哲理与象征意义的符号体系蕴含着深厚的中华文化积淀，历经岁月的洗礼，跨越人类历史、文学、哲学、宗教等多方维度，是民族思想、价值观念和美学精神的集中体现。因此，当代用户对汉字设计的需求已从单纯的文化符号识别与理解，升级至对美学价值的深度挖掘与差异化、个性化的极致表达，这不仅是字体设计的基本准则，也是汉字文化薪火相传的关键所在。与此同时，汉字字体设计领域也面临供需失衡的挑战，当版权意识被市场吞没，当商业利益凌驾于使命与责任之上，设计师则必须把控在坚守文化传承与创新的同时，灵活应对市场需求与商业利益间的平衡。

12.2.3.2　汉字字体设计的发展趋势

2016年，奥多比（Adobe）、苹果（Apple）、谷歌（Google）、微软（Microsoft）四大科技巨头公司携手发布Open Type 1.8可变字体规格，这一规格是基于Apple的GX Font技术和Adobe的Multiple Master字形设计技术流程，从而极大地提升了更多的设计灵活性和个性化选项。一场围绕可变字体的支持、研发与设计的浪潮在主流操作系统、浏览器、软件开发者、字体设计师与字体企业之间蔚然成风。设计师们经常运用字重、宽度、倾斜角度、斜体风格及光学调整等五个标准注册轴（Registered Axis）为字体家族赋予多变的字形，这些变化正是传统标准字体家族所涵盖的核心要素。国内顶尖字库企业积极响应，依托可变字体技术，匠心打造了一系列高品质的字库产品，极大地丰富了用户的视觉体验与内容呈现方式。其中，宋体，有古中带新的方正自留宋、方正时尚碑宋、汉仪玄宋、汉仪书仿；黑体，有经典摩登的方正筑紫黑、汉仪菱心体；隶书，有中式新潮的汉仪赤云隶；当然还有众多的创意字体家族，如汉仪大风吹、方正爽趣体、方正白舟字体等，为设计界带来无限灵感（图12-1）。此外，方正字库官网还精心策划了民族风格字体专区，展示了如方正藏意汉体、方正丝路体、方正草原体等富含民族文化韵味的字体系列（图12-2），彰显了中国字体设计界对可变字体技术的深刻理解与本土化创新的卓越能力，预示着在汉字表现领域可变字体将开启更加多元与丰富的探索之旅。

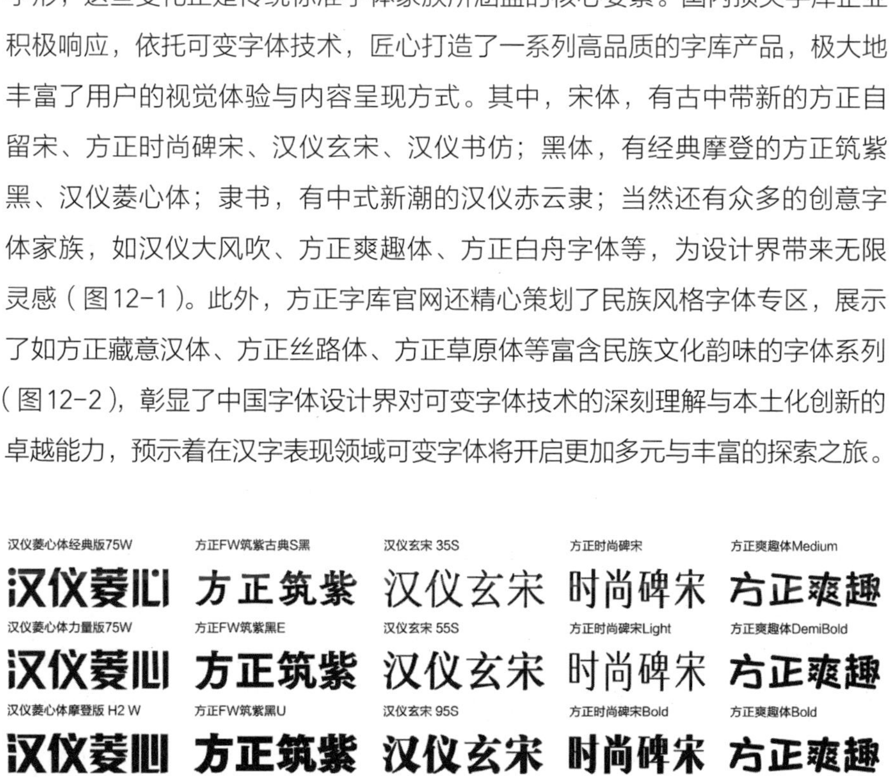

图12-1　从左至右：汉仪菱心体、方正筑紫体、汉仪玄宋体、方正时尚碑宋体、方正爽趣体

（来源：内蒙古师范大学设计学院511设计工作室侍秉颂绘制）

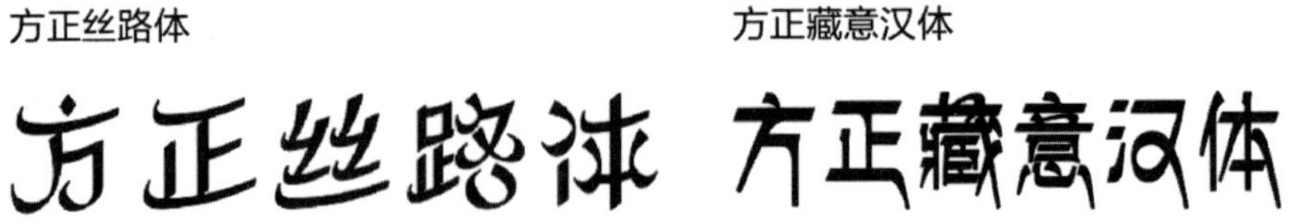

方正丝路体　　　　　　　　　方正藏意汉体

方正丝路体　方正藏意汉体

图12-2　从左至右：方正丝路体、方正藏意汉体
（来源：内蒙古师范大学设计学院511设计工作室侍秉颂绘制）

字体设计应当兼顾多语种应用环境的广泛适应性，并着重强化其在多语种间的和谐匹配能力。每种语言的字体均蕴含着独特的个性元素，包括但不限于其书写工具的特性、书写习惯的差异、字形比例的独特性以及结构特征的多样性。因此，字体设计师需持续深入学习不同语言体系的书法艺术、字体设计原理及排版技巧，以此构建坚实的跨语言设计基础。在充分把握各语种独特性的基础上，设计师需巧妙地将这些特性融入多语种字体设计之中，实现不同语言间字体的有效匹配与深度融合。通过字体设计，不仅能够确保信息的准确传达，更能深刻体现品牌的核心价值与文化底蕴，使设计作品在跨文化交流中展现出独特的魅力与力量。

世界的发展是呈螺旋式前进的。正文类字体也随着经济的高速增长而不断演进，从一味追求阅读效率，转而聚焦于营造阅读过程中的放松氛围与和谐节奏。与此同时，印刷工艺的精湛与阅读媒介的数字化转型，为字体设计在清晰度与显示精准度上开辟了更广阔的天地。伴随新一代用户期待的升级，旨在优化"优雅的长篇阅读"与"轻松的长时间阅读"用户体验的基础字体产品应运而生，从而满足市场不断变化的需求。著名字体设计师、排版艺术家及作家碧翠斯·沃德（Beatrice Warde）提出的"水晶高脚杯"（The Crystal Goblet）理论，深刻揭示了字体设计的本质：最佳设计应如透明的容器，仅作为"沟通"的媒介，让文字内容——观点、思想、意象自由流淌，而字体本身则隐于无形，不喧宾夺主。读者期待的是字体带来的平稳感与流畅的阅读节奏，能够促进心灵的沉静。亦如宋体、仿宋、楷体、黑体等作为数字时代字库中的基础字体与排版的主流，其发展历程跨越了雕版印刷、活字印刷、照排技术直至现代的数字印刷与屏幕显示，已然成为日常生活中不可或缺的存在。在这样的背景下，汉字字体设计的发展趋势呈现出以下特点：一，中文可变字体的兴起预示着家族化字体设计发展的无限潜能；二，具备视觉和谐与多文种兼容特性的字体设计成为市场新宠，对于推动中国民族品牌的国际化具有重要意义；三，比例与间距精心设计的汉字字体正悄然改变着文字排版的面貌，引领着新的排版风尚。

本章节旨在从历史维度出发，系统梳理中国汉字设计艺术的演进轨迹，细致剖析其萌芽、演变历程及外来文化交融的深远影响。纵览历史长河，汉字设计历经沧桑巨变，从古朴的简体形态，历经繁复的繁体阶段，直至现代信息技术的飞跃，特别是计算机技术的广泛应用与西方文化的渗透，共同塑造了汉字字体设计的多元面貌。在此背景下，字体设计不再仅仅满足于基本的阅读功能需求，而是逐渐晋升为塑造企业及品牌视觉识别体系的关键要素，甚至成为了一种强有力的传播媒介，其重要性日益凸显。设计师们愈发重视字体在品牌视觉表达中的精准定位与独特韵味，将字体设计提升至超越信息传递与广告招徕的基本层面，更加注重通过字体传达品牌情绪与个性，满足日益增长的审美与情感表达需求。伴随社交媒体平台的蓬勃兴起，内容创作生态日益丰富，字体设计在促进社交内容高效传播、增强用户体验方面扮演了不可或缺的角色。因此，字体设计的创新导向正逐步挣脱传统分类框架的束缚，转而向更加精细化、行业专属化及场景适配化的方向迈进，以更高的专业性与针对性，推动字体设计领域的深入探索与发展。

12.3 蒙古族文字形态特征概述

蒙古族在漠北兴起之前，尚未存在专用于记录蒙古语的独特文字体系。随着与邻近民族及部落的深入交往，为了促进本民族文化的繁荣与发展，蒙古族相继采用新创或借源的形式不断完善本民族的语言和文字，诸如回鹘式蒙古文、八思巴文、托忒蒙古文、索永布蒙古文、瓦金德拉蒙古文，以及后来受西里尔字母影响创制的新蒙古文等。本项研究聚焦于回鹘式蒙古文这一在历史上应用广泛且辨识度高的文字样本，旨在通过详尽剖析其字形构造、实际应用场景及美学价值等多个维度，深入探索蒙古族文字体系所展现出的独特形态特征与文化内涵。

12.3.1 蒙古族文字造型特征

12.3.1.1 笔形特征

首要探讨的是横向笔划的构造。在回鹘式蒙古文字体系内，横向笔划占据主导地位，尤其在字首与字身部分，短横频现，而字末则常见长横作为收尾，辅以纵向笔划的连接，共同构筑出文字特有的竖长形态轮廓。接下来分析纵向笔划的功能，它们多扮演连接角色，于书法实践中避免过度渲染，往往通过横向笔划的连续延展或自身适度的加长加粗来实现连接效果。至于斜向笔划，涵盖了点、撇、捺等元素，其中撇与捺常作为核心笔划，置于字首或字尾，以增强视觉冲击力。撇的延伸设计旨在赋予文字灵动与飘逸之美，部分情况下，撇的体势会通过加粗或延长的简单手法加以凸显。而捺的书写则呈现出既厚重又不失流畅的特点，从而构成了蒙古族文字书写艺术中的典型风貌，体现了其独特的审美追求与书写规范。

历经漫长的历史演进与广泛的民族间的交流与交融，蒙古族文字的字形风貌深受各民族多元文化的浸润，尤其是来自汉族汉字体系的深刻影响。汉字书体中的精湛技艺，诸如灵活且变通的使转法、智慧且含蓄的藏锋法、稳健且均衡的收笔法，以及"饱笔须快，渴笔宜慢"的墨法精髓，均在一定程度上融入了蒙古族文字的书体字之中。在一些蒙古族书体佳作里，文字末端的笔划往往蕴含着优雅的弧度，笔锋回旋，既遵循了既定的书写规范，又巧妙展现了波磔的艺术美感。这些技法的融合不仅推动了蒙古文书体在字体形态上的系统美化进程，还使回鹘式蒙古文字在保持个性的同时，更加注重字体的和谐统一与视觉上的稳定。

12.3.1.2 笔画特征

现行的回鹘式蒙古文标准用字依据字形的整体廓形，可概括划分为黑体、白体及手写规范体三大类别。其中，黑体在笔画形态上与拉丁字母体系中的无衬线字体相对应；而白体的笔画形态则与拉丁字母体系中的衬线字体较为接近。回鹘式蒙古文的结构构建，围绕一根挺拔垂直的字干展开，辅以多个富有韵律感的字母元素，这一字干类似于汉字中的"竖"笔画，起到支撑与贯穿的作用。字头、字牙、字腹、字尾等组成部分，均围绕这一字干上下衔接，形成和谐的整体。同一字母在不同位置时，其形态亦会随之灵活变化，以适应整体布局。在书写表达上，竖笔以其稳固且粗犷的笔势，深刻地刻画出文字所蕴含的力量与安定感；横笔画展现出一种柔和而又不失流畅性的韵律线条，为文字增添了优雅与生动的气息。这两种笔画相互依存，互为补充，不仅强化了蒙古族文字的整体视觉效果，还共同塑造了其独特的书写美学与视觉魅力，展现了深厚的文化底蕴与艺术价值。

以回鹘式蒙古文白体为例，在深入分析其横笔画与竖笔画的粗细量感比例时，发现竖向笔画字干的宽度普遍要超过甚至达到字首、字牙、字腹等部位线条宽度的三倍以上，且这一宽度通常占据整个字符约三分之一的面积。同时，字头、字角、字肚、字辫等笔画的造型多呈现柔和的弧形轨迹，这一特征使蒙古族文字在视觉上形成了横细竖粗的强对比效果，与汉字中的宋体风格有异曲同工之妙。再者，回鹘式蒙古文的尾部笔画尤为变化多端，妙趣横生，是该文字体系中最具表现力与感染力的视觉元素之一。这些尾部笔画设计巧妙，形态各异，有的细长如带，可延伸出多种带状或楔状形态，赋予文字丰富的动态感与表现力；有的则朝左前方延展，末端轻巧上扬，形成所谓的"朝前尾"，展现出一种向前推进的视觉张力；还有的笔画向右上方倾斜，紧贴或稍离字身右侧，构成"后尾"或"离体尾"，增添了几分灵动与飘逸；更有"Z"形回折的复杂结构，末端拖曳出一条流畅的曲线，宛若风中轻舞的哈达，不仅增强了文字的装饰性美感，也深刻体现了蒙古族文化的独特韵味与审美追求（图12-3）。

图12-3　回鹘式蒙古族文字笔画特征
（来源：内蒙古师范大学设计学院511设计工作室侍秉颂绘制）

12.3.1.3　结构特征

回鹘式蒙古文作为一种典型的竖排书写系统，其布局遵循纵向排列原则，字词间巧妙留白，这一排版风格与古代汉字书法传统不谋而合。进一步探讨其字体结构，回鹘式蒙古文与汉字之间展现出显著的差异性。横向审视，回鹘文可细分为左侧、主干与右侧三大区域，其中右侧笔画相对较少，这一布局特性导致视觉焦点自然而然地偏向左侧；反观汉字，其左右两侧笔画分布相对均衡，无显著偏重，从而促使视觉重心在文字的左右两侧间均衡分布，呈现出截然不同的视觉平衡感。

回鹘式蒙古文的结构精妙、变化多端，由上部字首、中部字身与下部字尾三部分各具特色的笔画变体自上而下垂直排列构成（图12-4）。每个字母的形态会追随其所在词组中的具体位置的变化而变化，其独立的文字组件遵循统一的形态框架。值得注意的是，部分回鹘式蒙古文在形态上会与汉字上下结构的复合字或独体字展现出高度的相似性，甚至会出现个别字形与某些汉字在外观上几乎难以区分的情况。在字母构造层面，回鹘式蒙古文主要由一条贯穿始终的竖线及若干点状、线状的元素组合而成，其中，作为核心的字干部分笔画结构保持恒定，而字首、字辫、字牙及字尾等边缘位置的字母形态则依据其具体位置灵活调整，呈现出丰富的形变特征。

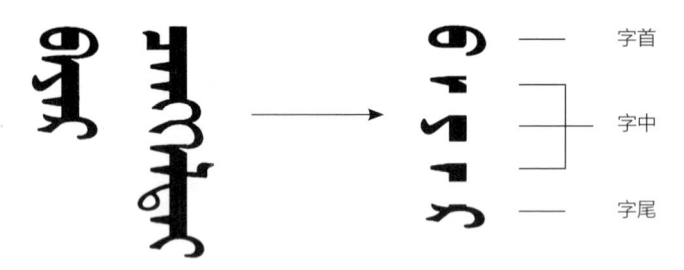

图12-4 "开心"回鹘式蒙古族文字结构
（来源：内蒙古师范大学设计学院511设计工作室侍秉颂绘制）

12.3.2 蒙古族文字的应用

12.3.2.1 使用规范

在14世纪初期，元朝高僧搠思吉斡节儿著有《蒙文启蒙》一书，作为蒙古族文化领域的泰斗级人物，其著作不仅为蒙古文书写体系确立了标准化的正字法，还为蒙古文语法的研究奠定了扎实的学理基础。随着民族发展的内在驱动力以及佛教经典翻译活动的蓬勃兴起，蒙古族文字的书面表达形式迎来了显著的大发展时代，众多蒙古族语言中的方言被吸纳进书面语言体系之中，这一过程同时也促进了大部分文字形态的调整与变革。"近代蒙古文"这一称谓，因其词尾部分普遍采用横向书写的形式，而被形象地称为"横尾蒙古文"，这一变化体现了蒙古族文字书写习惯的创新与迭代，亦是蒙古族文字发展历程中的又一重要里程碑。

在成吉思汗未统一蒙古诸部之前，传统的蒙古族书写以羽毛笔为主，其书写方式讲究连贯流畅，自上而下、自左而右铺陈，旨在追求形态的简约性与书写的便捷性。笔画章法以连贯著称，运笔过程强调一气呵成，节奏变化趋于平缓，但在运笔至字尾处时往往采用急停回锋的技巧，赋予文字以庄重而肃穆的视觉效果。及至明朝，政府为促进蒙古族对信仰的接纳，推行了一系列惠利政策。随着时间的推移，蒙古族文字逐渐演变为承载宗教智慧与文化精髓的重要媒介，众多宗教典籍与文学作品，诸如《甘珠尔经》纷纷被译成蒙古文版本（图12-5），这一过程极大地促进了蒙古族文字体系的完善与优化。从元朝至明朝，蒙古族文字在字体风貌与书写技法上保持了相当的连贯性，直至明末，字尾形态始现多元化趋势，变化日趋丰富。在此时期，蒙古族文字的主要功能聚焦于翻译与教育领域，官方设立译字生与通事等职位，专注于语言文字的翻译与传播工作，进一步推动了蒙古族文化的传承与发展。

图12-5 《甘珠尔经》
（来源：内蒙古文化和旅游厅官网）

12.3.2.2 传统媒介

据现有史料记载，蒙古族文字的创制与统一是在蒙古汗国与元朝时期，在其长达八百余年的书面表达形式迭代进程中一直紧密贴合游民民族的实用原则。当前蒙古族文字的演进，实则是对远古文字遗产深思熟虑后进行修订与升华的结果。因此，要深刻洞悉蒙古族文字的书写特色及其应用场景，首要任务在于详尽考察现存回鹘式蒙古文文献的保存状况。具体而言，可从以下几方面展开：

第一，碑刻。碑刻文献相较于其他材质的文献而言更坚固耐久，作为历史的见证，其坚固性使之成为帝王诏令、皇族旨意等权威信息的理想载体，相比其他材质媒介的文献其历史遗存更丰富。据现存史料推断，1818年被俄罗斯考古队发现的成书于1225年蒙古汗国时期的《成吉思汗石碑》和有确切年代标注的成书于1240年的《济源十方大紫薇宫圣旨碑》是迄今为止发现最早的蒙古文碑刻文献。

第二，书信。书信文献由于材质脆弱、容易损毁，所以相较于碑刻文献而言存世极少。最具代表性的是1267年的《阿八哈汗的外交证明函》，函件以十六行回鹘式蒙古文自上而下从左至右手写于纸上，见证了天主教使臣往来于诸国的通行历程；及1289年《阿鲁浑汗致法兰西国王菲力普四世的书函》同样采用回鹘式蒙古文，展现了跨文化交流的珍贵片段。

第三，符印。符印是符节印信等凭证物的统称。在各种官方、商贸和宗教活动中广泛使用，形制如公印、官印、私印、名章、文印等，一般作为身份识别、契约签署和权力象征的重要工具。符印文献，以1246年的《贵尤汗玺文》与《安都剌授与信使的银牌》最具代表性。❶

第四，木刻。回鹘式蒙古文木刻文献存世较少，极其稀有。最具代表性的有1307年元代的《回鹘蒙古文〈孝经〉》和《入菩提行论疏》残卷，而《回鹘蒙古文〈孝经〉》是国内收藏的唯一一部元代汉文、回鹘式蒙古文合璧的木刻本。刻本本身就是民族文化交流交融的历史见证。

此外，在阿尔寨石窟、敦煌石窟、敖伦苏木城遗址、黑城遗址等古迹中也发现了回鹘式蒙古文的遗迹，记录了在悠悠历史长河中蒙古族与其他民族在政治、经济、文化等领域的广泛交流与互动，为研究中国古代社会各民族语言文字相互影响与促进提供了宝贵资料。

12.3.2.3 应用现状

随着移动互联网大流量时代的全面渗透与泛媒体环境的深刻影响，民族文化发展迎来了一个崭新的传播语境。2018年，内蒙古自治区官方发布的文件

---

❶ 耿灿. 文化生态视域中的中国蒙古文书法研究[D]. 呼和浩特：内蒙古大学，2020.

中明确指出，需着力提升蒙古族文字的应用频次与文化传播项目的效能，以此作为推动蒙古族文字传承与弘扬的关键举措。蒙古族文字作为蒙古族文化精髓的鲜明标志，不仅承载着深厚的文化内涵，更以其独特的典型性与代表性在地域文化传播中展现出卓越的游牧属性。这一文字艺术在多个领域得到了广泛应用，包括但不限于地域品牌标识的创意设计、文化创意产品的开发以及富含创新思维的字体设计，为中国民族文化与现代设计的融合注入了新的活力。

地域品牌标识设计需采用高度凝练与符号化的设计手法，旨在促使消费者对融合了蒙古族文字符号与汉字元素的独特标志产生深刻的识别记忆与持久的文化回响。此设计策略不仅有效增强了多元文化背景下跨文化用户的理解力与接受度，更为整体提升中国文化在国际范围内的影响力和传播力贡献力量。蒙古族文字作为蒙古族文化独特的表征符号，既要肩负民族文化外宣的重任，又要作为内蒙古文化创意产业不可或缺的灵感源泉，为其繁荣发展持续注入活力。文创产品兼具文化符号与消费功能的双重身份，蒙古族文字从传达信息的文字符号转变为文化消费的对象，化身为承载地域特色、彰显民族风貌的物质载体。其设计融实用性与审美价值于一体，既突破了传统传播手段的束缚，也为文字创意产品领域注入了不竭的创新活力。蒙古族文字以其独特的构形美学著称，兼具艺术感染力和视觉冲击力，深刻传达着游牧民族深邃质朴的情感与宏大独特的文化气质。这一创意字体的开发，标志着传统蒙古族文字与现代生活及当代审美的深度融合，是民族文字创新发展的一次有益尝试。在字体设计的维度上，通过巧妙借鉴蒙古族文字的形态特征而创作的文化创意字体不仅是对民族文化精髓的提炼与再现，也是对民族审美偏好的深度契合，极大地丰富了蒙古族文字的视觉表达语汇。此举不仅为文字设计领域带来了新视角，更为民族地区文化的传播与弘扬提供了强有力的设计支撑，促进了民族文化在现代社会中的传承与发展。

12.3.3　蒙古族文字的审美特征

蒙古族的民族性格作为持久且稳定的因素，在时间的维度上对蒙古族文字的形成产生最直接的影响，塑造了蒙古族文字的视觉个性和书写格律。但从空间的维度探究，对于在气候较为恶劣的蒙古高原上繁衍的民族而言，审美观念的形成必然源自他们与大自然之间的紧密联系。长期迁移流转的游牧生活方式促使他们与大自然之间建立起一种和谐共生的关系，这种共生关系进一步在他们的文化与文字中得以体现。

对于草原上的蒙古族而言，人与自然的关系决定了人最终的生存习惯和生活方式，而大自然就是其生存的实际内容和生活的本质所在。在长期逐水草而居的游牧生活中，蒙古族对自然的深深敬畏与顺应形成了蒙古族最终的生活习俗、生产方式、思维模式及民族情感。这些共同构成了蒙古族栖息于草原的行为准则和独特的价值观念，深刻地影响着他们的现实生活与审美意识的形成。

这种深刻的交融特质，在蒙古族文字造型中将人与自然的生命纽带紧密相连，激发起一种形与意的共鸣效应。相较于汉字书体中人与自然关系的多样展现，蒙古族文字则呈现出别样的风貌。农耕文化背景下，人们运用逻辑的严谨与理性的洞察，在汉字构造中勾勒出自然界的线性之美；而游牧文化的精髓，则在于通过直观感受与情感共鸣，将蒙古族文字赋予了自然之神韵，展现出一种坚韧不拔、灵动迅捷的生命力特质。这种表达方式不仅丰富了文字的文化内涵，也深刻体现了不同民族对自然认知与表达方式的独特见解。

本节深入剖析了蒙古族文字的造型特色、应用领域及审美特性，旨在深化对蒙古族文字形态特征的认知。鉴于蒙古族文字承载着深厚的历史底蕴，其字体设计的系统构建与制作工艺均植根于成熟的理论框架之中。深入探究这些理论资源，不仅能够促进蒙古族文字形态特征与汉字字体设计之间的融合向更加系统化、专业化的方向发展，还为后续探讨蒙古族文字形态融入汉字设计的可行性奠定了坚实的理论基础与丰富的参考素材，确保了研究过程的严谨性与科学性。

12.4 蒙古族文字与汉字形态特征比较

基于蒙古族文字种类的丰富与繁难，以及部分蒙古族文字的使用已不再趋于普及，加之出于对本领域学术研究在未来有更广泛的传播力与影响力的考量，本次只选择回鹘式蒙古文作为唯一样本，进行蒙古族文字形态特征在汉字字体设计中的应用研究。

12.4.1 汉字与蒙古族文字造字原理及造型特征比较

12.4.1.1 造字原理比较

"六书"造字理论作为中国文字学领域的一项里程碑，一直被世界文字学界奉为圭臬，深刻影响着中国传统文化的历史演进与时代传承，它不仅深刻揭示了汉字的构造奥秘，还为新字体的创制提供了坚实的理论基础。"六书"体系涵盖了象形（诸如"日""月""水""火"，通过笔画勾勒出事物轮廓，直观展现物象）、指事（如"上""下"，利用特定符号如横线，指示抽象概念）、会意（例如"林"，会二木之意，表示树木丛生，有效弥补了象形与指事的局限）、形声（以"虾"为例，其"虫"部表明类别，"下"则提示读音，实现了音形义的完美结合）四大造字之法，以及转注（体现文字间的意义相通，如"面"字源于"脉"，展示了词义变迁）、假借（如"画"字借自"甲"，原意专指绘画行为，体现了文字功能的灵活性）两种用字技巧。由此观之，汉字设计本质上是一个融合了视觉感知、意象构建、字形思维与心理意象训练的综合性构形系统，展现了中华文化的独特魅力与深邃智慧。

蒙古族文字属于拼音文字，回鹘式蒙古文共有29个字母，包含5个元音和24个辅音。蒙古族文字的拼写方式趋于线性展开的形式，用较少的字母就能实现对语言语音的精准记录。虽然与西方国家或地区所使用的拉丁字母同属于拼音文字，但实际上拉丁字母是从左往右横向书写组成单词，而回鹘式蒙古文的字母是自上而下竖向排列构成词组。汉字是人类语言文字体系中最典型的表意文字，是使用具有象征性的图形符号来记录语言，将语言的语音与表意的文字结合起来，使文字本身不仅附着声音信息，同时更多地强调意义的表达，这种特性使汉字相较于表音的文字更显向心性。因此，通过以上对比分析不难发现，汉字与回鹘式蒙古文在造字原理上完全不同，联系较弱。

12.4.1.2 造型特征比较

汉字造字遵循的是统一性、规范性与高度的客观性。黑体字以其方正硬朗、简洁明了著称，其横竖笔画宽度均等，黑白空间对比鲜明，兼具易读性与视觉冲击力，因此成为标题、导语及标志设计的最优选字体，但如果在长篇文本中频繁使用，则可能因视觉量感过于浓密而引发阅读疲劳。相比之下，宋体字展现了一种典雅均衡之美，其字形端正，横细竖粗，线条平直且边角清晰，通过统一装饰性的末端处理，实现了笔画间的和谐统一与高度识别性，是正文排版的上乘之选。楷体字则保留了手写字体的灵动韵味，笔画在起承转合间变化丰富，但是由于其结构紧凑的特性，在字号缩小时容易导致笔画粘连，从而影响视觉清晰度，且其动态的笔形也可能加剧阅读上的疲劳感。

  汉字的组合艺术复杂而精妙，除少数独体字外，通过巧妙搭配超过两百个基础部件，能够创造出千变万化的汉字形态。在组合过程中，精确调控部件与偏旁之间的比例与布局，是实现汉字整体和谐美观的关键。基于汉字框架结构的考量，正文字体设计需秉持笔画工整、字形圆润、字间大小均衡的原则，无论汉字结构如何，均需遵循此准则进行初步处理。随后，进一步依据字形的具体特征与造字结构的多样性，实施更为细致的分类与优化，以确保整体设计的协调性与美感。

  回鹘式蒙古文作为一种表音文字系统，其独特的造型过程是通过字母间的竖向黏着组合而成，深刻地体现了蒙古族的自然观、价值观与审美观的形成，全面反映着草原民族的游牧历史。回鹘式蒙古文的每一个字母的造型以及命名都与人、动物、生产工具密切相关，如字腰、字角、字辫、字首、字齿、字腹、前尾、后尾等笔画命名的方式，均是对这些自然形态的抽象与再现，在日常生活中均能找到与这些字母造型相对应的原型。除此以外，在这些字母组合排列的过程中，自上而下的黏着结构往往也会在整体廓形上模仿人和动物的体态，这亦是蒙古族至今为止还无法轻易放弃竖写形式的原因之一。虽然回鹘式蒙古文是表音文字，但是文字造型却显现出极强的仿生意趣，这一特点与汉字的象形意味相似，充满了朴野、原力的自然美学特质。同时，在回鹘式蒙古文的书写规范中，字母间的垂直间距受到严格规定，这一间距的变化能够微妙地影响文字所传达的意义与情感。以回鹘式蒙古文白体为例，其视觉核心集中于字干，字干粗壮有力，占据整个字符约三分之一的空间，位于中心位置，被视作文字的基线或脊梁，对整体结构起着至关重要的支撑作用，赋予文字以稳固之感。这种竖直而坚实的字干与周围细腻、流动的字牙、字腹等元素形成了鲜明对比，不仅增强了文字的视觉层次感，还赋予了文字以独特的节奏与韵律之美。

12.4.1.3 蒙古族文字造型特征应用于汉字字体设计的可行性分析

  通过对比蒙古族文字与汉字在造字原理、造型特征方面的异同，我们可以深刻洞察到蒙古族文字独有的美学特质，其轮廓瘦长稳健，结构自由洒脱，线条回转流畅，富有强烈的韵律感和装饰性，充分彰显了蒙古族独特的审美趣味和游牧特质。反观汉字的"六书"造字法，不仅涵盖了象形、指事、会意三种较为直观的创制方式，还开创了形声、转注、假借的精妙构字思路，为汉字的造字方法开辟了多元路径。尽管"六书"直接转化为字体设计方法的操作性极其有限，但却为蒙古族文字造型在装饰性方面的探索提供了宝贵的理论基础（表12-1）。进一步剖析蒙古族文字与汉字在造型特征上的交集，我们发现两者在笔画运用上存在一定的相似性。蒙古族文字自古以来所采用的自上而下的竖式书写方式与汉字古代的传统书写习惯是一致的，但由于造字法迥异因此书写表达的手法各不相同。以回鹘式蒙古文白体为例，其横细竖粗，加之装饰性的衬线设计以及独特的笔形风貌与汉字的宋体字完全吻合。此外，蒙古族文字的字体结构，在某种程度上与汉字的独体结构或上下结构的文字相类似，尤其在字尾的造型上，两者均展现出相似的纵向构建特征。

表12-1　汉字与蒙古族文字造型特征比较

文种	字体类别	字形特征	字体结构	笔形特征
汉字	黑体	方形、不具有装饰性、视觉效果强烈	上下结构、左右结构、上中下结构、左中右结构、包围结构等12种结构	横竖笔画粗细一致，笔形方正
	宋体	方形、统一的三角装饰元素、识别性强		横细竖粗，转折处三角装饰线
	楷体	方形、书法体、中宫位置紧缩		注重转折，内圆外方
蒙古族文字	回鹘式蒙古文	上下黏着的竖式方形造型，字形修长	上下结构	字干笔画较粗

基于上述比较分析，我们可以确信，依托蒙古族文字的造型特征进行汉字字体设计的研究是极具可行性的，这两种文字体系间存在的诸多相似和共通之处即是本次研究得以顺利展开的重要方面。

12.4.2　汉字与蒙古族文字使用方式比较

12.4.2.1　书写方式比较

汉字是中华民族智慧的结晶，是中华文明根深叶茂的基石。在悠长的历史演进过程中孕育了绚丽多彩的书体风格,这些风格间差别细微,却深刻映射出书写者独一无二的个性与习惯。以篆书为例,其行文运笔以提转和顿折的方法为主,弯曲部分通常呈现外圆内方的形态,注重笔锋的"藏"和收尾的"护",力度内敛。以楷书为例,其书写讲求逆风起笔,注重蚕头雁尾、一波三折。笔画起承转合力求笔形丰满、生动得势,全程折笔动作鲜明。汉字书体无论何种体例书写均需要遵循一定的笔画顺序,例如"先撇后捺、先上后下、从左到右、先外后里"等。

在元代之前,蒙古族文字的书写系统主要以自上而下、从左至右的连贯笔法为特点,这种书写方式强调效率和实用性,笔触的轻重和粗细变化并不突出。然而,当书写到"朝前尾""离体尾"或"后尾"时,笔锋会突然停顿并回转,营造出一种古老而庄重的视觉印象。在书写的顺序上,回鹘式蒙古文属于拼音文字,字母分为词首、词中、词末三种变体,并伴有句读符号。在2020年,中国民族文化资源库,孟原在《蒙古族文字的创立与演变》一文中提到,回鹘式蒙古文最初的书写方向是自右向左横向书写,但为了适应在马上书写的需求,后来改为从左向右的竖向书写。在拼写时,通常以词为单位进行连写,字序是自上而下,行序则是从左到右。

12.4.2.2　阅读习惯比较

追溯汉字的发展历程,其雏形——甲骨文与金文,作为早期铸刻文字的典范,其排版布局多遵循从左至右、自上而下的古老模式。随后,随着简牍这一书写载体的兴起,即以长条形木板串联而成,书写与阅读习惯转而适应从右向左、自上而下的新秩序,这一传统深刻影响了整个封建社会的书写文化。值得注意的是,汉字的识别特性赋予其超越排版限制的灵活性,使在实际应用中阅读顺序展现出高度的变通性。反观蒙古族文字的历史轨迹,回鹘式蒙古文在借用回鹘文字母的同时,也一并承袭了其书写格式与阅读习惯。这种纵向排列的书写方式,与古代汉字的书写传统相呼应,并在现代蒙古族文字中继续沿用,无论是手写还是计算机屏显均保留着竖写输入与排版的传统习惯。鉴于我国多民族聚居的实际国情,以及民族文字间相互影响、借鉴、参照、合璧的历史史实,汉字与回鹘式蒙古文一直有着深厚的群众基础,而多文种文字的并存与使用的随机转换也是老百姓日常生活中习以为常的事情,即使在深入探讨两种文字在书写场域与书写规范上依然存在显著差异的情况下,仍旧不能忽略共同的家国意识、文化共识、民族认同等为此次研究提供的天然的、坚不可摧的精神基础。

12.4.2.3 蒙古族文字使用方式应用于汉字字体设计的可行性分析

每一种文字的创制都要对应形成一套标准的、普适于大众的使用规范。通过上文蒙古族文字与汉字在书写方式和阅读习惯上的对比可见，自古以来，这两种文字在行为文化层就有诸多共通之处，同时也映射出在复杂多变的演进轨迹中相互影响交融的史实，这些均在一定意义上构成了本次研究可行性的依据（表12-2）。

表12-2 汉字与蒙古族文字使用方式比较

文种	书写工具	书写顺序	笔法特征	阅读顺序
汉字	软笔毛笔	由上至下 由左至右	明显折笔动作 转折处有装饰	永结同心 ①↓ 永结同心　永心同结 心同结永 ←②
蒙古族文字	软笔毛笔、 硬笔竹笔、 羽毛笔、骨笔等	由上至下 由左至右	笔画粗细变化不明显 运笔停顿回锋	内蒙古自治区呼和浩特

本次研究实践排除两种文字在书写方式与阅读习惯上的差异，将设计聚焦于两者曾经在阅读习惯上的共通之处，即均遵循从左至右的横向排列，或是从右至左、自上而下的竖向排列原则。基于这一共识，进行蒙象汉体的排版设计，从而完成蒙古族文字融合汉字字体使用方式上的转化。

12.4.3　汉字与蒙古族文字审美特征比较

12.4.3.1　审美特征比较

中国文明是唯一延续至今而未曾断绝的原生文明，汉字是目前罕有的仍然保持旺盛生命力的自源性文字。❶ 在东汉《春秋纬·元命苞》中记载到："仓颉生而能书，及受河图录字，于是穷天地之变，仰观奎星圆曲之势，俯察龟文鸟语，山川指掌，而创文字，天为雨粟，鬼为夜哭，龙乃潜藏。"在《说文解字·叙》中，也可知仓颉据"鸟迹"而创造了文字。这些史料中所反映的即是古人造字的主要依据——观察天地、星象、鸟兽、山川万物。这种基于世间万物创制文字的主旨思想造就了汉字象物、象人、象一切自然之生态的独特气质，其本身既承载语言信息，又传递图与景的绝美画面，可谓生趣盎然、别致生动。以甲骨文和金文中的物象名词日、月、山、鸟、鱼为例，即是对具体自然景观中物本身的概括与描摹，而基于"象形"的造字方法即是使物本身符号化而做的极致凝练和概括，同时，也是出于对文字便于传播与记录功能的充分考量，在文字中体现着自然主义、共生观念、功能主义的思想倾向，从而也造就了汉字不同于拼音文字的内敛含蓄、洗练清逸的风格，体现出"千变守以理，万化归一宗"的美学理念。

文化深植于文字形态之中。汉字是农耕文明悠久历史的见证，定居农耕的生产生活方式塑造了汉字对方形结构的偏爱，相对较好的气候与宜人的自然环境塑造了汉字俊朗淑仪或饱满充盈的外表，而象形的主旨思想致使文字本身可以超越单纯的语言表达功能，成为情感的载体、思想的桥梁与心灵的抒发，其形态既是一种文字符号，又蕴含了丰富的文化象征意义，展现了中华民族将抽象思维具象化的高超技艺，以及文字艺术中独有的细腻与感染力。而蒙古族文字是游牧文明历史的见证，游牧的生产生活方式塑造了蒙古族文字对极致功能的追求，高原极致恶劣的气候和干旱少雨的草原自然环境塑造了蒙古族文字极简迅疾或瘦俏凌厉的造型风格，而拼音造字的简单方法赋予了蒙古族文字易学、易用的功能主义特征。同时，游牧生活的简单与单调也促使蒙古族文字具备了象物的审美倾向。尤其在长期的频繁迁移中，在其他民族文化的交流与互动影响下，文字本体亦呈现出多元而包容的审美特点。例如，蒙古族软笔书法

---

❶ 党圣元.《文心雕龙》文字发展观与美学观探微[J]. 文艺研究，2020（12）：48-58.

字体就深受中原汉字书法艺术的影响。在这种多样且复杂的致变因素下，蒙古族文字的审美特征也趋于向两种完全不同的路径发展，一方面是蒙古族的原力路径，深刻反映生产生活方式、宗教信仰、生态环境等，审美特征趋于自由朴野和桀骜不驯；另外一方面是融合化路径，审美特征较为多元，展现了游牧民族海纳百川、兼容并蓄的超强学习能力。

12.4.3.2 蒙古族文字审美特征应用于汉字字体设计的可行性分析

深入剖析蒙古族文字与汉字在审美特性上的异同，可以清晰地认识到，汉字的形成深深植根于农耕文明稳固安定的土壤之上，这一背景为汉字的创制奠定了坚实而丰厚的物质基础，进而促使汉字在演化过程中，对象形元素的处理展现出高度的规范性与统一性。相较于蒙古族而言，作为一个崇尚自由、逐水草而居的游牧民族，其生存环境的流动性与资源的稀缺性，促使蒙古族文字的发展更侧重于对功能性与实用性需求的重视。作为一种借源性文字，蒙古族文字不仅体现了游牧民族对文化元素的强大整合能力，更在形态上展现出一种不受拘束、充满力量的自由之美。

以回鹘式蒙古文与汉字在形态特征上有共同象形的偏好为基础，提取蒙古族文字的典型笔画和结构廓形，在确保汉字构架完整的前提下运用置换、变形、同构、重组等设计方法使其融入汉字的骨架结构中，使汉字造型呈现蒙古族文字所特有的装饰美感与游牧风格。汉字规整内敛的传统形态与蒙古族文字自由奔放的特质相融合，前者在结构上对后者进行规范，而后者则使前者超越自身限制，给人以特有的视觉感受与体验，极大地增强了汉字字体的趣味性与个性化表达。这一过程既是蒙古族审美观念借助汉字为载体得以展现，也是对传统汉字设计创新路径的一次全新探索。因此，蒙古族文字特有的美学特征在汉字字体设计实践中的应用，展现出显著的应用潜力和可操作性。

通过对比汉字与蒙古族文字在造型特质、使用方式及审美特性中的相异性和相似性，探讨两者在设计学领域内的相互关联与独特差异，归纳汉字与蒙古族文字在造字方式、应用方法、审美表现上的相互可借鉴之处，为蒙古族文字融入汉字字体设计提供理论依据，并证明此路径的可行性，从而为后续设计实践的顺利展开和目标预期提供参照与保障。

12.5 蒙古族文字形态特征的汉字字体设计

12.5.1 设计原则

12.5.1.1 易于识别，优化字形原则

"在字体的设计和字库的开发中为了让其更加准确和方便地传播，一定要让字体具备识别性。"❶鉴于此，在创作蕴含蒙古族文字特征的汉字字体时，首先要保证现有汉字的固有构造规范，在融入蒙古族文字造型过程中严禁擅自增减笔画或调整既有结构，旨在确保所设计汉字的可读性和识别性，以符合设计学专业对严谨性与功能性的基本要求。回鹘式蒙古文字体形态与自然中的人、动物或劳作中所使用的工具密切相关，例如，笔画称谓中有角、牙、肚、辫、尾等，字母进行垂直的黏着排列组合后，其形态似人体或动物体的轮廓，且在蒙古族文字正字法中，对字母之间垂直的间距有着严格要求，间距的变化直接关系到表达结果的不同，致使蒙古族文字在字形上与现代汉字展现出截然不同的字形样貌。在构思"蒙象汉体"设计实践过程中，首先必须以提升其辨识度为前提，然后提炼蒙古族文字的典型特征，通过多维的转译方法将其植入汉字字体设计中，不断调适特征与结构之间的融合比例、舒适度、协调性，从而开发出符合当代审美需求和独具民族风格的汉字字体。本研究旨在最大限度地保留蒙古族文字的原始风貌，解决蒙汉两种文字相融后文字本体的可识别和可应用的问题，挖掘民族文字的造型之美，向艺术与设计的纵深维度拓展（图12-6）。

图12-6　优化笔画特征示例
（来源：内蒙古师范大学设计学院511设计工作室侍秉颂绘制）

12.5.1.2 廓形竖长，统一部首原则

文字功能的有效发挥需要借助字形、风格、大小及格式等多方面因素的综合作用，使文字排版在整齐协调的基础上，确保阅读的流畅与舒适的体验。在

---

❶ 陈岚. 探讨字体设计的形式美感[J]. 福建茶叶，2019，41（9）：73.

汉字字体设计中，字体整体呈现协调统一的程度由字体结构的状态来决定。字体结构的差异会使字体外观呈现不同的表现效果。蒙古族文字形态结构由于书写方式的连贯与紧凑而呈现高度统一的状态，为蒙古族文字植入汉字字体设计奠定了较好的造型基础。基于汉字字形构造的设计原理，对蒙古族文字的特征进行提炼与创造性重构，此过程旨在将传统蒙古族文字的精髓与现代文字设计相融合，旨在为观众呈现一种既蕴含深厚文化底蕴又不失现代气息的直观视觉享受，从而赋予文字设计以新的时代意义与审美价值。

本次蒙古族文字造型特征的汉字字体设计是以字库字体的标准为参照，所涉及的字体数量庞大，因此，字体偏旁部首和笔画构件的规范及细化对维护字形的统一至关重要。偏旁部首的大小和位置的变化要依据每个文字的具体结构情况来进行适配与调试，而笔画构件的规范和细化则要依据文字书写规范与廓形结构的多维考量才能达成，对设计者整体把握字形的均衡美观、风格统一的能力要求较高。因此，在系统化设计前期，偏旁部首和笔画构件要依据文字结构的基本分类确定其最基本的样本示例，这是建立字库字体十分必要的环节（图12-7）。

图12-7　偏旁部首规范示例
（来源：内蒙古师范大学设计学院511设计工作室侍秉颂绘制）

12.5.1.3　中宫舒展，升高重心原则

谢元培明确了汉字设计中宫的定义，将中宫位置调整至第二条中心线内距，让现代汉字设计者有其界定标准，使汉字设计中宫与传统书法中宫概念区分开来，增加其中宫变化的便捷与高效。不同字体的中宫松紧呈度各异，例如，楷书强调笔画在字形中心有序集中，呈现"中宫收紧"的效果。相较之下，颜体等字因字形宽阔而展现出更宽松的中宫空间。通常而言，紧凑形的中宫字体给人清爽而内敛的特点，适合用于正文，不太适合做标题或放大使用。宽松形的中宫字体则呈现出宽阔和有力的气质，且适合于标题或较大字体，给人壮阔之感。在蒙象汉体的字体设计中，中宫宽松的式样使蒙古族文字的风格

与汉字字体的气质相得益彰。

字体设计的"重心"是创作过程中需要慎重把握的关键，其对字体整体效果的影响是最直接的，是确保字体上下左右平衡、大小长短适中、以显字体整体稳重和谐的关键所在。汉字重心受字体形态、结构、布白、笔画等的影响，例如横竖对称形文字"口、申、回"，其重心均位于横竖笔划的交汇点。而对于单侧对称形的文字"业、天、伞"，其重心则倾向于笔划的集中区域。同一个字体不同重心位置的变化会导致字体风格的改变，可以使相同风格的字体呈现出完全不同的视觉效果。例如在蒙象汉体设计过程中，"其"字的设计（图12-8），在笔画细节、间架结构和整体廓形上均是一致的，但不同的重心高度却塑造了"其"字截然不同的气质，高重心的"其"字更显轻盈活泼，低重心的"其"字则更显稳重敦厚。

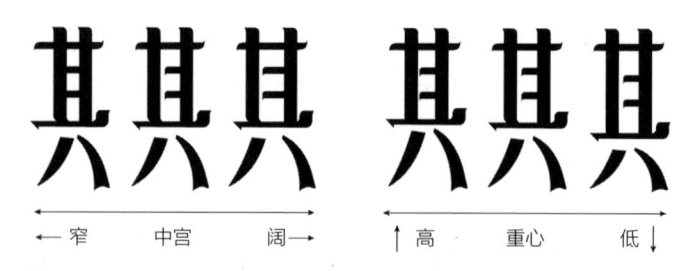

图12-8 中宫窄阔与重心高低的变化
（来源：内蒙古师范大学设计学院511设计工作室侍秉颂绘制）

字库字体设计一般都会面临一个较为棘手的问题，即随着文字数量的不断增加，对文字中宫与重心的把控要求也会逐步提高。在汉字字体设计中，由于蒙古族文字重心高度的变化深受其独特字形结构的影响，所以需要特别关注汉字内部中宫区域的拓展，以及字符重心位置的适度上移。其旨在优化阅读体验，通过增强文字视觉上的连贯性与和谐度，从而提升阅读流畅性与视觉舒适度，使之更加符合现代阅读审美及设计规范中对于文字呈现效果的严谨要求。

12.5.2 设计方法

汉字的字体设计需要探讨其规范性，其中保留至今的唐代楷书结构在设计中具有重要价值。汉字间的间架结构规则经过不断完善，成就了社会对汉字形态的广泛认同。设计师运用这些规范来评估汉字的视觉舒适度、结构的协调性及其节奏的美感。

12.5.2.1 笔画继承，笔形塑造

在进行文字设计时，应确保字体结构的可识别性，使其能有效传递信息。汉字的笔画是汉字的基础构件，并充当字体基本意象的重要载体，对字体设计的视觉呈现极为重要。无论字体样式如何，都需要借助笔画特征来展现其风格偏向和性格基调。基于此，笔画的设计和传统的继承成为创制特色字体的关键。

字体设计中的笔形塑造是指运用某些笔画或字形特征，对另一个字符笔画部件进行替换，以实现替换部分笔画间的和谐统一，从而契合一定的字体风格，提升字符整体的和谐感与协调性。通过调整笔画形态、尺寸与长度，实现蒙古族文字笔画特征与汉字笔画的高度融合，使字体既继承了汉字的传统特征，同时又展现出蒙古族文字的独特风貌。

在处理蒙古族文字笔画应用于相近汉字笔画的设计时需要通过类似转借的手法来应对两种文字在造型上不相适应的问题，必须不断地加以调整，才能使其尽可能地在较为清晰的前提下保留蒙古族文字的形态特性，实现汉字与蒙古族文字的恰当融合。并运用蒙古族文字和汉字在笔画结构上的相似性，巧妙替换汉字的某些局部形态，不仅维持了蒙古族文字的竖向延伸形态和粗壮的字干，也突出了其独有的文字特点（图12-9）。

图12-9　笔画特征结合设计
（来源：内蒙古师范大学设计学院511设计工作室侍秉颂绘制）

12.5.2.2 预设字框，规整结构

字体设计过程涉及字体构成形式、笔画线条和整体结构的相互关系，是空间布局确立之前的基础。在设计实践中，字体内外正负空间的守衡是汉字结构

处理中至关重要的，字体强调空间布局的平衡，要求线条的粗细及方向的一致性，运用负空间来增强视觉的和谐性。蒙古族文字形态融入汉字字体设计的最佳空间布局，要点简述如下。

（1）结合笔画和空间，以规整的秩序构建矩形框架

汉字结构的规范性体现在笔画本体和笔画间负空间的空间排序上，笔画保持横向水平或竖向垂直，尾端稍呈弧形状，使整体空间分布达到平衡和统一，呈现出和谐的美感。在汉字的基本框架内，可以采用蒙古族文字的形态特点来构建矩形空间，进而构建笔画的排列顺序，使其布局有序，增强整体的秩序感。

（2）字形结构对称，以空间布局均衡的方式来处理

汉字构字强调对称，尽管并非每个汉字都能达到严格的对称，但整体上均遵循了对称性的基本设计原则。在汉字字体设计中融入蒙古族文字的造型元素时，必须保持并强化汉字的对称性特征，以此作为提升字体辨识度的关键手段。这样不仅确保了字体空间布局的均衡与和谐，还赋予了字体更为鲜明而深刻的象征意蕴，使其更具视觉吸引力和文化内涵。

（3）偏旁部首互补，结构组合关系的秩序化处理

汉字偏旁部首的组合结构可以说是一种具有现代分类学意义的汉字构建方式。❶汉字结构中除了少部分保持独体字形态以外，大部分是由超过两百个基础部件构建，形成了庞大的字体系统。这一组合中，调整部件和偏旁的相互关系尤为关键。汉字依据偏旁结构进行组合与分解，其可拆解亦可重构的特性彰显了汉字在坚守规范性的前提下具备一定的灵活性，也是其结构始终保持稳定的重要基石。偏旁部首是字库字体建构的基础要件，通常基于结构分类以独立的形态呈现，其在整体布局中的和谐性往往取决于在分类字形中样板规范的调试，是构建字体整体秩序和基本框架的关键构件（图12-10）。

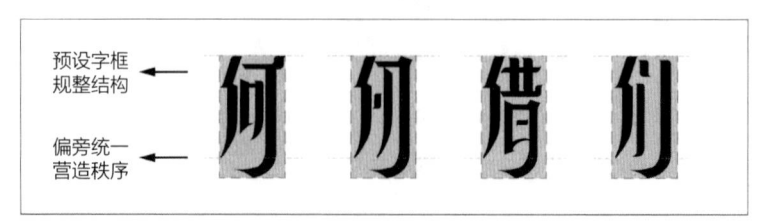

图12-10　预设字框规整结构示意图
（来源：内蒙古师范大学设计学院511设计工作室侍秉颂绘制）

---

❶ 张瑜. 意象思维在汉字字体设计中的表现研究[D]. 景德镇：景德镇陶瓷大学，2019.

12.5.2.3 编排布局，统一重心

编排设计，就是要运用创造力、想象力以及所掌握的美学知识，将文字、图形等视觉元素组织成一个具有视觉感染力的有机整体。❶在排版布局中，字体的选择与运用占据核心地位，通过对字体、字号、行距及字距的调控，能够丰富字体集群的视觉层次与节奏。而集群字体风格的一致性直接关联到最终作品的整体效果与感受。维护设计的一致性，旨在强化设计的连贯性，深化主题思想，进而实现整体设计在视觉上的和谐统一。

20世纪中叶，汉字排版受外来文化的影响，突破了纵向传统形式的局限，开始普及横向排版。而蒙古族文字的传统纵向书写方式一直延续至今，在与汉字并用的情况下，为适应汉字也会有横向排版的情况。在纵向排版中，蒙古族文字展现出了拼音文字的独特优势，在确保文字清晰度的前提下，通过巧妙的造型调整，使字形结构趋于块状化，这一变革不仅适应了现代横纵交织的编排需求，还极大地提升了阅读的舒适度，完美契合了当代人的阅读习惯。

基于以上分析，蒙象汉体设计实践中的关键在于把控字体的重心分布与布白，以达到整体的和谐与均衡。设计过程中需要针对具体问题进行灵活调整，在维持整体平衡的基础上，保障字体的视觉连贯性和阅读舒适度。同时，也要关注汉字字形由于笔画与结构的复杂性，常常会伴随有视觉上的错觉现象，所以在排列组合时，需要充分考虑各字形笔画数量与相互组合方式的均衡，维护集群阅读时的和谐统一（图12-11）。

图12-11 横纵编排示意图
（来源：内蒙古师范大学设计学院511设计工作室侍秉颂绘制）

---

❶ 毛德宝，余青青. 编排设计 [M]. 南京：东南大学出版社，2011.

12.5.3 价值体现

12.5.3.1 审美价值

审美涵盖了对美的识别力、感受力以及对美的创作与追求。这种审美观念并不是自然形成的，而是通过人类广泛的实践和审美行为逐步建立起来的。文字不仅可以传递信息，也是人类造物的一种审美活动，它深刻地反映了人们在实际生活中对线条、形态、构形以及平衡和对称法则的深刻认知和体验，是审美活动和情感体验在视觉上的表达和呈现。

在深入剖析蒙古族文字之形态构造与特性后，将其与汉字的外观特征、书写技法及审美趣味进行了系统性的对比研究，进而精准提炼蒙古族文字的笔画精髓与结构规律。通过创新性的变形手法、笔画的巧妙置换及造型的重新构思，尝试将蒙古族文字元素融入汉字结构之中，力求在保持汉字规范性的基础上，彰显蒙古族文字独有的韵味与内涵，引领观赏者步入一场别开生面的审美体验之旅。这一过程不仅守护了汉字的固有风貌，更巧妙融入了民族意趣元素，生动展现了审美观念随时代变迁而发展的轨迹。

从审美心理学的视角审视，采用开放而兼容并蓄的语言表达策略，有助于促进字体设计领域实现更深入的融合与更广泛的拓展。将汉字和蒙古族文字的艺术表现、思维方式和审美观念融合起来，构造出一种独特的审美心理体验，并将其应用于设计实践中，展现了字体多维的民族审美特质。这种独属于中国历史文化条件下的艺术和精神的表达，不仅深化了传统意义上民众对于多元民族文化的理解，也促进了中国民族文字字体设计领域的新发展。

12.5.3.2 文化价值

汉字作为中华文化自信的基石，对文化的持续进步和发展起着巨大的推动作用。它不仅仅是信息传递的载体，更是凝结各民族文化内涵与精髓的重要符号。字体设计是基于设计学视角下，通过作用于视觉的设计行为，在遵循文字可识别性和易读性的原则上，以提升文字传播力与文化共鸣为目标的造型艺术。其中，字体设计的水平与文化的发展程度密切相关，二者既相互促进又相互制约。蒙古族文字在长达八百多年的历史演进中，积聚了丰厚的民族文化内涵与底蕴，它本身就是民族文化交融的成果，见证着那个时代的政治、经济、文化的发展与兴衰。将蒙古族文字融于汉字字体设计之中，是将民族文字作为汉字字体设计创新的宝贵素材，不仅拓展了汉字创新设计的路径，丰富了汉字的文化内涵，还为民族文字借助汉字通用语言的优势得以广泛传播与推广，对民族文化的传播、传承与发展具有重要意义。

蒙古族文字特征的汉字，既拥有汉字的全部精髓又兼具蒙古族文字的民族风貌，这种跨越文化的交融形态不仅有效促进了蒙古族文字的保护与传承，还极大地增强了民族文化间的传播与互鉴活力。此类设计不仅在视觉上给予受众以新颖的体验，满足了人们对于审美多元与情感共鸣的追求，而且加深了公众对蒙古族文化的认同与亲近感。进一步而言，它在凸显民族品牌文化差异化、打造个性化品牌形象的过程中，展现出无可比拟的优势，完美契合了民族品牌对于统一且富有民族特色的字体标准的需求，为品牌文化的深化与广泛传播奠定了坚实的视觉基础。

12.5.3.3 应用价值

蒙象汉体即蕴含蒙古族文字特征的汉字字体设计，是汉字的民族化风格探索。设计提取传统回鹘式蒙古文的造型基因特征，运用文化层次分析法将其转译于汉字的字形构架中，充分发挥国家通用语言文字更广泛的传播优势和群众基础，推动民族文化在更广阔的领域、平台、集群中实现共享、共建和共荣。在设计过程中，需要强调对两种文化传统的深度理解与包容，倡导建立一种跨文化的服务视角，旨在尊重并促进文化多样性，共同孕育、培养更具时代感与文化深度的符号语言。蒙象汉体不仅为蒙古族文字的传统表达形式注入了新的活力与新意，也极大地丰富了汉字设计的趣味性，实现了两种文化在视觉表达上的和谐共生与相互促进。

设计蕴含蒙古族文字美学特征的汉字字体，不仅能够深化汉字造型的艺术维度，丰富其文化内涵，还显著增强了民族文化建设的辐射力与影响力。同时，蒙古族文化也在浩瀚的汉字文化体系中寻得新的生长点，得以依托更广泛的文化资源基础获得保护、传承与发展，亦是多元文化集群共同领略、感受、享用民族文化之多样性的盛宴。蒙象汉体设计不仅回应了蒙古族对于本民族文化的深切情感共鸣，还激发了强烈的民族自豪感和文化归属感。这一过程体现了在多元文化共融共生的时代背景下，文化交融的鲜明时代印记，有效促进了不同文化间的对话与沟通。进一步而言，该字体的应用对构建一个和谐的国家通用语言文字环境具有促进作用，能够强化内蒙古地区对语言文字规范使用的重视，持续提升当地民众掌握和运用国家通用语言文字的能力。此举不仅有利于维护国家通用语言文字的统一性和规范性，也有利于促进民族地区的民族团结与文化交流。

基于对蒙汉两种文字的设计学分析，确立蒙古族文字形态特征融于汉字设计必须要遵循的优化字形、易于识别、统一部首、廓形竖长、升高重心、中宫舒展的设计原则。通过案例研究与实践探讨提出笔形塑造、笔画继承、预设字框、规整结构、统一重心、编排布局等集可操作性和有效性为一体的设计方法。同时，从文化价值、审美价值、应用价值三个方面探讨和分析蒙古族文字形态特征的汉字设计所能展现的价值内核，为后续蒙象汉体设计实践中文字特征基因的提取以及每一步设计效果的实现等给予理论指导和方向指引。

12.6　蒙古族文字形态特征的汉字字体设计实践

12.6.1　蒙象汉体设计定位

在政策导向与时代需求的双重驱动下，字体设计领域迎来了前所未有的发展机遇，新理论、新技术、新方法层出不穷，研究边界不断拓展。随着受众审美品味的日益提升及精神文化需求的深刻变化，字体设计被赋予了更高要求，需从文字本体的深刻理解出发，对艺术创意进行更为具体且深入的剖析与探索，以满足日益多元化的审美追求与文化期待，从而推动字体设计实践向更高层次迈进。

"蒙象汉体"实则为一次创新性的字体设计探索，它与民族化风格的字体在创作灵感上达到共鸣，均汲取了少数民族文字——特别是历史悠久、影响深远的回鹘式蒙古文作为设计蓝本。此文字体系在蒙古族书写艺术史上占据显著地位，以其广泛传播与鲜明的字形特征成为易于辨识的蒙古族文化符号。然而，"蒙象汉体"的独特之处在于，它并未简单复刻或照搬蒙古族文字的字形构造与笔画细节，而是另辟蹊径，在保有文化底蕴的同时追求表达上的创新。其核心设计理念聚焦于"含韵""革新"与"达意"三大支柱，旨在通过字体设计传达更为丰富的文化内涵与审美体验，展现一种既尊重传统又勇于突破的艺术风貌。

（1）含韵

蒙古族的"刚性之美"深植于民族性格与艺术表现之中。鉴于回鹘式蒙古文字形展现出的豪迈不羁、质朴自然与稳健之态，恰与这种美学追求相契合。鉴于当前市场上民族化风格字体设计资源的稀缺现状，本次研究确定以回鹘式蒙古文为设计灵感来源，展开蒙象汉体设计实践，旨在挖掘民族文字意韵、彰显民族文化魅力。

（2）革新

在民族化风格字体设计的既有实践中，笔画继承法已经被广泛采用并形成了较多先例。本次字体设计的核心聚焦于确立关键笔画的科学方法，通过遵循最基本的笔画构成规律，实现对复杂笔画形态的精炼与概括。此外，还特别关注对字体重心的精细调控，以解决蒙古族文字因其瘦长形态而常出现的重心不统一的问题，从而确保设计出的字体既符合视觉审美，又能有效传达蒙古族文化的独特魅力。

（3）达意

回鹘式蒙古文作为"蒙象汉体"字形开发的重要灵感来源，在实践过程中不可避免地会遇到多种挑战。蒙古族文字独有的自由流畅与稳健并蓄的特质，是其艺术魅力的核心所在。在"蒙象汉体"的设计实践中，有效融合并体现这种气质，对于增添设计的新颖性和深邃度具有重要意义。通过深入理解和转化蒙古族文字的这种双重特性，可以促使"蒙象汉体"在继承与创新之间达到和谐统一，为字体设计研究带来新的启示。

"蒙象汉体"设计全程必须秉持"含韵""革新"与"达意"这三大核心设计理念。此次开发设计旨在精妙地平衡这三者，力求在保留文字韵味的基础上实现突破创新，同时确保创新之举能深刻传达蒙古族文字的独特意趣，使字体设计既具历史深度又富时代新意。

12.6.2　蒙象汉体设计思路

鉴于蒙古族文字与汉字分属截然不同的语系，两者在历史脉络、文化底蕴及生态环境上均展现出显著的差异性，因此，仅通过肤浅的造型调整来塑造"蒙象汉体"，恐将使其沦为时尚潮流的短暂产物，缺乏深度与持久性。为此，本次"蒙象汉体"的设计构思采取了更为严谨的策略，即以"象形""结构"

与"意境"为层级划分依据，选取回鹘式蒙古文作为典型样本，深入探索其形态特征，并巧妙地融入汉字字体设计中，旨在创造出既蕴含蒙古族文字精髓，又符合汉字审美规范的独特字体风格。

"象"是指文字具体的外在表现特征，蒙古族文字与汉字在"象"的层次以文字字形、部首、笔画的造型为核心，以两种文字的笔画继承、笔形塑造为设计方法进行蒙象汉体的形态塑造，"象"随着"行"的优化和"意"的深化而改变。行是指文字在应用场域中由于受生活环境的影响、生产工具的制约、技术条件的限制等而形成的对文字使用规范的界定，包括书写规范、阅读习惯、排版规则等。在对比蒙古族文字与汉字在使用方式的规律与原则后，保留共性作为蒙象汉字的使用规范，满足易于识别的应用原则。"意"是文字在人类长期的社会生活实践和思维意识活动中所承载的价值观念、思维方式、审美趣味等，是文化结构无形的内在本质。❶蒙象汉体设计的重点在于融合蒙古族文字与汉字在"象"的维度提炼汉字"象"的典型特征，并深入分析两种文字在"书写形态"方面"行"的共通性。进一步通过精炼两者"意"的元素，形成外显的文化基因，从而将蒙古族文字的形态特征更全面地融入汉字字体设计中，完成民族风情视觉意象在字体设计中的表达。此设计旨在引导观者深入品味蒙古族文字所承载的文化意蕴，激发观者对民族文化的深切体会与审思，从而构建"蒙象汉体"设计方法中"象、行、意"三者紧密相连、相辅相成的字体设计理论体系。

12.6.3　蒙象汉体设计方法

12.6.3.1　基于"象"的笔画继承法

依据汉字书写的规范，归纳其基本笔画有：横、竖、撇、捺、提、点、竖钩、横钩等，这些基本单元通过灵活的组合与变化，能够衍生出纷繁复杂的字形结构。在蒙古族文字形态特征的汉字字体设计实践中，设计师巧妙地借鉴了汉字或其组成部分之间相似的结构布局、共有的笔画特征，以及它们之间所蕴含的承继关系，旨在创造出既传达相近意义又各具表达风格的独特效果（表12-3）。

---

❶ 吴海茹，寇迪一，邹晨，等. 基于文化转译视角的蒙象汉体创新设计研究[J]. 包装工程，2022，43（22）：434-442，456.

表12-3 笔画继承法

流程	点	横	竖	撇	捺	提	折	钩
蒙古文字样本	᠊	᠊	᠊	᠊	᠊	᠊	᠊	᠊
造型提取	丶	㇐	㇑	㇒	㇏	㇀	㇕	㇆
造型优化	丶	二	刂	丿	㇏	㇀	丁	亅
字形输出	这 清	兰 不	华 章	空 吹	吹 之	播 我	晴 门	门 风

本次字体设计实践选取回鹘式蒙古文作为研究样本，其造型元素的提炼，既涵盖了典型字形特征的归纳与梳理，也融入了与汉字结构兼容并蓄元素的挑选与重构。通过细致剖析汉字笔画的继承规律，我们实现了在结构相似单元中直接移植相同笔画的设计策略，显著减轻了字库字体设计的繁重负担。同时，在对蒙古族文字字母进行解构再创造时，秉持笔画继承的核心理念，巧妙地将汉字的笔画规律、粗细对比、重心均衡以及部件的整体特性融入蒙象汉体的字形塑造中，旨在达成字体输出的优化目标。在此过程中，维护字体风格的一致性和视觉和谐性占据核心地位，同时允许在相同笔画或部件上实施适度的调整与变化，以丰富设计的多样性与表现力。

12.6.3.2 基于"行"的重心调整法

汉字的视觉均衡深受其重心定位与空间布白的精细调控，这构成了塑造字体间和谐架构的坚实基石。字体设计的精髓，即在追求稳定与平衡的同时，深入探索视觉层面的和谐韵律，让字体在静态展现中蕴含动态的平衡美感。确保每个汉字重心的稳固性，是实现字句间流畅和谐、相得益彰的关键步骤。在汉字设计的实践中，精确掌握并巧妙安排字体重心的位置，以及合理排列汉字，是营造视觉稳定感与审美愉悦感不可或缺的一环，这也是汉字间架结构平衡的内在要求。鉴于汉字形态各异、笔画繁简不一以及横排布局的特殊性，相较于西文常用的中心对齐方式，汉字排列更需注重左右轴线的精准对齐，以确保整体布局的和谐统一。这一差异性的处理手法，不仅体现了汉字设计的独特魅力，也彰显了设计者对视觉美学原则的深刻理解和精准运用。

在追求整体视觉协调性的过程中，对汉字大小的精心调整显得尤为重要，这是避免视觉错乱、确保阅读流畅性的关键步骤。调整必须紧密依据汉字的笔画复杂程度与构字模式的特性，其目的在于确保整体视觉效果的尺寸均衡与和谐统一，以此提升设计的整体协调性与美感。字体的内部空白，即"内白"，与外部空白"外白"的巧妙配置，构成了布白艺术的核心，它通过调整两者比例来创造视觉上的错觉效果，而笔画的粗细变化亦与此紧密相连，相辅相成。在正文设计中，力求汉字风格的一致性，其中笔画的复杂程度需作为调节字体大小的依据之一，以维持整体字面的视觉均衡。字间距的恰当控制，是保持文字整体美感连贯性的必要条件。布白的均衡设计，需根植于汉字间架结构的坚实基础之上，如同建筑设计先稳固框架，再雕琢造型，最后施以装饰，方能成就既实用又美观的视觉效果。这一过程体现了设计师对汉字美学原则的深刻理解和细致运用，旨在创造出既和谐统一又富有层次感的文字作品。

为了提升阅读体验与视觉美感，本次设计将聚焦于调整字体的笔画宽度、优化字符的空间布局，并精细调整字体的构架安排。通过这一系列措施，旨在确保字体在呈现时既能保持流畅的阅读性，又能展现出和谐的视觉效果，严格遵循字体设计方法的重心均衡原则（表12-4）。

表12-4 重心调整法

样本	重心高低调整	笔画粗细调整	结构布局调整
方正兰亭黑	重心居中 温和的光线	的 粗细一致	的 横-折-折
方正粗雅宋	重心居中 温和的光线	的 横细竖粗	的 横-折-钩
蒙象汉体	重心偏上 温和的光线	的 横细竖粗	的 竖-钩

12.6.3.3 基于"意"的衬线加强法

回鹘式蒙古文字所展现的审美特征，偏向于灵动、刚劲并洋溢着旺盛的生命活力，深刻折射出蒙古族人民坚韧不拔、勇往直前的民族精神本质。在融合蒙古族文字形态风貌于汉字设计实践之时，尤为聚焦于笔画的精心雕琢，力求笔势既丰腴又遒劲，既不流于浮浅亦非细弱无力，旨在细腻捕捉并精准传达蒙古族文字独有的游牧特质与草原风骨。

宋体以其独特的衬线设计著称，主体特征集中于笔画粗细对比鲜明，横细竖粗，且笔画起始、终结及转折处均饰以装饰性元素，这些均属于宋体标志性的美学特征。与此相似，蒙古族文字的笔画亦展现出细横粗竖的态势，且在笔画的起讫之处常伴以柔和的弧度，这种表现手法与宋体衬线装饰美学的精妙之处不谋而合。鉴于此，从回鹘式蒙古文中提炼其瘦削修长的轮廓、显著的垂直腰线以及末端下折回勾的独特造型特征，结合蒙古族美学的浑厚与力量感，以宋体为框架蓝本，强化其衬线设计的运用，同时保留宋体原有的装饰性衬线，并对竖直笔画进行加重处理，以此凸显蒙古族文字的造型魅力（表12-5）。

表12-5 衬线加强法

样本	折角装饰	横竖笔画	瘦长廓形	腰线垂直	尾部回折下沉
方正粗雅宋	温	的	的	的	温
蒙象汉体	温	的	的	的	温

深入探析回鹘式蒙古文的形态精髓，将文字的"意"与"行"巧妙地融入"象"的构造之中，旨在超越时尚潮流的束缚，赋予字体以历史文化的深厚底蕴，使之作为承载文化传承与发展的视觉符号，持续发挥弘扬我中华优秀传统文化的积极作用。此过程不仅深化了蒙象汉体设计中"象形元素"与"书写形态"的文化内涵，还成功地推动了蕴含民族风格的汉字字体设计的创新实践，为民族文字在文字设计领域的深度融合开辟了新路径，提供了前瞻性的方向指引。

12.6.4 《蒙象汉体》设计实践展示（图12-12～图12-20）

图12-12 蒙象汉体设计展示1
（来源：内蒙古师范大学设计学院511设计工作室侍秉颂设计作品）

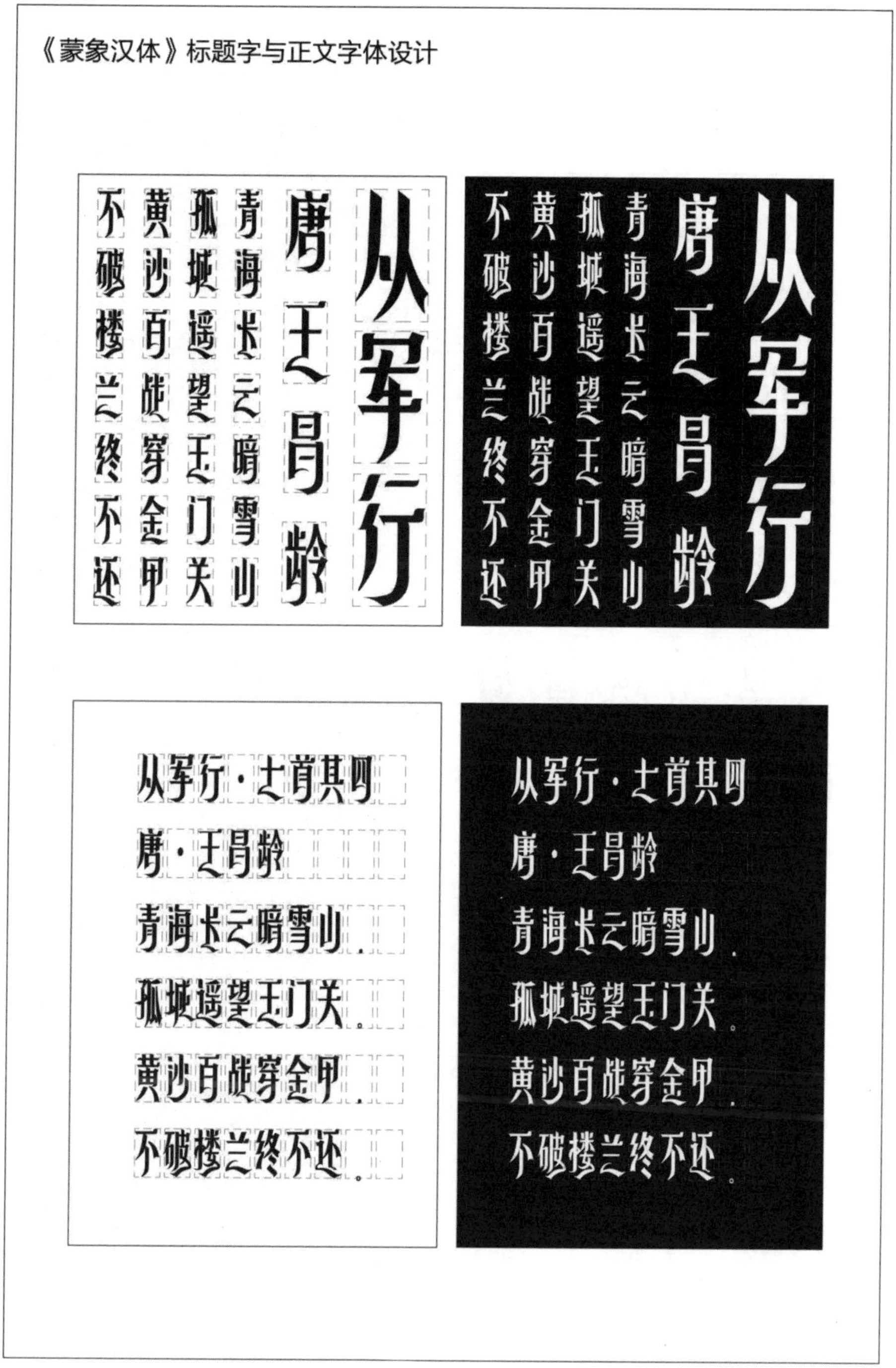

《蒙象汉体》标题字与正文字体设计
从军行
唐 王昌龄
青海长云暗雪山
孤城遥望玉门关
黄沙百战穿金甲
不破楼兰终不还
从军行·七首其四
唐·王昌龄
青海长云暗雪山。
孤城遥望玉门关。
黄沙百战穿金甲，
不破楼兰终不还。

图12-13　蒙象汉体设计展示2

（来源：内蒙古师范大学设计学院511设计工作室侍秉颂设计作品）

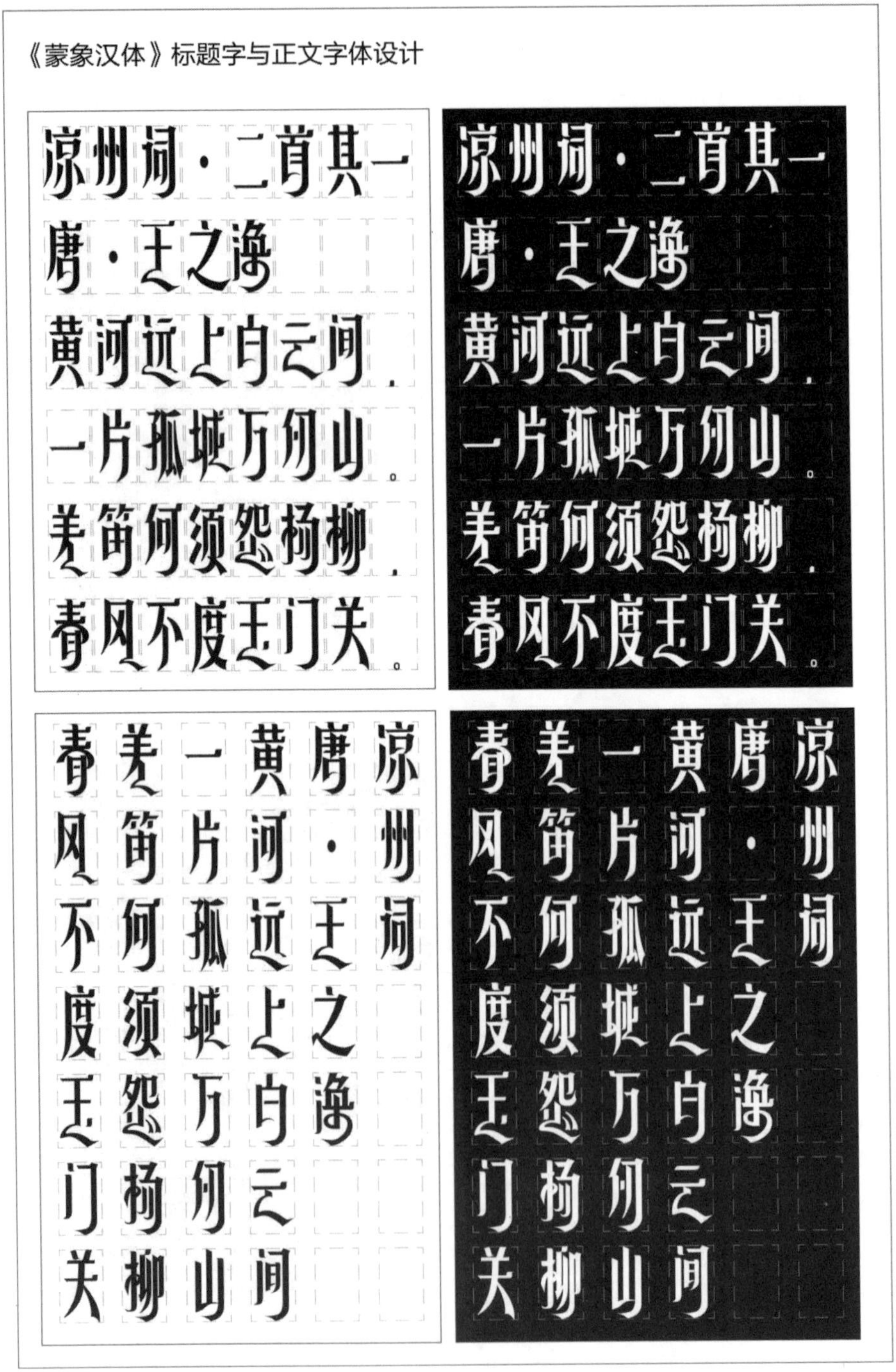

《蒙象汉体》标题字与正文字体设计

凉州词·二首其一
唐·王之涣
黄河远上白云间．
一片孤城万仞山．
羌笛何须怨杨柳．
春风不度玉门关．

图12-14　蒙象汉体设计展示3
（来源：内蒙古师范大学设计学院511设计工作室侍秉颂设计作品）

《蒙象汉体》标题字与正文字体设计

塞上听吹笛
唐·高适
雪净胡天牧马还
月明羌笛戍楼间
借问梅花何处落
风吹一夜满关山

图12-15 蒙象汉体设计展示4
（来源：内蒙古师范大学设计学院511设计工作室侍秉颂设计作品）

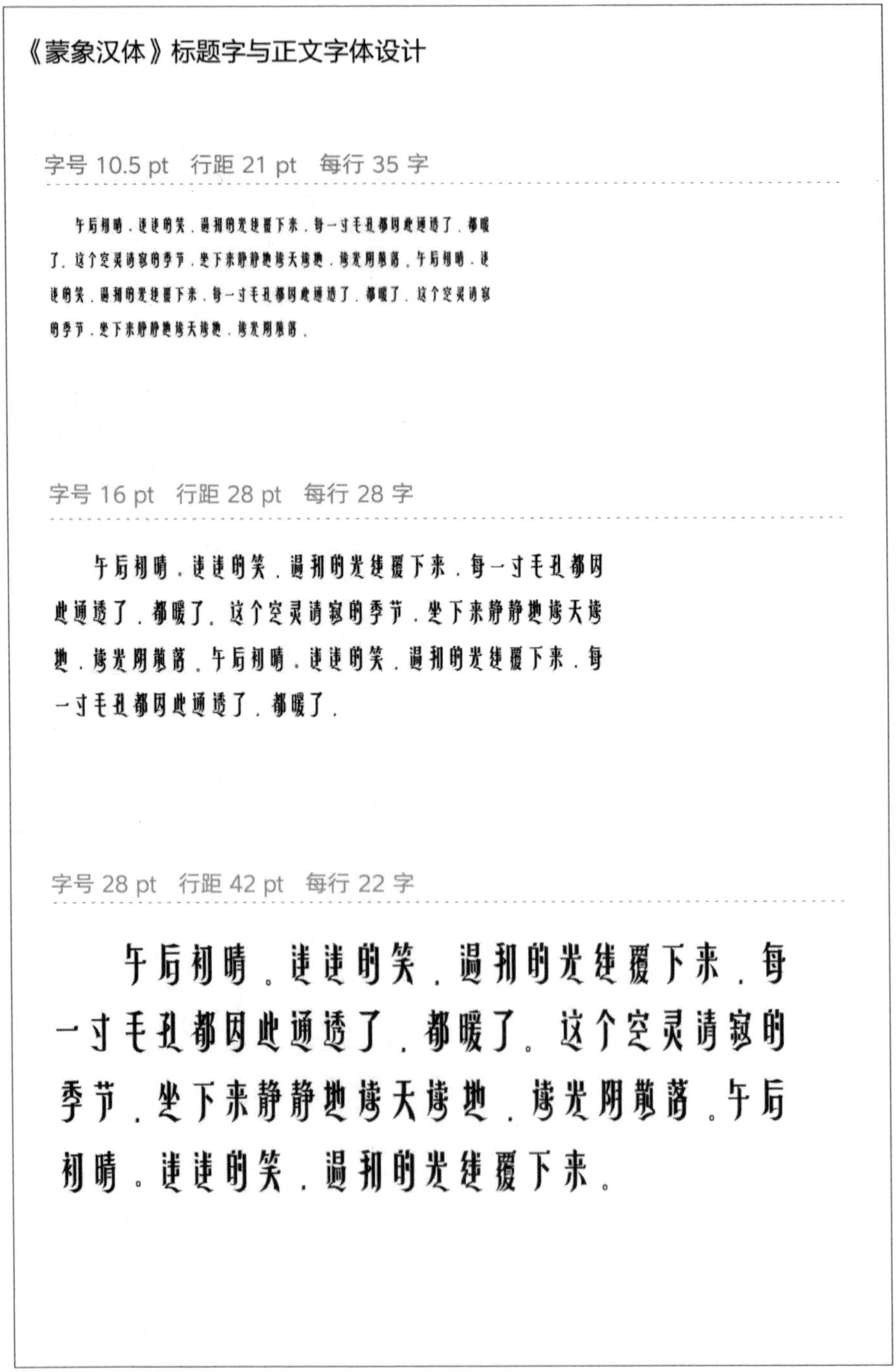

《蒙象汉体》标题字与正文字体设计

字号 10.5 pt　行距 21 pt　每行 35 字

午后初晴，迟迟的笑，遇邪的光继覆下来，每一寸毛孔都因此通透了，都暖了。这个空灵请寂的季节，坐下来静静地搂天搂地，搂光阴散落。午后初晴，迟迟的笑，遇邪的光继覆下来，每一寸毛孔都因此通透了，都暖了。这个空灵请寂的季节，坐下来静静地搂天搂地，搂光阴散落。

字号 16 pt　行距 28 pt　每行 28 字

午后初晴，迟迟的笑，遇邪的光继覆下来，每一寸毛孔都因此通透了，都暖了。这个空灵请寂的季节，坐下来静静地搂天搂地，搂光阴散落。午后初晴，迟迟的笑，遇邪的光继覆下来，每一寸毛孔都因此通透了，都暖了。

字号 28 pt　行距 42 pt　每行 22 字

午后初晴，迟迟的笑，遇邪的光继覆下来，每一寸毛孔都因此通透了，都暖了。这个空灵请寂的季节，坐下来静静地搂天搂地，搂光阴散落。午后初晴，迟迟的笑，遇邪的光继覆下来。

图 12-16　蒙象汉体设计展示 5
（来源：内蒙古师范大学设计学院 511 设计工作室侍秉颂设计作品）

图 12-17　蒙象汉体设计展示 6
（来源：内蒙古师范大学设计学院 511 设计工作室侍秉颂设计作品）

图 12-18　蒙象汉体设计展示 7
（来源：内蒙古师范大学设计学院 511 设计工作室侍秉颂设计作品）

图 12-19　蒙象汉体设计展示 8
（来源：内蒙古师范大学设计学院 511 设计工作室侍秉颂设计作品）

图 12-20　蒙象汉体设计展示 9
（来源：内蒙古师范大学设计学院 511 设计工作室侍秉颂设计作品）

本章小结

  本项研究的首要任务在于，对汉字字体设计的研究轨迹进行了全面而系统的梳理，并基于当前趋势进行了前瞻性的探索与预测。同时，界定了蒙古族文字形态特征的范畴，这一界定广泛涵盖了其造型的独到之处、在实际应用中的表现，以及深层的审美价值取向。其次，通过比较回鹘式蒙古文与汉字之间的共性与差异，进而提炼出两者在设计融合上的潜在优势与互补性，详细阐述了将蒙古族文字形态特征融入汉字字体设计的原则框架、转译路径及文化衍生与审美价值，旨在为设计实践奠定坚实的理论基础。最后，以蒙象汉体设计作为案例，验证设计理论指导设计实践的可行性、实用性和科学性。同时，也极大地拓宽了汉字字体设计的艺术边界，为促进民族文化间的深度对话与广泛传播贡献了新的视角与力量。

  汉字字体设计的深远意义，已经远远超越了单纯视觉风格探索的边界，它扮演着历史见证者与文化传承者的双重角色，直观反映中华文明的博大精深和源远流长，堪称中华文化精髓与文明进步历程中的重要标志。设计师们投身于汉字艺术的深度挖掘之中，不仅开创性地提炼了汉字文化的核心要素，更深刻地领悟到汉字设计所承载的艺术价值及其在汉字文明持续演进与世代传承中的不可或缺性。特别是将蒙古族文字的独特形态特征融入汉字字体设计之中这一创举不仅极大地拓宽了民族文字与汉字融合设计的学术探索边界，还促进了设计手法与策略的多元化发展，为相关领域的研究注入了勃勃生机与鲜活灵感。

参考文献

图书

[1] 宋濂,等. 元史 [M]. 北京:中华书局,1976.

[2] 孙宏开,胡增益,黄行. 中国的语言 [M]. 北京:商务印书馆,2007.

[3] 方克强. 文学人类学批评 [M]. 上海:上海社会科学院出版社,1992.

[4] 蔡志纯,洪用斌,王龙耿. 蒙古族文化 [M]. 北京:中国社会科学出版社,1993.

[5] 陈楠. 中国汉字设计史 [M]. 武汉:湖北美术出版社,2021.

[6] 陈楠. 格律设计:汉字艺术设计观 [M]. 武汉:湖北美术出版社,2018.

[7] 郝时远,杜世伟. 蒙古 [M]. 北京:社会科学文献出版社,2007.

[8] 满都夫. 蒙古族美学史 [M]. 沈阳:辽宁民族出版社,2000.

[9] 张胜冰. 从远古文明中走来:西南氏羌民族审美观念 [M]. 北京:中华书局,2007.

[10] 卡拉·捷尔吉. 蒙古人的文字与书籍 [M]. 范丽君,译. 呼和浩特:内蒙古人民出版社,2004.

[11] 杨晶. 刚性之美:蒙古族审美观念研究 [M]. 哈尔滨:黑龙江人民出版社,2013.

[12] 向云波. 字在云南:基于民族文字的字体设计应用研究 [M]. 北京:中国水利水电出版社,2021.

[13] 让·鲍德里亚. 消费社会 [M]. 刘成富,全志刚,译. 南京:南京大学出版社,2014.

[14] 爱德华·E. 史密斯. 认知心理学 [M]. 王乃戈,罗跃嘉,译. 北京:教育科学出版社,2017.

[15] 菲利普·科特勒,加里·阿姆斯特朗. 市场营销学 [M]. 北京:机械工业出版社,2013.

[16] 尹定邦. 图形与意义 [M]. 长沙:湖南科学技术出版社,2001.

[17] 札奇斯钦. 蒙古史论丛(上册)[M]. 台北:学海出版社,1980.

[18] 斯琴. 语言学名词术语解释词典 [M]. 呼和浩特:内蒙古教育出版社,1996.

[19] 援朝,等. 蒙古语言学词典 [M]. 沈阳:辽宁民族出版社,1992.

[20] 苏联科学院,蒙古人民共和国科学委员会. 蒙古人民共和国通史 [M]. 北京:科学出版社,1958.

[21] 日本 G 社编辑部. 国际品牌设计 2[M]. 北京:中国青年出版社,2006.

[22] 马克·高贝. 品牌大设计:情感设计创造人性品牌 [M]. 北京:中央编译出版社,2014.

[23] 松田行正. 零 ZEЯRO:世界符号大全 [M]. 北京:北京联合出版公司, 2021.

[24] 毛德宝,余青青. 编排设计 [M]. 南京:东南大学出版社,2011.

期刊文章

[1] 阿拉塔. 把握机遇加快推进蒙古语言文字信息化建设 [J]. 信息技术与标准化,2015(Z1):6-8.

[2] 黄行,许峰. 我国与周边国家跨境语言的语言规划研究 [J]. 语言文字应用,2014(2):9-17.

[3] 周庆生. 少数民族语言在社会转型中的挑战与机遇 [J]. 云南师范大学学报(哲学社会科学版),2013,45(2):1-8.

[4] 金双龙. 正蓝旗蒙古语言文字使用情况调查研究 [J]. 赤峰学院学报(哲学社会科学版),2014(10):31-32.

[5] 宝玉柱. 对内蒙古喀喇沁旗蒙古族语言文字使用情况的调查研究 [J]. 民族教育研究,2007,18(5):85-91.

[6] 乌吉斯古冷. 科尔沁左翼中旗蒙古语言文字使用情况调查研究 [J]. 内蒙古民族大学学报(社会科学版),2019,45(3):32-35.

[7] 李志杰. 文化多样性与少数民族语言文字保护——辽宁省蒙古语言文字工作调查 [J]. 满族研究,2007(1):21-26.

[8] 滕星,苏红. 多元文化社会与多元一体化教育 [J]. 民族教育研究,1997(1):25.

[9] 贾晞儒. 蒙古文字与蒙古族历史 [J]. 西北民族研究,2003(2):49-57.

[10] 续向宏. 刍议蒙古文字的演变 [J]. 解放军外国语学院学报,2000(4):61-64.

[11] 聂晓灵. 试论蒙古族政治文化的形成 [J]. 内蒙古民族大学学报(社会科学版),2003(4):13-16.

[12] 陈迎辉,陈思旭. 蒙古族审美文化的"生态"向性 [J]. 大连民族大学学报

2016,18(4):375-377.

[13] 朱丽敏,吴昉. 商用字体设计法律保护疏议 [J]. 中国科技投资,2017(8):365-367.

[14] 范斌,毕力格巴图,庞大伟. 数字化的蒙古文字体造形艺术研究 [J]. 内蒙古农业大学学报(社会科学版),2011,13(5):189-190,202.

[15] 樊海燕,陶安惠. 从世界平面发展史谈现代平面设计的民族化和国际化 [J]. 西安建筑科技大学学报(社会科学版),2003(3):47-49.

[16] 李少博,闫静莉. 现代设计中蒙古文字造型元素研究 [J]. 美苑,2014(2):112-114.

[17] 徐云飞. 当代大众审美趋势及成因解读——当代设计审美与批评研究 [J]. 设计,2015(11):88-89.

[18] 奂平清. 费孝通的"和而不同"与"天下大同"思想——兼论民族研究的文化自觉与理论自觉 [J]. 学海,2014(4):24-32.

[19] 李娟. 从企业换标看品牌标志及视觉形象的设计趋势 [J]. 包装工程,2012,33(14):31-35.

[20] 黄佳妮. 标准字在 CIS 设计中的应用研究 [J]. 艺术科技,2014,27(1):287.

[21] 刘志宏. 释法自然、以人为本理念下的品牌设计探析 [J]. 包装工程,2012,33(6):78-80.

[22] 张金香,李中扬. 蒙文字形态在品牌设计中的应用研究 [J]. 包装工程,2019,40(14):68-73.

[23] 赵生辉,胡莹. 中国少数民族语言数字图书馆顶层设计研究 [J]. 图书馆建设,2019(4):41-49.

[24] 周志. 研究型设计与设计型研究——读《汉字的诱惑》有感 [J]. 装饰,2014(4):47-49.

[25] 张灏. 文化转译在中国当代艺术语境中的应用 [J]. 艺术教育,2013(10):28-29.

[26] 卢鹏,周若祁,刘燕辉. 以"原型"从事"转译"——解析建筑节能技术影响建筑形态生成的机制 [J]. 建筑学报,2007(3):72-74.

[27] 李辉,何人可,肖狄虎. 面向设计的地域文化数字资源库研究 [J]. 包装工程,2016,37(18):86-91.

[28] 塔拉,毕力格巴图,郑宏奎. 浅谈回鹘体蒙古文文字造形拆分命名方法 [J].

内蒙古农业大学学报(社会科学版),2011,13(3):198-199,220.

[29] 张学军. 莫言小说中的意象叙事[J]. 文史哲,2021(6):77-85,163.

[30] 潘鲁生. 传统汉字图形装饰[J]. 文艺研究,2006(8):104-110.

[31] 张云峰. 民族艺术与文字设计的关联与影响[J]. 民族艺术,2012(3):109-111.

[32] 王翔. 从消费者需求角度出发的博物馆文创产品设计分析[J]. 文物鉴定与鉴赏,2018(8):76-78.

[33] 郝婷,范斌,毕力格巴图. 游牧文化影响下的蒙古文字造形艺术研究——挖掘蒙古文字体设计背景下的民族文化规律[J]. 内蒙古艺术,2018(3):60-64.

[34] 李芳宇,张瑞佛. 基于Kano模型的共享单车用户的需求重要性研究[J]. 包装工程,2018,39(8):156-160.

[35] 李雯,张焘. 基于KANO模型的博物馆文创产品消费者偏好研究[J]. 设计,2019,32(17):76-79.

[36] 刘熙. 浅议博物馆文创产品的开发[J]. 传播力研究,2019,3(15):13.

[37] 刘向龙. 蒙古文字在文创产品中的设计开发研究[J]. 设计,2020,33(3):18-19.

[38] 王征宇,周美玉,向梦琦. 基于市场分析与用户需求的老年卫浴优化策略研究——以上海地区为例[J]. 设计,2020,33(3):124-127.

[39] 郑妍,阿伦娜. 基于KANO模型的鄂尔多斯青铜器文创产品设计研究[J]. 轻纺工业与技术,2021,50(4):73-74,136.

[40] 马秉辉. 基于Kano模型的校园安全报警柱设计研究[J]. 机电产品开发与创新,2021,34(4):48-50,57.

[41] 杜杰,周晓辉,王家民. 中国民族化风格包装设计研究[J]. 包装工程,2010,31(12):80-83.

[42] 范超. 消费者行为研究[J]. 中国市场,2014(38):54-55,68.

[43] 郑晓莹,彭泗清. 补偿性消费行为:概念、类型与心理机制[J]. 心理科学进展,2014,22(9):1513-1520.

[44] 魏子欣."非首饰"——探寻首饰象征性的历史根源[J]. 大众文艺,2017(16):282.

[45] 朱强,张寒. 符号消费:代购热潮下青年消费行为透视[J]. 中国青年研究,2019(1):4-11.

[46] 朱上上,吴俊骞. 基于诗歌意象的文创产品设计[J]. 包装工程,2018,39(6):109-113.

[47] 尚晓燕,郭晓凌.品牌也需"高颜值":品牌标识设计的消费者反应研究述评[J].外国经济与管理,2020,42(1):55-69.

[48] 郑薇.品牌标志对品牌评价影响研究的文献综述[J].现代营销(下旬刊),2018(1):39.

[49] 徐江,张锡.基于使用者偏好意象的产品造型法则建构研究[J].轻工机械,2004,22(3):4-7.

[50] 烟文雪,石建航.浅析德日简约风格在海报设计中的不同[J].设计,2015(9):52-55.

[51] 党圣元.《文心雕龙》文字发展观与美学观探微[J].文艺研究,2020(12):48-58.

[52] 陈岚.探讨字体设计的形式美感[J].福建茶叶,2019,41(9):73.

[53] 吴海茹,寇迪一,邹晨,等.基于文化转译视角的蒙象汉体创新设计研究[J].包装工程,2022,43(22):434-442,456.

学位论文

[1] 黄晔.新疆巴音郭楞蒙古自治州蒙古族语言文字使用情况调查研究[D].乌鲁木齐:新疆师范大学,2016.

[2] 徐亚娜.内蒙古宁城县大城子镇蒙古语使用现状调查研究[D].临汾:山西师范大学,2017.

[3] 刘勇波.论赤峰蒙古族民俗文化[D].济南:山东大学,2013.

[4] 耿灿.文化生态视域中的中国蒙古文书法研究[D].呼和浩特:内蒙古大学,2020.

[5] 包鲁尔.论蒙古文字的图形化设计[D].呼和浩特:内蒙古师范大学,2013.

[6] 卫亚娜.中国传统图案在民族品牌视觉形象设计中的应用研究[D].长春:东北师范大学,2015.

[7] 郝骏韬.中国民族商品交易会品牌推广策略研究[D].呼和浩特:内蒙古大学,2011.

[8] 耿灿.文化生态视域中的中国蒙古文书法研究[D].呼和浩特:内蒙古大学,2020.

[9] 张瑜.意象思维在汉字字体设计中的表现研究[D].景德镇:景德镇陶瓷大学,2019.

其他

[1] 中国语言生活状况报告(2020)[C]// 国家语言文字工作委员会. 语言生活皮书——中国语言生活状况报告(2020). 商务印书馆,2020:128-129.

[2] 黄小驹. 部分少数民族语言文字生存堪忧 [N]. 西部时报,2007-12-11.

[3] 刘丽. 满足人民文化需求增强人民精神力量 [N]. 中国社会科学报,2021-04-14.

[4] 内蒙古自治区统计局. 内蒙古自治区第七次全国人口普查公报(第一号)[EB]. [2021-05-20].

[5] 内蒙古自治区促进民族团结进步条例 [N]. 内蒙古日报(汉),2021-02-08(4).

[6] 卢正源,朱琳慧,吴小燕. 2020中国字库行业报告 [R]. 前瞻产业研究院,[2020-05-23].

附录

字体设计（附图1~附图14）。

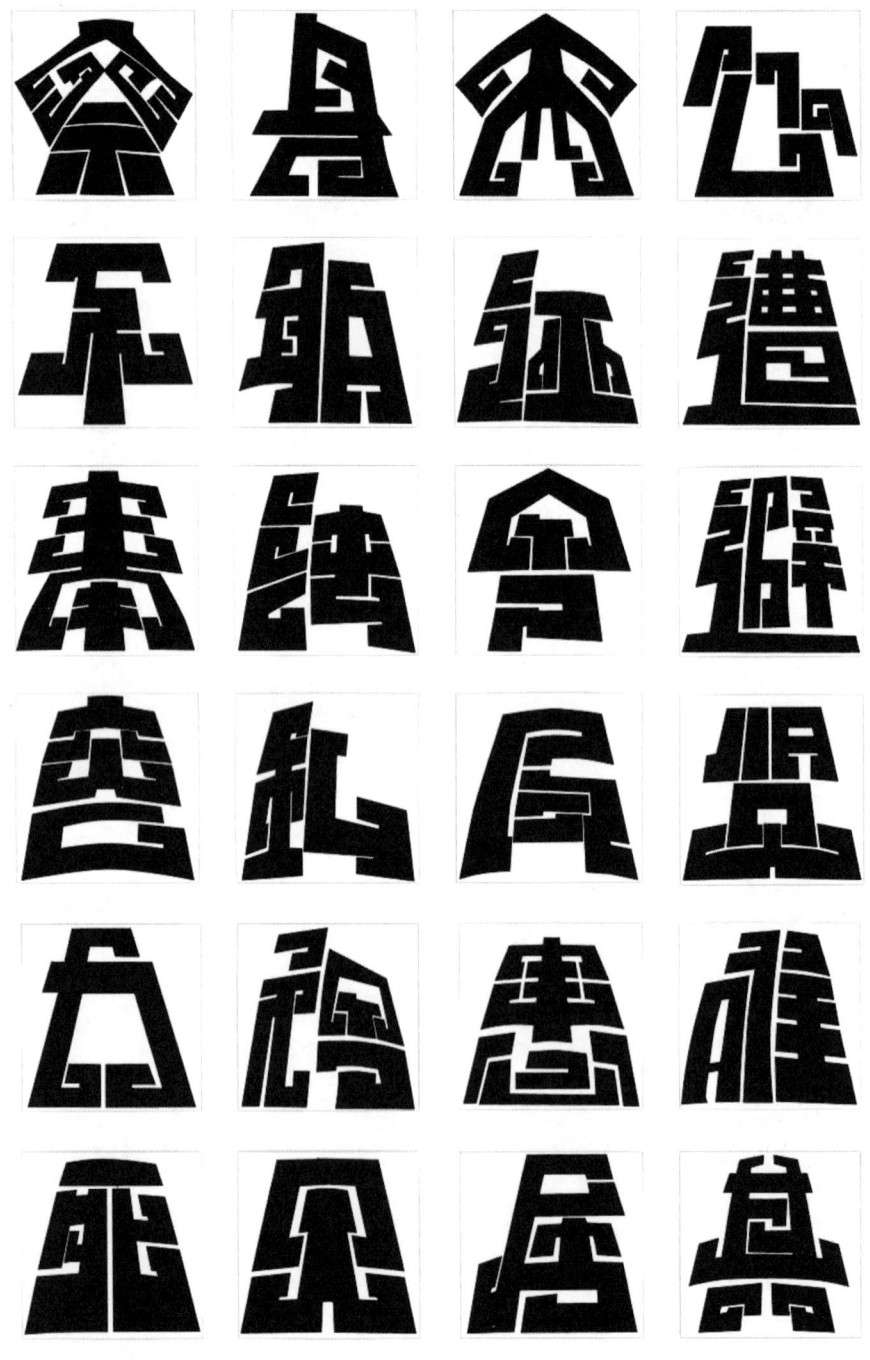

附图1　字体设计1

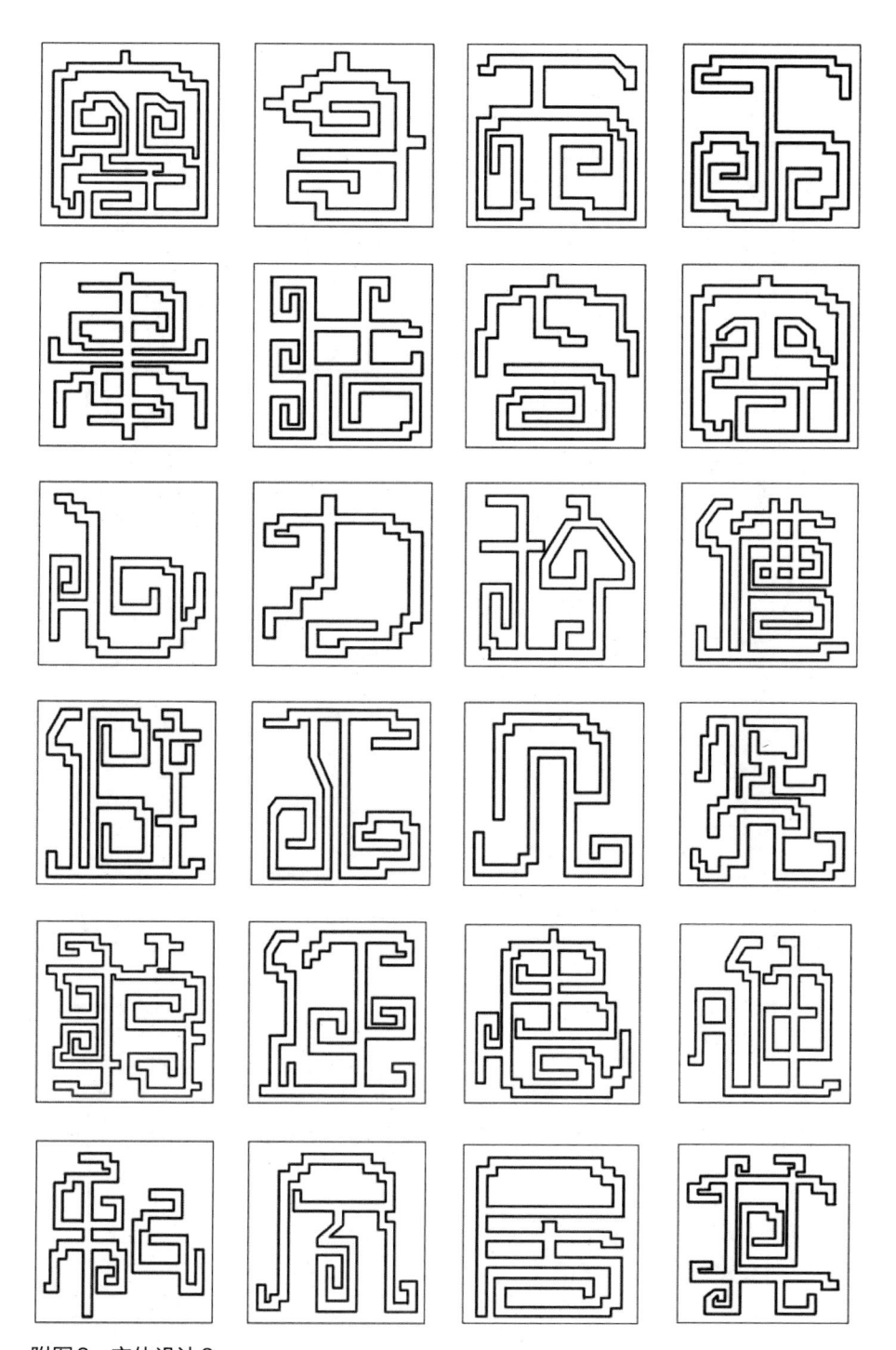

附图2　字体设计2

附图3　字体设计3

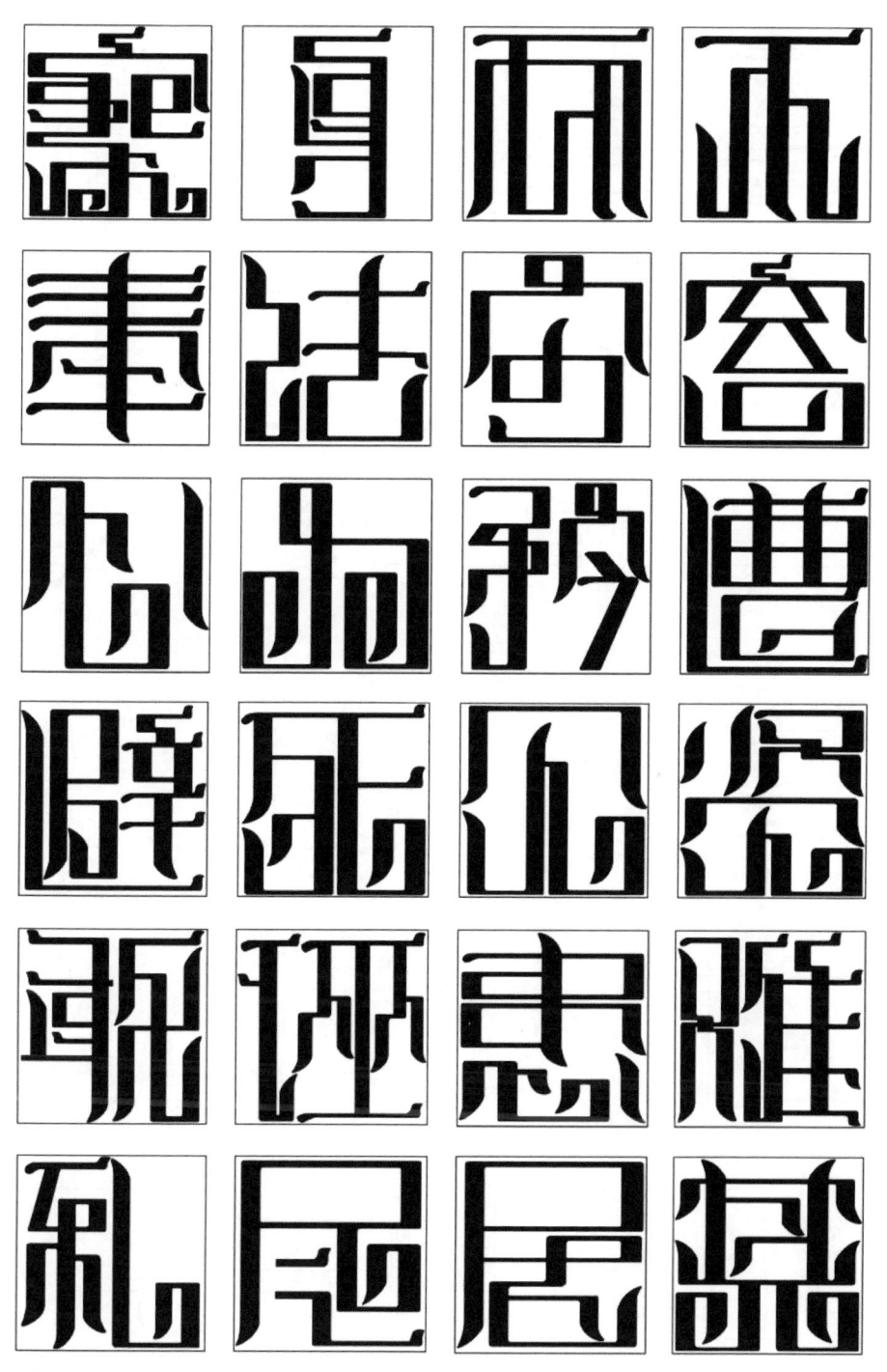

附图4 字体设计4

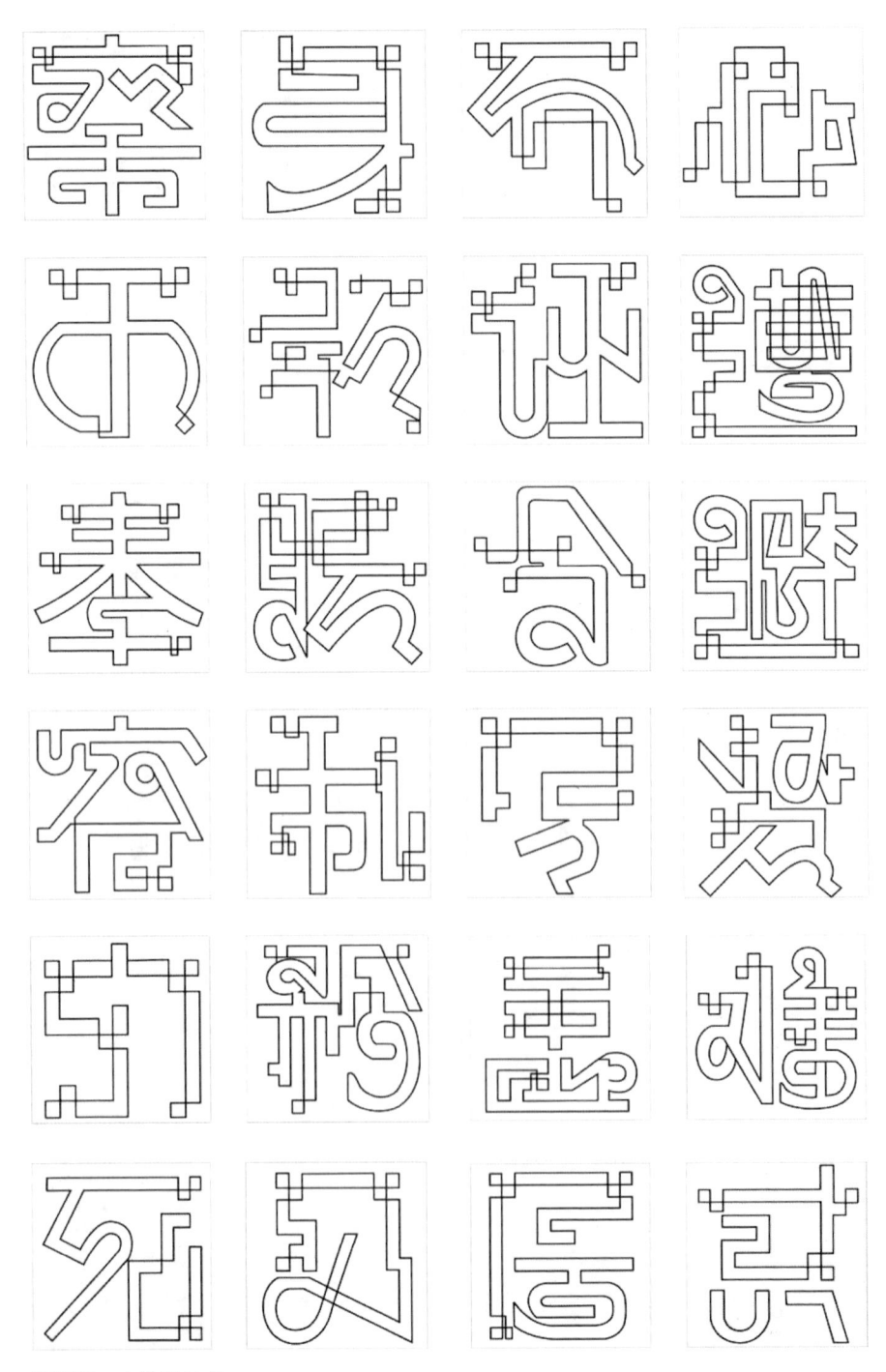

附图5　字体设计5

察身而不
奉法令容
心力矜遭
避死见贤
敢逐私尽
患难居其

附图6　字体设计6

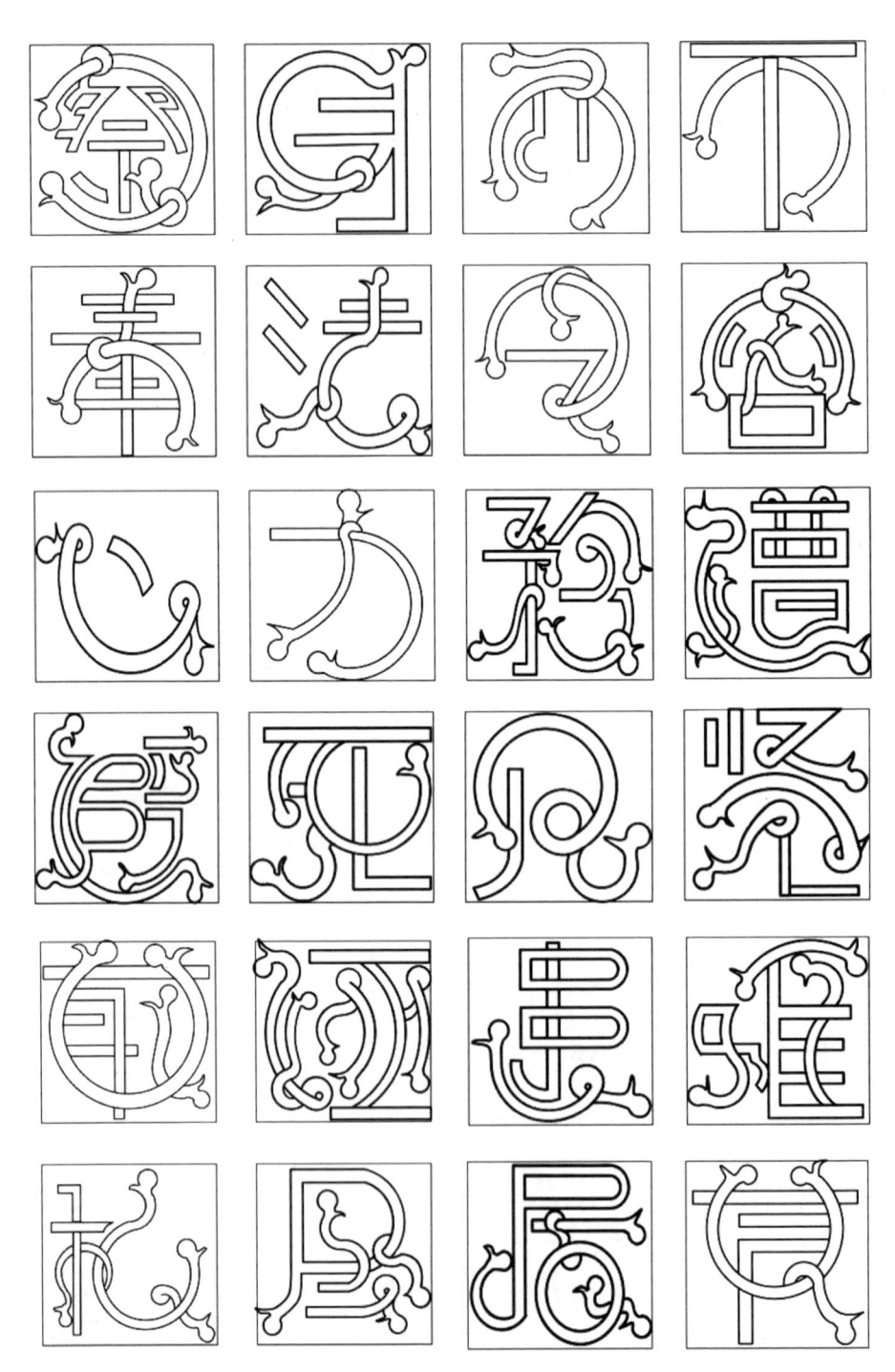

附图7　字体设计7

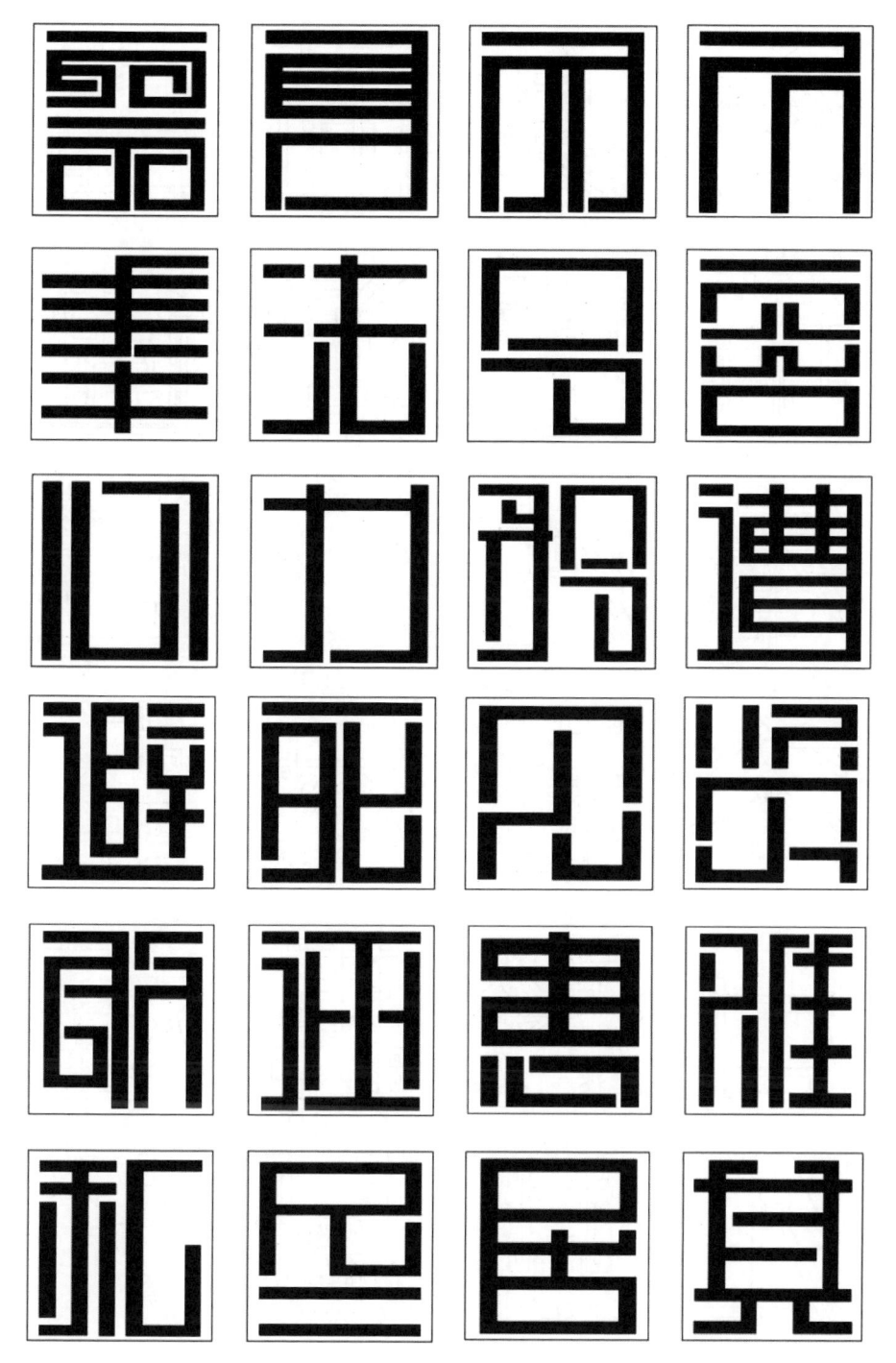

附图8 字体设计8

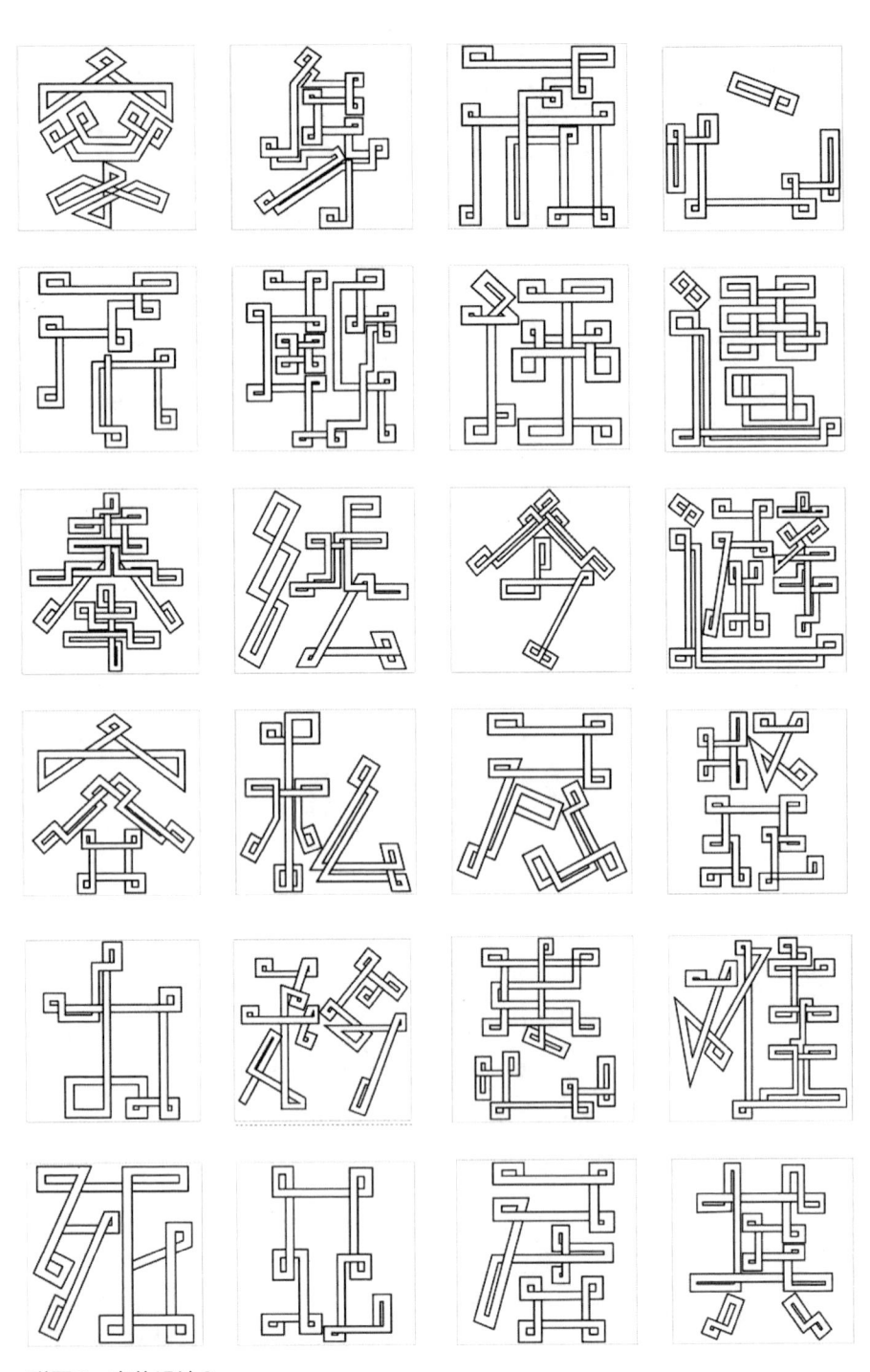

附图9　字体设计9

附图10　字体设计10

牢记使命
不忘初心

附图11　字体设计11

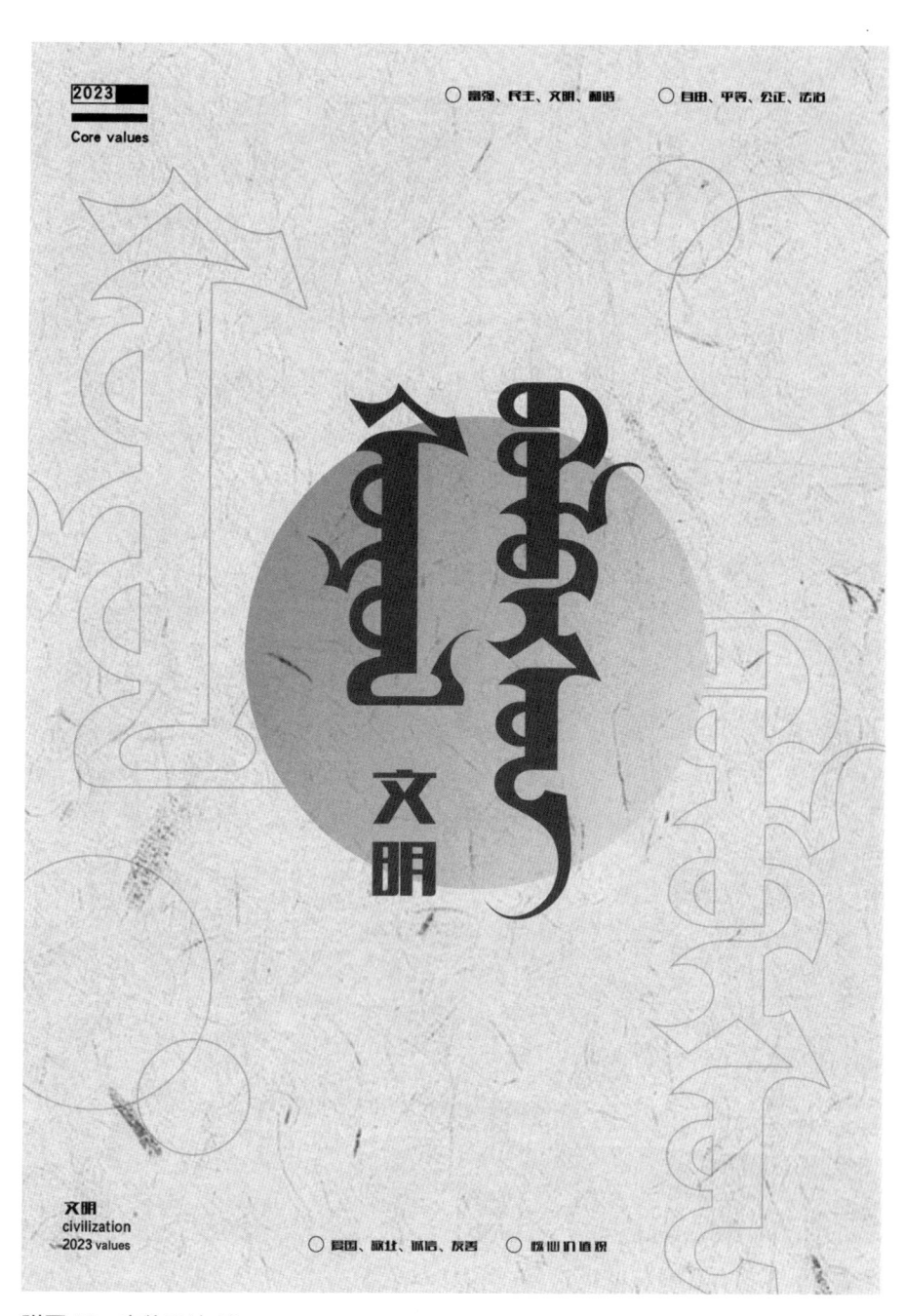

附图12 字体设计12

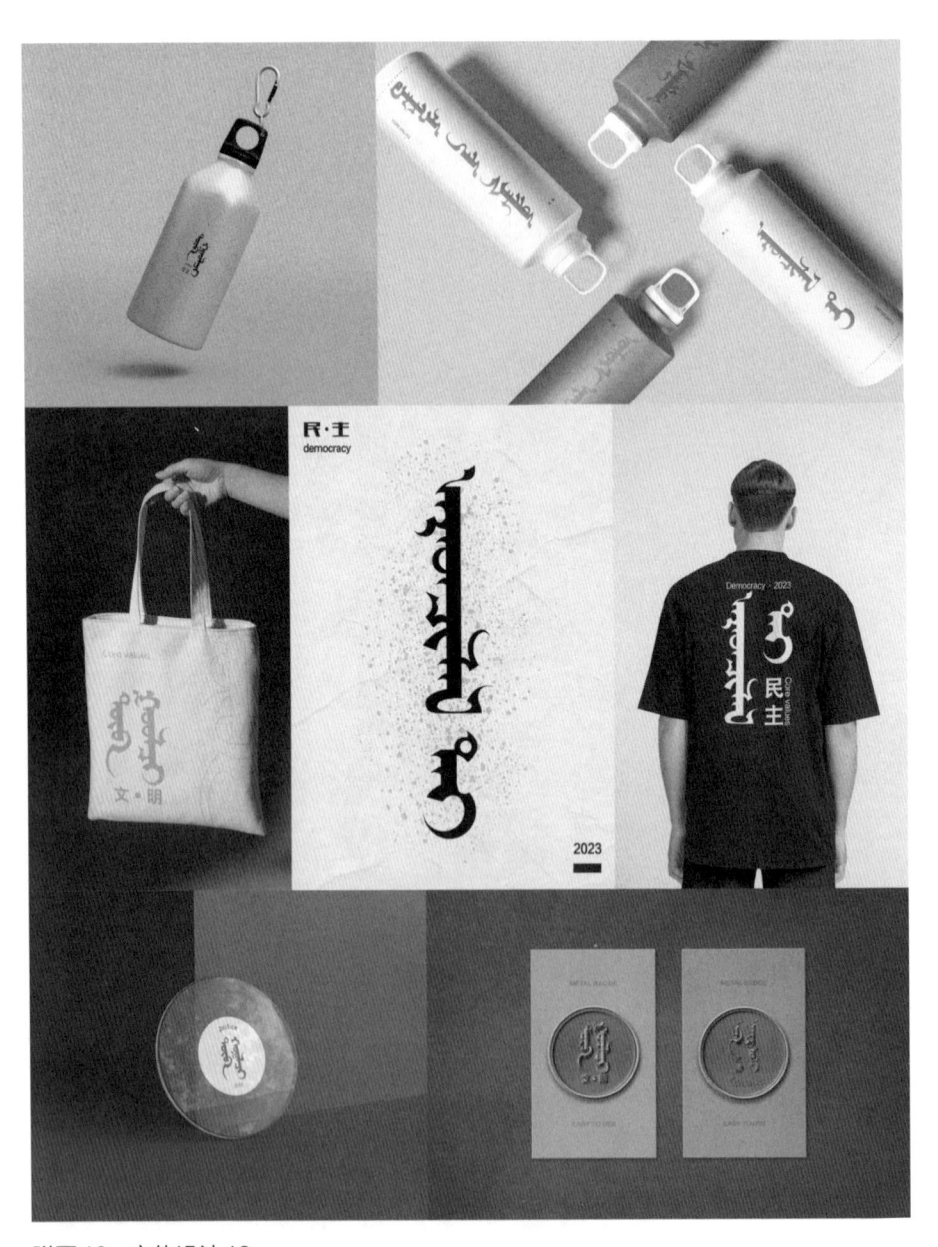

附图13　字体设计13

附图14　字体设计14

后记

新年伊始，历时十余年的蒙古族文字的研究告一段落，深知这仅仅才是一个开始。愈是深入，愈是自知学识浅薄，愈能明白"行知力，则知愈进，知之深，则行愈达"。正所谓"知行合一"对学术研究的重要性。设计学视角下民族文字研究的深度与广度是对研究者的巨大考验，相关学科涉及人类学、历史学、民族学、民俗学、语言学、文字学、社会学、心理学、美学、传播学等学科，边界广泛而联系深远，此乃难点亦是重点，深谙国务院学位委员会、教育部新修订的设计学科专业目录中将设计学列为交叉学科的实际意义。研究视角从设计实践与应用逐渐过渡到设计理论与本体的探讨，从定性研究转向定量研究尝试，直至研究方法能够针对研究问题的学术成长历程，此中收获对我而言无疑是巨大的。至今，本项研究还在继续，欲秉持毕生心力执念于此，"路漫漫其修远兮，吾将上下而求索"。

感谢内蒙古师范大学设计学院领导李少博院长、韩海燕副院长、高颂华副院长、郭斐书记的鼎力支持，感谢内蒙古书法协会会长白布和教授、呼伦贝尔学院海山教授在历史学及语言学方面给予的指导，感谢本项研究的课题组团队成员乌日图宝音、闫静莉、图雅、吉乐、成刚、王海亮等老师，感谢研究生查干、王宇琪、黄钦昱、张静瑶、佟可新、李灿、侍秉颂、郝亚岑、寇迪一、邹晨、李贺、姜雨璇、宫鹤、张欣淼、卢梦杰等，感谢工作室学员李宣武、杨振昂、戴宇飞、曹宋昱、丁佳敏、卢怡民、高尚、边文譞、管卓卓、马业昊、魏智轩、王玥、樊书培、何雨龙等，感谢中国纺织出版社有限公司编辑老师的认真负责和耐心校对。因自身学识水平有限，本书研究还有许多不足之处，还请学界同仁批评指正。

谨以此书向致力于为民族文字传承与创新尽绵薄之力的各界学者、实践先驱、研究开拓者致敬！